Astrid Fieß, Lars Kabel

KulturSchock Irland

101ir Foto: Tourism Ireland

„Es gibt dieses Irland:
wer aber hinfährt und es nicht findet,
hat keine Ersatzansprüche an den Autor."

(*Heinrich Böll,* Irisches Tagebuch, 1957)

Impressum

Astrid Fieß, Lars Kabel
KulturSchock Irland

erschienen im
Reise Know-How Verlag Peter Rump GmbH
Osnabrücker Str. 79
33649 Bielefeld

2., neu bearbeitete und komplett aktualisierte Auflage 2017

Gestaltung
Umschlag: G. Pawlak
Inhalt: amundo media GmbH
Fotos: siehe Fotonachweis Seite 9

Lektorat: amundo media GmbH

Druck und Bindung:
D3 Druckhaus GmbH, Hainburg

ISBN 978-3-8317-2944-9
Printed in Germany

Dieses Buch ist erhältlich in jeder Buchhandlung Deutschlands, der Schweiz, Österreichs, Belgiens und der Niederlande.
Bitte informieren Sie Ihren Buchhändler über folgende Bezugsadressen:

Deutschland
Prolit GmbH, Postfach 9, D-35461 Fernwald (Annerod) sowie alle Barsortimente

Schweiz
AVA Verlagsauslieferung AG
Postfach 27, CH-8910 Affoltern

Österreich
Mohr Morawa Buchvertrieb GmbH
Sulzengasse 2, A-1230 Wien

Niederlande, Belgien
Willems Adventure, www.willemsadventure.nl

Wer im Buchhandel trotzdem kein Glück hat, bekommt unsere Bücher auch über unseren **Büchershop im Internet: www.reise-know-how.de**

173ir Foto: Gardiner Mitchell, Tourism Ireland

Wir freuen uns über Kritik, Kommentare und Verbesserungsvorschläge, gern auch per E-Mail an info@reise-know-how.de.

Alle Informationen in diesem Buch sind von den Autoren mit größter Sorgfalt gesammelt und vom Lektorat des Verlages gewissenhaft bearbeitet und überprüft worden.

Da inhaltliche und sachliche Fehler nicht ausgeschlossen werden können, erklärt der Verlag, dass alle Angaben im Sinne der Produkthaftung ohne Garantie erfolgen und dass Verlag wie Autoren keinerlei Verantwortung und Haftung für inhaltliche und sachliche Fehler übernehmen.

Die Nennung von Firmen und ihren Produkten und ihre Reihenfolge sind als Beispiel ohne Wertung gegenüber anderen anzusehen. Qualitäts- und Quantitätsangaben sind rein subjektive Einschätzungen der Autoren und dienen keinesfalls der Bewerbung von Firmen oder Produkten.

Astrid Fieß und Lars Kabel

KULTURSCHOCK IRLAND

Vorwort

1953 schrieb der deutsche Reiseschriftsteller *A. E. Johann* über Dublin, es „gibt nur ganz wenige ‚erstklassige' Restaurants; Cafés überhaupt keine in der Halbmillionenstadt, die der Erwähnung wert wären". 2007 erklärte das Magazin „Der Spiegel" Dublin zu einer von „Europas coolen Städten". Entlang des Flusses Liffey seien jetzt „schicke Restaurants und teure Hotels" zu finden und ein neuer Reichtum habe sich „mit großen Limousinen und Designer-Boutiquen in das Stadtbild hineingefräst".

Was ist in der Zwischenzeit passiert? Irland, einst das Armenhaus Westeuropas, hatte in den 1990er-Jahren einen Wirtschaftsboom sondergleichen erlebt, der die Insel trotz der weltweiten Wirtschaftskrise 2008 dauerhaft veränderte. Die Krise traf Irland besonders hart und machte ein gemeinsames Rettungspaket der EU und des Internationalen Währungsfonds notwendig. Heute wandern einerseits wieder zahlreiche Iren nach Amerika, Großbritannien und in andere Länder aus, aber zugleich gibt es auch eine große Zahl von Arbeitsmigranten, allen voran aus Polen, die die grüne Insel dauerhaft zu ihrer Heimat gemacht haben.

Kaum wiederzuerkennen ist auch Nordirland: Die *IRA* hat ihr Waffenarsenal vernichtet und die radikalsten, ehemals einander unvereinbar gegenüberstehenden Parteien haben sich auf eine gemeinsame Regierung geeinigt. Einst gemieden, erlebt Irlands Norden jetzt einen Touristenboom.

In diesem Buch geht es um die ganze Insel. Viele der beschriebenen Gegebenheiten findet man sowohl in Nordirland als auch in der Republik. Zudem gibt es regionale Gemeinsamkeiten zwischen dem zur Republik gehörenden Nordwesten und den nordirischen Grafschaften, bei denen Staatsgrenzen keine Rolle spielen. Wir wollen hier vor allem das thematisieren, was den Iren selbstverständlich ist, aber auch was in beiden Teilen der Insel gesellschaftlich diskutiert wird.

Eine Einführung in die Geschichte soll helfen, sowohl Gegenwärtiges einordnen zu können als auch die vielen historischen Anspielungen oder Rückgriffe im irischen Alltag zu verstehen. Zudem werden die Erfahrungen neuer und alter Minderheiten – Protestanten, Fahrende, Immigranten und andere gesellschaftliche Gruppen – dargestellt sowie die Bedeutung irischer Auswanderergemeinden in Großbritannien und in den USA für die heutige irische Gesellschaft genauer betrachtet. Auch ein Blick in die Zukunft, der sich mit den möglichen Folgen des Brexit für die innerirische Grenze beschäftigt, fehlt nicht. Praktische Hinweise sollen natürlich auch nicht zu kurz kommen: Wie verhält man sich in einem irischen Pub? Wie funktioniert das öffentliche Nahverkehrssystem? Welche Fettnäpfchen gilt es im täglichen Umgang mit anderen zu vermeiden?

Die Eindrücke, Beschreibungen und Analysen der verschiedenen Facetten des irischen Lebens sind als Anstoß dafür gedacht, nicht gleich dem ersten Eindruck zu trauen und somit ein Irland fernab alter und neuer Klischees zu entdecken. Vielleicht kann man nach der Lektüre des Buches und der eigenen Irlandreise selbst entscheiden, ob die Präsidentin der Republik Irland, *Mary McAleese,* recht hatte, als sie 2003 in einer Rede in den USA sagte: „Wenn die Männer und Frauen aus Irlands Vergangenheit eine Zeit wählen könnten, in der sie leben wollten, es gäbe eine lange Schlange für die heutige."

Astrid Fieß und Lars Kabel

Inhalt

Geschlechterrollen und Familie 185

Alltag in Irland 207

Unterwegs in Irland 229

Anhang 263

Exkurse zwischendurch

Extrainfos im Buch

ergänzen den Text um anschauliche Zusatzmaterialien, die von den Autoren aus der Fülle der Internet-Quellen ausgewählt wurden. Sie können bequem über unsere spezielle Internetseite **www.reise-know-how.de/kulturschock/irland17** durch Eingabe der jeweiligen Extrainfo-Nummer (z. B. „#1") aufgerufen werden.

174ir Foto: Brian Morrison, Tourism Ireland

Die Tintern Abbey Co Wexford zählte einst zu den wohlhabensten Abteien in Irland

Fotonachweis

Soweit der Fotograf nicht direkt am Bild vermerkt ist, stehen die Kürzel an den Abbildungen für folgende Personen, Firmen und Einrichtungen:

fk	*Astrid Fieß und Lars Kabel*
kw	*Klaus Werner*
mw	*Meike Wanning*
tg4	*TG4 (irischsprachiges Fernsehprogramm, www.tg4.ie)*

Umschlagbilder und Buchrücken: Tourism Ireland (s. u.)

Die Fotos von Tourism Ireland, Fáilte Ireland und Dublin regional tourism authority wurden vom Medienpool www.irelandscontentpool.com bereitgestellt. Wir bedanken uns für die freundliche Abdruckgenehmigung.

Verhaltenstipps A–Z

Warnschild auf Achill Island (103ir Foto: kw)

- **Aberglaube:** Eine Vorstellung, die es teilweise in ländlichen Regionen noch gibt, ist, dass bestimmte Erdhügel, alte Steinstrukturen, Gebäude oder auch Bäume von Feen *(fairies)* bewohnt sind oder Zugang zu deren Reich bieten. Die meisten Menschen in Irland halten solche Vorstellungen für Aberglauben. Seien Sie aber respektvoll, wenn Sie auf der Reise auf derartige Ansichten stoßen. Mehr dazu finden Sie im Abschnitt „Der Glaube an Feen heute“ ab S. 125.
- **Alkohol:** Guinness und Whiskey sind wesentliche Bestandteile des Irlandbilds vieler Reisender und dies wird von so manchem Iren gern kultiviert. Der Pro-Kopf-Verbrauch an Alkohol ist etwa der gleiche wie in Deutschland und in beiden Ländern gibt es den gleichen Anteil an Menschen, die überhaupt keinen Alkohol trinken. Ein wesentlicher Unterschied ist jedoch, dass in Irland weniger regelmäßig, dafür aber dann in wesentlich größeren Mengen getrunken wird. Wenn man sich mit Iren im Pub trifft, kann man durch das übliche „Rundensystem“ schnell die Kontrolle über seinen Alkoholkonsum – und darüber, wieviel Geld man ausgibt – verlieren. Im Kapitel „Die irische Pubkultur“ finden Sie ab S. 247 einige Tipps dazu.
- **Anrede:** Die Anrede mit dem Nachnamen wird in Irland zunehmend unüblich und Siezen ist im Englischen – wie übrigens auch im Irisch-Gälischen – nicht möglich. Deutschsprachigen Reisenden kommt Irland nicht zuletzt deshalb sehr freundlich und informell vor. Aber Vorsicht: Wenn man gleich mit dem Vornamen angesprochen wird, drückt das weder einen Mangel an Respekt aus noch heißt es, dass der Gesprächspartner sich einem besonders verbunden fühlt. Mehr zum Thema im Kapitel „Unterwegs in Irland“ ab S. 229.
- **Ansehen/Gesicht wahren:** Iren tendieren dazu, Konflikte und auch offene Kritik zu vermeiden, und sie versuchen, immer höflich zu bleiben. Dies führt zu einem sehr unverbindlichen Gesprächsverhalten, bei dem man aus unserer Sicht scheinbar nicht zur Sache kommt. Verwirrend kann es dann aber sein, wenn man Zeuge oder gar Opfer von *slagging* wird: Der Gesprächspartner äußert sich dabei sehr kritisch und sogar beleidigend, was aber als freundliches Necken gemeint ist. Mehr dazu im Kapitel „Begegnungen mit Iren“ ab S. 231.
- **Begrüßung/Verabschiedung:** Wie überall in der englischsprachigen Welt wird man auch bei kurzen Begegnungen schnell nach dem Befinden gefragt *(„How are you?“)*. Darauf wird keine ausführliche Antwort und in der Regel auch keine negative erwartet. Man kann z. B. mit *„Very good, thank you“*, *„Alright“* („In Ordnung“) oder „Not too bad“ („Nicht schlecht“) antworten. Zum Abschied wird manchmal ohne konkreten Grund viel Glück *(„good luck“)* gewünscht, was selbst

englischsprachige Besucher Irlands verwirrt. Mehr dazu im Kapitel „Begegnungen mit Iren“ ab S. 231.

- **Bekleidung:** Vor allem im Berufsleben kleidet man sich oft formeller als in Deutschland und Hosen sind bei Frauen in diesem Kontext weniger verbreitet als hierzulande. In der Freizeit ist hinsichtlich der Bekleidungsgewohnheiten ein klarer Unterschied zwischen den Geschlechtern festzustellen: Während Frauen sich zum Ausgehen oft sehr schick anziehen, sind die sie begleitenden Männer einfach mit Jeans und T-Shirt bekleidet (siehe auch S. 193).
- **Einladungen:** Generell kommt es in Irland heute häufiger vor, dass man mit Freunden zusammen ausgeht, als dass man sich gegenseitig besucht. Dennoch gibt es auch Einladungen nach Hause zum Abendessen oder zu Partys. In diesem Fall sollte man ein kleines Geschenk wie Wein, Blumen (keine Lilien, da diese für Begräbnisse vorbehalten sind) oder Pralinen mitbringen, das man beim Ankommen überreicht. Weitere Informationen zum Thema gibt es im Kapitel „Gastfreundschaft“ ab S. 236.
- **Ess- und Trinksitten:** Essen und Trinken sind wichtige Bestandteile irischer Kultur und beides wird gern in großer Runde mit Freunden und Bekannten getan. Beim Essen fällt deutschsprachigen Besuchern meist zuerst auf, dass es kein richtiges Gegenstück zum Tischspruch „Guten Appetit“ gibt. Häufig wartet man mit dem Essen auch nicht, bis alle etwas auf dem Teller haben (hier am besten schauen, wie die anderen es machen), sondern fängt an, wenn das Essen vor einem steht. Das Besteck wird generell etwas anders gehalten. So gilt es als angebracht, die Gabel mit den Zinken nach unten zu halten, auch, wenn man Gemüse oder Kartoffeln isst. Mehr dazu und zur Etikette im Restaurant findet sich ab S. 245. Wie bereits beim Thema „Alkohol“ erwähnt, ist das gemeinsame Trinken im Pub ein wichtiger Bestandteil irischer Sozialkultur. Dort ist es üblich, abwechselnd reihum Runden auszugeben. Einer fragt die anderen, was sie trinken möchten, die dann wiederum, wenn die Getränke zur Neige gehen, nacheinander an der Theke Nachschub holen. Hier ist es besonders wichtig, dass man sich nicht nur einladen lässt, sondern auch „seine“ Runde bezahlt. Mehr Informationen dazu im Kapitel „Die irische Pubkultur“ ab S. 247.
- **Freundschaften:** In Irland kommt man leicht ins Gespräch. Iren geben sich oft die Mühe, sich Namen zu merken und Leute einander vorzustellen. Wenn man jemanden wiedersieht, wird man meist herzlich gegrüßt. Ist man diese eher habituelle Freundlichkeit nicht gewohnt, kann man sie als ernstes persönliches Interesse missverstehen, zumal man schnell auch als *„friend“* vorgestellt wird. Das ist allerdings eher

112ir Foto: Tourism Ireland

mit „Bekannte(r)" zu übersetzten denn mit „Freund(in)". Grundsätzlich folgen tiefere Freundschaften in Irland den gleichen Regeln wie in Deutschland, Österreich und in der Schweiz.

- **Gesprächsthemen:** Eines der beliebtesten Themen, um mit Iren ins Gespräch zu kommen, ist das Wetter, das sich angesichts seiner Unberechenbarkeit auf der grünen Insel auch bestens dazu eignet. Man kommt auch leicht mit Unbekannten ins Gespräch, zum Beispiel dem Sitznachbarn im Zug oder beim Warten auf den Bus. Allerdings halten sich diese Gespräche auch eher unverbindlich. Im weiteren Gesprächsverlauf werden dann gern auch Politik oder irische Geschichte angesprochen und, vor allem, wenn sich die Gesprächspartner kennen, ausgiebig diskutiert. Hier sollte man aber eher Zurückhaltung an den Tag legen. Man hört oft, dass Iren ihr eigenes Land kritisieren oder kleinreden. Kommt dies aber von Außenstehenden, kann sich der Gesprächspartner leicht vor den Kopf gestoßen fühlen (siehe auch die Verhaltenstipps „Patriotismus" und „Politik", S. 16, sowie die Kapitel „Politik in der Republik Irland" ab Seite 140 und „Die politische Landschaft in Nordirland" ab Seite 143).

⌃ Irland ist für seine Kinderfreundlichkeit bekannt

- **Gesten und Mimik:** In Irland wird nicht mit ausladenden Handgesten kommuniziert. Auch körperlicher Kontakt, zum Beispiel Umarmungen, sind nur bei sehr engen Freunden und innerhalb der Familie üblich und selbst dort nicht unbedingt in der Öffentlichkeit. Gebräuchlich ist vor allem ein freundlicher Handschlag.

  Insbesondere in ländlichen Gegenden ist es üblich, Leute, denen man auf der Straße begegnet, zu grüßen. Dazu reicht oft ein Kopfnicken bzw. ein leichtes Neigen des Kopfes zur Seite (s. S. 232). Auch als Autofahrer ist es auf wenig befahrenen Straßen normal, entgegenkommende Fahrer oder Fußgänger durch ein Heben der Hand am Lenkrad bzw. ein Heben des Zeigefingers zu grüßen. Die auf diese Weise begrüßten Passanten antworten dann oft mit dem typischen seitlichen Kopfnicken.

  Eine Handgeste, die man unbedingt vermeiden sollte, ist, den Zeige- und Mittelfinger erhoben, die Hand mit der Handfläche zu sich gewendet hochzuhalten. Dies wird als Beleidigung gebraucht.
- **Homosexualität:** Irland hat sich seit den 1990er-Jahren von einem der konservativsten Länder Europas zu einer weltoffenen Gesellschaft gewandelt. Am 22. Mai 2015 stimmten 60 % der Wähler bei einer Volksabstimmung für die Einführung der gleichgeschlechtlichen Ehe. Die Akzeptanz homosexueller Paare ist relativ groß, aber nach wie vor sollte man vor allem in ländlichen Gebieten und in Nordirland, das noch nicht so weit ist wie die Republik, eine gewisse Diskretion walten lassen (siehe dazu auch S. 152 und S. 203).
- **Kinder:** Irland ist ein kinderfreundliches Land und Eltern nehmen ihren Nachwuchs zu den meisten Anlässen mit. Auch in Museen oder anderen öffentlichen Einrichtungen gibt es normalerweise Extra-Angebote für die Kleinen und es ist kein Problem, mit Kindern ins Restaurant zu gehen. Viele Iren sind sehr stolz auf die kinderfreundliche Einstellung ihrer Landsleute und es kommt oft vor, dass es Paare, die im Ausland wohnen, wieder in die Heimat zieht, wenn sie vorhaben, Kinder zu bekommen. Mehr Informationen zum Thema gibt es im Abschnitt „Kindheit und Jugend" ab S. 193.
- **Kriminalität:** Die Kriminalitätsrate in Irland ist vergleichbar mit der in deutschsprachigen Ländern. Touristen sollten vor allem darauf achten, sich vor Taschendiebstahl zu schützen und keine Wertgegenstände im Auto liegen zu lassen (weiteres zum Thema auch ab Seite 182).
- **Musik:** Touristen stoßen in Irland auf Schritt und Tritt auf eine lebendige Musikkultur. Bei Festen genauso wie im Alltag gehört Musik dazu und das ist für viele Besucher einer der Hauptanziehungspunkte. An allererster Stelle muss hier wohl der *Irish Folk* genannt werden, der weit

über Irlands Grenzen hinaus bekannt geworden ist. Allerdings gibt es auch eine lebendige Szene moderner Rock- und Popmusik. Wenn man die irische Musiktradition live erleben möchte, bietet sich vor allem ein Besuch im Pub an: Oft spielen hier Livebands oder es gibt sogenannte *sessions,* bei denen Kundige auch durchaus einmal mitspielen können. Weitere Informationen zum Thema und zur Session-Etikette finden Sie auf Seite 104.

- **Patriotismus:** Die meisten Iren sind sehr patriotisch und nationale Symbole wie die irische Flagge, das dreiblättrige Kleeblatt *(shamrock)* oder die Harfe tauchen überall auf. Vor allem will man nicht mit anderen englischsprachigen Nationen verwechselt werden und das einfache Übertragen von Erfahrungen aus Amerika oder gar Großbritannien auf Irland kann auf Unwillen oder Ablehnung stoßen. In Irland findet sich auch ein starkes Bewusstsein für die eigene Geschichte, vor allem in Bezug auf den britischen Nachbarn. Natürlich kommt es auch vor, dass Iren ihr Land trotz allen Nationalstolzes offen kritisieren. Man sollte allerdings Vorsicht walten lassen und sich mit eigener Kritik zurückhalten, denn kommt die gleiche Kritik von Außenstehenden, ist sie nicht unbedingt willkommen. In Nordirland stößt man in vorwiegend protestantischen Wohnvierteln oft auf Manifestationen britischen Nationalstolzes (z. B. Union-Jack-Fahnen, Wandgemälde), die auch bei Besuchern von der Nachbarinsel Erstaunen auslösen. (Weitere Hinweise auch im Kapitel „Nationale Identität und Patriotismus“ ab Seite 98.)
- **Politik:** Viele Iren unterhalten sich gern über Politik und sind nicht selten ihrer Regierung oder den politischen Parteien gegenüber sehr kritisch eingestellt. Die politische Landschaft in beiden Teilen Irlands unterscheidet sich aber deutlich von der in anderen Ländern. Die übliche Dualität von linken und rechten Parteien ist nur schwach ausgeprägt. Das Wahlverhalten der Bürger in der Republik Irland ist teilweise noch davon geprägt, auf welcher Seite die Vorfahren im Bürgerkrieg 1922/1923 standen. In Nordirland entscheidet die Konfession darüber, was man wählt. Man sollte in beiden Teilen der Insel mit Meinungsäußerungen erst einmal zurückhaltend sein und eher Fragen stellen, als eine Meinung zu äußern. Zur Vorbereitung empfiehlt es sich, das Kapitel „Die irische Gesellschaft heute“ ab Seite 139 zu lesen.
- **Pünktlichkeit:** Die Iren haben allgemein ein entspanntes Zeitverständnis und Pünktlichkeit ist nicht die Regel. Verkehrsmittel können zu spät ankommen und Veranstaltungen fangen auch nicht immer zum angegebenen Zeitpunkt an. Vor allem bei Einladungen sollte man eher nicht pünktlich zur angegebenen Zeit erscheinen, da das fast als unhöflich wahrgenommen wird. Besser kommt man 10 bis15 Minuten

113ir Foto: kw

später. Weiteres zum Thema finden Sie im Kapitel „Irish Time – Zeitverständnis und Pünktlichkeit" ab Seite 238.

- **Rauchen:** In beiden Teilen Irlands ist das Rauchen in öffentlichen Räumen verboten. In Pubs gehen Raucher vor die Tür und oft gibt es Außenbereiche, die für die Bedürfnisse von Rauchern gestaltet wurden.
- **Schamgefühl:** In Bezug auf dieses Thema werden Besucher vor allem Unterschiede im Schwimmbad oder am Strand feststellen, da die Iren zu Nacktheit und freier Körperkultur eine weit höhere Hemmschwelle haben, als das in deutschsprachigen Ländern üblich ist. Selbst in die Sauna würde man zum Beispiel nie vollständig entkleidet gehen – Textilsauna ist also angesagt, man trägt Badeanzug, Bikini oder Badehose – und auch beim Gemeinschaftsduschen lässt man die Badesachen an, beim Umziehen in Gemeinschaftskabinen versucht man, sich bedeckt zu halten. Hier scheinen Frauen allerdings empfindlicher als Männer zu sein. Trotzdem ist auch für Männer eine Badehose im Boxershorts-Stil üblicher als eine hautenge. Mehr zum Thema finden Sie auch im Kapitel „Körperlichkeit und Schamgefühl" ab Seite 218.

Die Iren sind geschichtsbewusst: Beflaggung in Galway zu Ehren der 14 mittelalterlichen Handelsfamilien der Stadt (Stämme von Galway)

- **Schimpfen:** Viele traditionelle Flüche haben einen religiösen Hintergrund und mit dem Teufel zu tun. Moderne Schimpfwörter sind hingegen häufig sexueller Natur. Fäkaliensprache kommt seltener vor und wird dementsprechend als extrem unflätig empfunden. Manchem deutschsprachigen Besucher ist schon mal ein *„shit"* entwichen, was in Irland viel stärker und unangebrachter ist, als es die deutsche Übersetzung wäre. Es ist auf jeden Fall ratsam, sich als Besucher mit Schimpfwörtern und Flüchen eher zurückzuhalten.
- **Souvenirs:** In vielen irischen Städten stößt man auf in grün gehaltene Souvenirläden, in denen man häufig von kleeblatt- oder leprechaunverzierten (s. S. 125) Kitschobjekten überwältigt wird. Lässt man diese einmal beiseite, gibt es in Irland viele Möglichkeiten, interessante Souvenirs zu kaufen, die allerdings nicht immer billig zu haben sind. Sehr beliebt sind Pullover aus irischer Wolle, Whiskey oder auch Musik-CDs und traditionelle Musikinstrumente wie *tin whistles* oder *bódhráns* (s. S. 110). Außerdem gibt es viel schönes Kunsthandwerk von Keramik bis zu gewebten Wolldecken. Auch eine der vielen regional produzierten Käsesorten wäre für Feinschmecker sicherlich ein nettes Mitbringsel.
- **Sprache:** Irisch (Irisch-Gälisch) ist offiziell die erste Nationalsprache der Republik Irland. In der Realität wird sie eher symbolisch genutzt, z. B. für Namen offizieller Institutionen und am Beginn einer Rede. Es gibt aber städtische Subkulturen und einige ländliche Regionen, in denen das Irische noch als gelernte Zweit- oder als Muttersprache gesprochen wird. Wer sich für die Sprache interessiert, sie lernen und ausprobieren möchte, sollte ein gewisses Fingerspitzengefühl an den Tag legen: Manche Iren fühlen sich peinlich berührt, wenn ein Ausländer mehr Irisch kann als sie oder sie in die Verlegenheit bringt, nicht antworten zu können. Mehr zum Thema Sprache im Exkurs ab Seite 82 und ab Seite 88.
- **Trinkgeld:** Ein Trinkgeld *(tip)* zu geben ist traditionell nur in Restaurants üblich. Man lässt bei Tischbedienung etwa 10% des Rechnungsbetrages auf dem Tisch liegen oder ergänzt den Betrag beim Zahlen mit Karte. Manchmal wird aber schon eine Bedienungsgebühr *(service charge)* in der Rechnung aufgeführt. Ein gesondertes Trinkgeld ist dann nicht mehr notwendig.

  In Cafés und Lokalen, in denen man das Essen an der Theke bestellt oder selber holen muss, kann man manchmal ein Trinkgeld in eine dafür ausgewiesene Büchse werfen, wenn man möchte. In Pubs ist Trinkgeld unüblich und bei Taxis hat es sich in letzter Zeit eingebürgert, den Betrag (leicht) aufzurunden.

- **Unterkunft:** Abgesehen von Hotels sind die sogenannten Bed & Breakfasts (B&Bs) die beliebteste Unterkunftsart. Die Gastgeber bieten einige Schlafzimmer in ihrem eigenen Haus zur Übernachtung an und morgens bekommt man ein deftiges irisches Frühstück mit Würstchen, Speck und Ei sowie Frühstücksflocken und Obst. In diesen kleinen Unterkünften wird man traditionellerweise meistens freundlich und persönlich empfangen und bekommt bei der Ankunft schon einmal eine Tasse Tee angeboten. Allerdings haben sich mittlerweile viele der B&Bs zu größeren Unternehmen entwickelt, in denen die Gastgeber nicht mehr unbedingt selbst im Haus wohnen und die mehr wie ein Hotel geführt werden. Für Selbstversorger gibt es auch ein großes Angebot, allerdings sind hier kleine Ferienhäuser *(cottages)* weiter verbreitet als Ferienwohnungen. Zusätzliche Informationen zum Thema gibt es im Abschnitt „In der Unterkunft" ab Seite 259.
- **Verkehrsmittel:** Der größte Unterschied zum europäischen Festland ist der Linksverkehr in Irland. Das ist nicht nur wichtig, wenn man einen Mietwagen fahren möchte, sondern auch Fußgänger sollten im Kopf behalten, dass man zuerst nach rechts schauen muss, wenn man eine Straße überqueren will, und nicht wie gewohnt nach links.

  Das am meisten verbreitete Transportmittel für längere Strecken ist der Überlandbus, da das Streckennetz der Bahn nur die größeren Städte miteinander verbindet und fast alle Linien sternförmig von Dublin abgehen. Innerhalb der Städte gibt es Stadtbusse und in Dublin die Straßenbahn „Luas", aber auch Taxis sind ein beliebtes Fortbewegungsmittel und nicht unbedingt übermäßig teuer. Genauere Informationen zu den einzelnen Verkehrsmitteln finden Sie ab Seite 254.
- **Vegetarier/Veganer:** Die irische Küche ist zwar eher bekannt für ihre Fleischgerichte, aber als Vegetarier in Irland unterwegs zu sein, ist in der Regel kein großes Problem. In größeren Städten gibt es oft vegetarische Restaurants und in anderen Lokalen findet sich normalerweise mindestens ein vegetarisches Gericht auf der Speisekarte oder man kann danach fragen. Wer vegan lebt, hat es da schon etwas schwerer und man wird viel erklären müssen, da die meisten vegetarischen Angebote Käse enthalten. Auch im traditionellen irischen Sodabrot ist Buttermilch enthalten! Wenn man aber vorplant und vielleicht bei einem Restaurantbesuch vorher freundlich nachfragt, ist es durchaus möglich, dass man den Ehrgeiz des Küchenpersonals anspornt und am Ende alle nicht-veganen „Mitesser" neidisch auf den veganen Teller schielen. Weiteres zum Thema Essen in Irland finden Sie im Kapitel „Pub, Coffee Shop und Sunday Dinner – die Ess- und Trinkkultur" ab Seite 240.

Eine kurze Geschichte Irlands

< Hochkreuze wie dieses in Clones aus dem 10. Jh. sind Zeugen der christlichen Geschichte Irlands (105ir Foto: Antoinette McGovern, Monaghan Tourism)

Irland in ur- und frühgeschichtlicher Zeit (ca. 7000 v. Chr.–400 n. Chr.)

Als *Gnaeus Iulius Agricola,* der römische Statthalter Britanniens, im Jahr 82 v. Chr. das südliche Schottland befriedete und mehrere Kastelle errichten ließ, blickte er in der Ferne auf die deutlich sichtbare Küste Irlands. Die Insel, von der aus Gallien leicht zu erreichen war, wäre eine sinnvolle Erweiterung des Römischen Reichs, so dachte er sich. Aus den Schriften seines Schwiegersohns *Tacitus* wissen wir, dass *Agricola* der Ansicht war, Irland könne durch eine einzige Legion und einige Hilfstruppen mit geringem Aufwand erobert werden. Auch knüpfte er einen ersten Kontakt für ein solches Unternehmen: Er empfing einen aufgrund interner Streitigkeiten vertriebenen irischen Fürsten, der vielleicht hilfreich sein könnte.

Die Insel, die *Agricola* aus der Ferne betrachtete, wurde vermutlich **zwischen 7000 und 6500 v. Chr. besiedelt.** Die ältesten bekannten Hinweise auf menschliche Besiedlung in Irland befinden sich in der Nähe der nordirischen Stadt Coleraine, bei dem Berg Mount Sandel am Fluss Bann.

In der **Jungsteinzeit** (Neolithikum, ab 4500 v. Chr.) begannen die Bewohner Irlands mit Landwirtschaft und die Töpferei wurde eingeführt. Zahlreiche noch heute erhaltene Monumente entstanden zu dieser Zeit: Die meisten sind Gräber und Zeugnisse früher Religiosität. Am bekanntesten sind die **Hügelgräber** Newgrange, Knowth und Dowth im Tal des Flusses Boyne. In die 70 Meter lange Grabkammer von Newgrange gelangt an etwa 13 Tagen im Jahr zur Zeit der Wintersonnenwende Licht durch eine Öffnung am Eingang. Dieses Sonnenlicht erleuchtet den Boden der Kammer am Ende des langen Ganges. Es wird deshalb angenommen, dass Newgrange auch eine Kalenderfunktion hatte.

Erst einige Jahrtausende danach, in der späten **Bronzezeit** (ca. 1200 v. Chr. bis 700 v. Chr.), wurden wieder von Menschen Dinge geschaffen, die bis heute erhalten sind. Im National Museum in Dublin befinden sich heute zahlreiche Artefakte, meist Waffen und Schmuck, die von einer gut entwickelten **Technik der Metallverarbeitung** zeugen und die angesichts der großen Anzahl an Waffen eine dominante Rolle von Kriegern in der Gesellschaft vermuten lassen. Zeugnisse aus der Bronzezeit sind auch eine Reihe von spektakulär gelegenen steinernen Festungen auf den Aran-Inseln in der Bucht von Galway. Die wohl bekannteste dürfte Dún Aonghus sein, an einer hundert Meter hohen Klippe gelegen.

Als *Agricola* – Jahrtausende nach der Errichtung von Newgrange und Jahrhunderte nach der Bronzezeit – von Schottland aus auf Irland blickte, sprach eine Mehrheit der Bevölkerung dort eine Sprache, die sie

102ir Foto: kw

Gälisch nannte und die heute meist als Irisch bezeichnet wird. Wann die Sprache nach Irland gelangte, kann nur vermutet werden, aber viele Wissenschaftler gehen von der Zeit um das Jahr 500 v. Chr. aus. Traditionellerweise sieht man die Sprecher des Gälischen als **Kelten** (s. auch das Kapitel „Die Iren – ein keltisches Volk?" ab S. 84). Früher gingen Altertumswissenschaftler vor allem von einer Eroberung Irlands durch die Kelten aus, heute dagegen vermuten viele Forscher, dass durch allmähliche Einwanderung und durch kulturellen Kontakt Gälisch nach und nach die ursprüngliche(n), nicht überlieferte(n) Sprache(n) der Insel verdrängte.

Da Irland damals noch schriftlos war, wissen wir nur sehr wenig über die Gesellschaft und die Kultur zu der Zeit, als *Agricola* im ersten vorchristlichen Jahrhundert über eine Eroberung der Insel nachdachte. Schilderungen der kulturellen und sozialen Verhältnisse zu jener Zeit, die man in Büchern und im Internet findet, sind **zwangsläufig Vermutungen und Spekulationen.** Die wichtigsten Quellen für solche spekulativen Gesellschaftsdarstellungen sind zum einen Sagen und Chroniken, die irische Mönche Jahrhunderte später aufschrieben (vgl. Kapitel „Ein Volk von Geschichtenerzählern"). Was in solchen Texten Erinnerungen aus vor-

⌃ Das 2500 Jahre alte Staigue Stone Fort am Ring of Kerry gehört zu den größten und besterhaltenen Ringfestungen Irlands

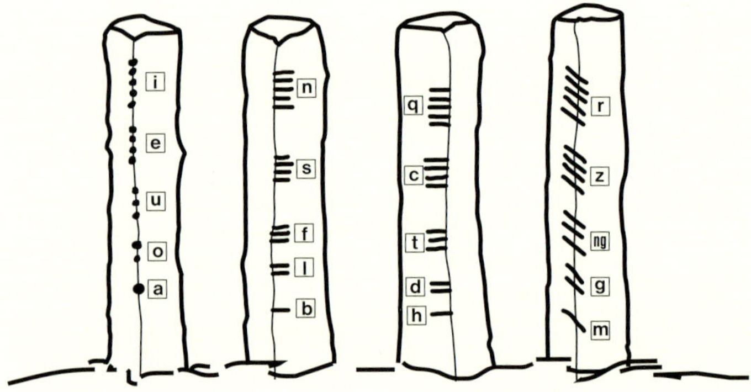

christlicher Zeit sind und was zeitgenössische Vorstellungen, lässt sich nur vermuten. Desweiteren werden als Quellen auch Reiseberichte und ethnografische Berichte antiker römischer und griechischer Autoren benutzt, die über Kelten auf dem Festland schreiben. Wenn man annimmt, dass diese Kelten eine gemeinsame Kultur mit den (keltischen) Iren teilten, kann man auch mutmaßen, dass die von den antiken Autoren geschilderten Zustände ähnlich für das vorchristliche Irland zutrafen.

Das Irland der Eisenzeit (etwa 500 v. Chr. bis 500 n. Chr.) ist solchen Interpretationen folgend eine von einer **Kriegerklasse** dominierte Gesellschaft. Die Köpfe von Feinden seien als Trophäe abgeschnitten worden und oft hätten die Krieger mit von zwei Pferden gezogenen Streitwagen gekämpft. Bei Festen habe dem größten Helden das beste Stück Fleisch zugestanden, die sogenannte Heldenportion. **Barden** verfassten Lobgedichte auf die Helden. Die **Druiden,** die die Priesterklasse stellten, hätten, so eine verbreitete Sichtweise, Wissen über die **Götter,** das Universum und das Schicksal der Seele gehabt, sie leiteten Opferzeremonien und sie sagten die Zukunft vorher. Ihnen seien magische Kräfte zugeschrieben worden.

Aus *Agricolas* Plänen, Irland dem Römischen Reich einzuverleiben, wurde übrigens nichts. Im Jahr 84 v. Chr. rief ihn Kaiser *Domitian* nach Rom zurück, mit der Begründung, dass die Kosten für den Britannienfeldzug zu

Die Oghamzeichen und ihre Lautwerte

hoch seien. Die Nähe des römischen Einflussbereichs blieb aber für Irland nicht folgenlos. Es gab kulturellen Austausch und Handel zwischen dem römischen Britannien und der Nachbarinsel. **Ogham,** das älteste irische Schriftsystem, das vor dem fünften nachchristlichen Jahrhundert entstand, basiert wahrscheinlich auf dem lateinischen Alphabet. Oghaminschriften befinden sich auf länglichen Steinen. Sie enthalten in erster Linie Eigennamen und zeigen Besitzansprüche an oder sie haben Grabsteinfunktion. Die Zeichen, die im Lautwert meist lateinischen Buchstaben entsprechen, werden entlang einer Kante in Stein – mittelalterlichen Quellen zufolge auch auf Holz – eingeritzt. Bei den Zeichen handelt es sich um Striche, die sich durch ihre Länge und durch ihre Anzahl unterscheiden sowie dadurch, auf welcher Seite der Kante sie sich befinden. Oghaminschriften findet man heute in ganz Irland. Die meisten gibt es im Süden der Insel, z. B. in Ballyquin in der Grafschaft Waterford.

Irland entging also der römischen Eroberung. Als das Römische Reich im vierten nachchristlichen Jahrhundert von Krisen geplagt wurde und Britannien aufgab, fielen Iren auf der Nachbarinsel ein und ließen sich in Cornwall, Wales und Schottland nieder, wovon noch heute Oghaminschriften in diesen Regionen zeugen. Zumindest Schottland wurde durch die irische Besiedlung dauerhaft geprägt: Gälisch ist zu einer der Sprachen des britischen Nordens geworden.

Das Mittelalter (ca. 400 n. Chr.–1500 n. Chr.)

Irland wird christlich

Das Jahr **431 n. Chr.** ist das erste definitive Datum in der irischen Geschichte. Laut einer mittelalterlichen Chronik schickte in jenem Jahr Papst *Coelestin I.* jemanden namens **Palladius** als Bischof „zu den Iren, die an Christus glauben". Aus dem fünften Jahrhundert stammen auch zwei auf Latein geschriebene Schriftstücke eines gewissen *Patricius*. In einem der Texte beschreibt er, wie Gott ihn zur Bekehrung der Iren schickte. Dieser Mann wurde später als **St. Patrick** bekannt und gilt als Nationalheiliger der Iren.

Welche Rolle ein einzelner Mann bei der Einführung des Christentums in Irland wirklich gespielt haben kann, wird heute heftig diskutiert. Unstrittig ist, dass Irland im 5. Jahrhundert allmählich christianisiert wurde. Zahlreiche **Klöster** wurden gegründet und entwickelten sich zu neuen **Machtzentren.** Ab dem 7. Jahrhundert produzierten die Mönche eine große Anzahl von Schriften, zunächst auf Latein – schon bald aber auch

Der Heilige Patrick

Der Süden Britanniens gehörte im 5. Jahrhundert, anders als Irland, zum Römischen Reich und war christlich. Die Bevölkerung sprach Britannisch, eine frühe Form des Walisischen, während Latein die Sprache der Oberschicht und der Verwaltung war.

In einer Stadt namens „Banna Venta Berniae", die vermutlich auf dem Gebiet des heutigen Wales lag, lebte der Beamte Calpurnius. ***Irische Piraten*** *entführten eines Tages seinen 16-jährigen Sohn Patricius. Als* ***Sklave*** *musste dieser in Irland Schafe und Schweine hüten und festigte dabei seinen Glauben. Später, als alter Mann, schrieb er auf Latein in seiner Lebenserinnerung, der „Confessio": „Ich lebte draußen in den Wäldern und auf dem Berg und ich wachte immer vor Tagesanbruch auf, um im Schnee zu beten, in eisiger Kälte, im Regen, und ich fühlte mich weder krank noch schlapp, weil, wie ich nun weiß, der Heilige Geist zu dieser Zeit in mir brannte."*

Nach sechs Jahren konnte Patricius schließlich ***fliehen*** *und als blinder Passagier auf einem Schiff zurück nach Britannien gelangen, allerdings nicht ohne vorher noch einige Abenteuer zu bestehen. Wieder in Freiheit, entschloss sich Patricius, Priester zu werden. Eines Tages kam ein Mann namens Victoricus aus Irland und überreichte ihm einen Brief, der den Titel „Die Stimme der Iren" trug. Patricius berichtet: „Als ich begann, den Brief zu lesen, hatte ich in dem Moment das Gefühl, ich hörte die Stimme genau jener Menschen, die sich in der Nähe des Waldes Foclut, der nahe der westlichen See liegt, befanden – und sie riefen wie mit einer Stimme: ‚Wir flehen dich an, du heiliger, junger Diener, zu uns zu kommen und unter uns zu wandeln.'"*

Dies war die Aufforderung, die Iren zum Christentum zu bekehren. Patricius zögerte zunächst noch, da er sich der Aufgabe nicht gewachsen fühlte, kehrte aber schließlich als Missionar ***nach Irland zurück.*** *Er sammelte Anhänger um sich, stieß aber auch auf Widerstand. Sein Brief an den Fürsten Coroticus, den er verfasste, als dessen Soldaten einige seiner Anhänger entführt hatten, ist überliefert.*

In den folgenden Jahrhunderten schrieben Chronisten von Konflikten Patricius' mit den heidnischen Druiden. Auch Legenden entstanden: Am bekanntesten sind die, dass er die ***Schlangen aus Irland vertrieben*** *und die Dreifaltigkeit Gottes anhand eines dreiblättrigen Kleeblattes („shamrock") erklärt haben soll. Dieses* ***Kleeblatt*** *ist heute ein Symbol für Irland und wird von Iren in aller Welt an ihrem Nationalfeiertag getragen: dem* ***St. Patrick's Day*** *(siehe auch das Kapitel „Feste in Irland" ab Seite 132).*

Wissenschaftler bezweifeln nicht, dass Patrick, wie Patricius auf Englisch genannt wird, wirklich gelebt hat. Allerdings folgen die meisten Historiker der „Zwei-Patrick-Theorie" des Gelehrten Thomas Francis O'Rahilly aus dem Jahr 1942. Demnach haben spätere Chronisten Überlieferungen, die Palladius, den ersten Bischof der Iren (s. S. 25), betreffen, mit solchen über Patricius vermischt und so der Geschichte und den Legenden um den Heiligen Patrick ihre spätere Form gegeben. Im Übrigen dürfte sich das Christentum in Irland ganz allmählich durch Kontakte mit dem Römischen Reich durchgesetzt haben. Es war kaum eine Person allein, die den religiösen Umbruch auslöste.

115ir Foto: Brian Morrison, Tourism Ireland

Mehrere Orte werden heute mit dem Heiligen Patrick in Verbindung gebracht: Auf dem ***Slemish Mountain*** *in der nordirischen Grafschaft Antrim soll er in der Sklaverei gehalten worden sein. Als Missionar habe er den Berg* ***Croagh Patrick*** *in der Grafschaft Mayo besucht, wo nun alljährlich am letzten Sonntag im Juli eine Wallfahrt stattfindet. (Siehe auch den Exkurs „Irische Wallfahrtsorte" ab Seite 148.) In dem nordirischen Ort* ***Downpatrick*** *soll er neben den Heiligen Brigid und Columba begraben sein. Die Stadt* ***Armagh,*** *die ebenfalls in Nordirland liegt, wurde der Überlieferung zufolge von St. Patrick als Hauptsitz seiner Mission gegründet. Die Stadt ist auch heute noch wichtig: Der anglikanische wie auch der katholische Erzbischof Irlands haben dort ihren Sitz.*

Patrick ist der ***Nationalheilige der Iren*** *und sowohl die anglikanische Church of Ireland („Kirche von Irland") wie auch die katholische Kirche Irlands sehen sich in seiner Tradition stehend. Der Name Patrick und die irischsprachige Version „Pádraig" sind häufige, fast schon stereotype irische Namen, wie auch die Abkürzung „Pat" und vor allem „Paddy". Fast ebenso häufig kommen die weiblichen Varianten Patricia oder auf Irisch „Páidrigín" vor.*

Die Down Cathedral und das Grab des Heiligen Patrick in Downpatrick

116ir Foto: kw

auf Irisch. Anderswo in Europa war zu dieser Zeit das Schreiben in einer anderen Sprache als Latein und Griechisch noch undenkbar. Vor allem überlieferte Gesetzestexte helfen uns, ein detailliertes **Bild der irischen Gesellschaft jener Zeit** nachzuzeichnen: Sie war in Klassen unterteilt. Die Gesetze legten genau fest, wer wo und wie im Leben stand und wie dessen Beziehung zu anderen Menschen war. Es gab Sklaven. Die Gesellschaft war zwar patriarchalisch, doch hatten Frauen im Vergleich zu anderen Regionen Europas zu dieser Zeit viele Rechte, in manchen Lebensbereichen mehr als noch vor wenigen Jahren in der Republik Irland. (Siehe das Kapitel „Kinder, Küche, Kirche – Frauen in Irland" ab Seite 186) Frauen wie Männer konnten sich scheiden lassen und die Frauen verfügten über persönliches Eigentum, das sie in die Ehe mitbrachten und nach einer Trennung auch wieder mitnehmen konnten.

Irische Mönche kamen im siebten und achten Jahrhundert als **Missionare auf den europäischen Kontinent** und gründeten Klöster, so in Bobbio in Norditalien und St. Gallen in der Schweiz. In diesen Klöstern, die auch als **Schottenklöster** bezeichnet wurden (von *scoti,* einem mittelalterlichen lateinischen Wort für Iren), sind die frühesten irischsprachigen Handschriften erhalten. In Würzburg wurden im Jahr 689 drei irische Missionare getötet, unter ihnen *Kilian,* der heutige Schutzpatron der Franken. Das deutsche Wort „Glocke", wie auch das englische Wort *clock,* verdanken wir den irischen Missionaren: Es stammt von dem irischen Begriff *clog* ab.

Die Wikinger

In einer stürmischen Nacht im 9. Jahrhundert schrieb ein Mönch auf Irisch ein Gedicht an den Rand einer lateinischen Grammatik: „Heute Nacht weht ein kräftiger Wind und aufgewühlt sind die weißen Schaumkronen der Wellen. Bei einem solchen Wintersturm habe ich keine Angst, dass die kriegerischen Wikinger übers Meer kommen."

Diese Seefahrer aus Küstengebieten des heutigen Norwegens überfielen im Jahre 795 erstmals die vor der nordirischen Küste gelegene Insel Rathlin und kamen immer wieder, in der Regel mit mehreren Jahren Abstand. Sie plünderten irische Klöster, töteten Mönche oder nahmen sie als Geiseln oder Sklaven. Wer waren die Wikinger? Es handelte sich vermutlich um Bauern aus küstennahen Gebieten Skandinaviens, die enorme Fortschritte im Schiffbau gemacht hatten. Im frühen Mittelalter unternahmen sie einerseits Raubzüge zu Küstengebieten und Inseln in Europa, andererseits gründeten sie aber auch Siedlungen und errichteten ein weitreichendes Handelsnetz. Historiker gehen davon aus, dass sie durch eine Überbevölkerung zu dieser Seefahrertätigkeit getrieben wurden.

In der **traditionellen irischen Geschichtsschreibung** wurden die Wikinger vor allem als heidnische Räuber dargestellt, die Mönche töteten, Klöster ausraubten und diese in Brand steckten. In den ersten 50 Jahren ihrer Aktivitäten in Irland war das Treiben der Wikinger sicherlich durch solche Gewalttaten geprägt. Ein enormer gesellschaftlicher Umbruch in Irland, von dem in nicht ganz aktuellen Geschichtsbüchern oft die Rede ist, wurde durch die Raubzüge indessen eher nicht ausgelöst. Weite Kreise der irischen Bevölkerung blieben unberührt. Zudem waren es nicht allein Wikinger, die Klöster angriffen, auch Iren waren für solche Überfälle verantwortlich. Es gab sogar regelrechte Kriege zwischen einzelnen Klöstern, bei denen geplündert und gemordet wurde.

Von größerer Bedeutung für die irische Geschichte war die **Gründung der ersten Städte** Irlands durch die Wikinger: Dublin ging aus einer zunächst vorübergehend angelegten Hafensiedlung hervor, ebenso Waterford, Wicklow, Cork und Limerick. Vor allem Dublin wurde ein wichtiges Handelszentrum. Auch waren es die Wikinger, die das **Münzwesen** in Irland einführten. Vom kulturellen Einfluss der skandinavischen Seefahrer zeugen heute nordische Lehnwörter in der irischen Sprache, die vor allem die Schifffahrt, das städtische Leben oder den Handel betreffen. Wikinger

[<] An der Ballintubber Abbey beginnt an jedem letzten Sonntag im Juli der Pilgerzug zum 22 Meilen entfernten Croagh Patrick

und Iren lebten nicht in Isolation voneinander. Es ist anzunehmen, dass sich in den Wikingersiedlungen und um sie herum viele Iren niederließen und schon bald ein **Prozess der gegenseitigen kulturellen Beeinflussung** und Angleichung stattfand. Die Wikingerstädte wurden fest in die inneririschen Machtstrukturen, Rivalitäten und Bündnisse eingebunden.

Ein irischer König, **Brian Boru,** triumphierte in der Schlacht von Clontarf im Jahre 1014 über die Wikingerarmee von Dublin. Die häufig in Büchern zu findende Deutung, die Schlacht von Clontarf sei die Entscheidungsschlacht der Iren gegen die Wikinger gewesen, wird heute von vielen Historikern angezweifelt: Während *Brian Boru* von den Limericker Wikingern unterstützt wurde, standen aufseiten des Gegners, der Dubliner Wikinger, die irischen Krieger Leinsters. Dublin sollte auch nach der Schlacht noch bis zum Jahr 1052 unabhängig von jeglicher Fürstenherrschaft bleiben.

Die Anglo-Normannen – der Beginn der britischen Kolonialisierung Irlands?

Es begann als **lokalpolitische Affäre** im mittelalterlichen Irland: *Diarmait Mac Murchada,* König von Leinster (die Provinz an der Ostküste), wurde 1166 von einem Widersacher von seinem Thron vertrieben. Dieses Ereignis wäre vermutlich längst in Vergessenheit geraten, wenn *Mac Murchada* nicht nach **England** gegangen wäre, um **Verbündete** anzuwerben. Dort stellten schon seit hundert Jahren Normannen die Oberschicht. Unter *Wilhelm dem Eroberer* hatten sie 1066 England und später auch Teile von Wales erobert. Die Normannen waren Nachfahren von Wikingern und hatten in der Normandie die französische Sprache angenommen. Französisch war nach wie vor die Sprache des anglo-normannischen Adels in England, als *Diarmait Mac Murchada* dort König *Heinrich II.* (Englisch: *Henry II.*) um Hilfe bat. Der lehnte ab, gestattete es dem Iren jedoch, unter seinen Gefolgsleuten um Unterstützung zu werben. In Wales war er erfolgreich und gewann den anglo-normannischen Adligen *Richard Fitz Gilbert de Clare,* der wegen seines Geschicks im Bogenschießen auch **Strongbow** genannt wurde, für seine Ziele. *Mac Murchada* versprach ihm für militärische Hilfe seine Tochter *Aífe* und die Thronfolge. *Strongbow* willigte ein und landete 1170 mit einer Armee bei Waterford in Irland. Er eroberte Leinster, kämpfte an der Seite *Diarmaits* bis zu dessen Tod im Jahre 1171 und wurde daraufhin dessen Nachfolger.

Heinrich II. wurde nun auf die Ereignisse in Irland aufmerksam und befürchtete, dass ihm mit *Strongbow* auf der Nachbarinsel ein machtvoller Konkurrent heranwachsen könnte. Um seine Interessen zu sichern, kam er im Oktober 1171 mit einer Armee nach Irland. Die Machtdemonstration zeigte unmittelbaren Erfolg: *Strongbow* erkannte *Heinrich II.* als Herrscher Irlands an, ebenso unterwarfen sich ihm viele einheimische Könige und Fürsten. So wurde der **englische König auch der „Lord of Ireland"** bzw. das Oberhaupt über die irischen Fürsten.

Man darf sich Irland in dieser Situation allerdings nicht als einheitlichen Staat mit Zentralgewalt vorstellen: Die Fürsten bekämpften sich weiterhin untereinander. Es gab nun anglo-normannische Machthaber sowie zu einem größeren Teil irischstämmige Fürsten. Letztere bezeichneten sich zur Unterscheidung von anderen Gruppen in Irland als „Gälen" (von irisch *gael,* ausgesprochen etwa „geel").

Die anglo-normannischen Fürsten sprachen Französisch, deren Gefolgsleute jedoch vor allem Englisch. Die Mehrheit der Bevölkerung, auch die unter anglo-normannischer Herrschaft, sprach aber Irisch. Lediglich in den Städten setzte sich **als Hauptsprache auch Englisch** durch – zumindest für einige Jahrhunderte. Die anglo-normannischen Fürsten regierten vor allem in Ost- und Zentralirland. Sie waren militärisch überlegen, etwa durch ihre Eisenhemden und Kettenpanzer, durch ihre Bogenschützen oder wegen der **Trutzburgen,** die sie in Irland bauten. Bis zum Jahr 1250 brachten sie drei Viertel des Landes unter ihre Kontrolle.

Etwa ein Jahrhundert nach der anglo-normannischen Eroberung der Insel entstand das **Parlament Irlands.** Es stellte ein Forum für die gegenüber dem *Lord of Ireland* (also dem englischen König) loyalen Fürsten und Geistlichen dar. Die erste Sitzung fand im Jahr 1263 in Castledermot in der heutigen Grafschaft Kildare statt, einige Monate vor der ersten Versammlung des englischen Parlaments. Das erste irische Parlament existierte bis 1800 und seine Sitzungen wurden an verschiedenen Orten abgehalten. Allerdings setzte sich schon bald Dublin als Hauptsitz durch.

Ab dem 14. Jahrhundert ging der politische Einfluss der Anglo-Normannen in Irland immer weiter zurück, die Kräfte Englands waren nun in Wales, Schottland und Frankreich gebunden. Die Anglo-Normannen wurden zudem mit der Zeit nach und nach **gälisiert** und unterschieden sich kaum noch von den anderen irischen Fürsten: Sie sprachen nun Irisch, trugen die gleiche Kleidung wie die gälischen Adligen und förderten gälische Musiker und Barden. Der englische Autor *Francis Plowden* schrieb im Jahre 1803 auf Latein, die Anglo-Normannen seien „Hiberniores Hibernis ipsis"gewesen, was übersetzt heißt „irischer als die Iren selbst".

Heute noch häufige **Nachnamen normannischen Ursprungs** sind zum Beispiel *Fitzgerald, Fitzpatrick, Walshe* oder *de Burgh.* Der direkte englische Einfluss in Irland schrumpfte bis Mitte des 15. Jh. auf ein kleines Gebiet, das von Dublin bis Dundalk reichte und mit einem Erdwall gesichert wurde. Der Wall wie auch das Territorium wurden als **Pale** bezeichnet.

Machtfaktor Religion (ca. 1530–1800)

Vor allem im Sommer kommt es in Nordirland heute gelegentlich zu Spannungen zwischen Katholiken und Protestanten, meist entfacht durch Paraden, in denen eines erlittenen Unrechts oder eines Sieges vergangener Zeiten gedacht wird. Religion spielt dabei allerdings höchstens eine untergeordnete Rolle. In den letzten fünf Jahrhunderten hat sich in Irland ein komplexes Netz bestehend aus Konfession, sozialem Status und nationaler Identität entwickelt, das auch im 21. Jahrhundert schwer zu entwirren ist.

Die von oben verordnete Reformation

Nachdem Papst *Clemens VII.* nicht gewillt gewesen war, dem englischen König *Heinrich VIII.* (Englisch: *Henry VIII.*) eine Annulierung seiner Ehe zu gewähren, ließ sich dieser 1534 anstelle des Papstes zum Oberhaupt der Kirche in England erklären. Die **englische Staatskirche** war geboren und wurde nach *Heinrichs* Tod vor allem durch seine Tochter *Elisabeth* zur von der katholischen Kirche deutlich unterscheidbaren **anglikanischen Kirche** ausgebaut. Durch diesen Schritt war das Land nun diplomatisch isoliert. Vor allem wohl aus Sorge, die Nachbarinsel Irland könnte eine Basis für Angriffe katholischer Länder auf England werden, nahm sich *Heinrich VIII.* vor, Irland auch jenseits der als *Pale* bezeichneten Region (s. S. 31) unter englische Kontrolle zu bringen. 1536 ließ er sich deshalb zum Oberhaupt der Kirche in Irland erklären und 1541 verlieh das irische Parlament *Heinrich* den Titel „König von Irland". Bis dahin galt der englische König als *Lord of Ireland.* Dies hatte nicht den gleichen hohen Status wie der Königstitel. Die gälischen wie auch die normannischstämmigen **irischen Adligen lehnten es** allerdings **ab, jemand anderen als den Papst als Oberhaupt der Kirche anzuerkennen.** Sie galten deshalb als nicht loyal gegenüber der Krone und nur bedingt für Aufgaben in der auszubauenden inselweiten Verwaltung geeignet. Engländer übernahmen deshalb mehr und mehr Ämter und Schlüsselpositionen in Irland. Vor allem für zweitgeborene Söhne aus englischen Adelshäusern, die beim Erbe gegenüber ihren erstgeborenen Brüdern leer ausgingen, war die **Ausweitung der englischen Kontrolle über Irland** eine gute Gelegenheit, an eigene Ländereien zu kommen. So entstand neben der alten katholischen eine neue anglikanische Oberschicht, die in der ersten Generation vor allem aus Engländern und einzelnen zur Staatskirche übergetretenen irischen Adligen bestand. Dies war ein allmählicher Prozess und *Heinrichs* Tochter **Elisabeth I.,** die den Thron 1558 bestieg, führte die Politik ihres Vaters fort.

Anders als in England und Wales blieb die Bevölkerung Irlands jedoch katholisch, was die Beziehungen zwischen Großbritannien und Irland in den nächsten Jahrhunderten entscheidend prägen sollte. *Elisabeth I.* gelang es jedoch, Irland politisch und militärisch endgültig in den Einflussbereich der englischen Krone zu bringen: Bis 1585 gewann sie die Oberhand in den Provinzen Leinster, Munster und Connacht. Nur im Norden, in der Provinz Ulster, war ihr noch nicht der gleiche Erfolg beschert.

Plantation – die protestantische Besiedlung Ulsters

1595 schlossen sich unter der Führung des gälischen Fürsten *Hugh O'Neill* **rebellische Adlige in Ulster** gegen die englische Krone zusammen. Sie gingen, wie zur Bestätigung der schlimmsten englischen Befürchtungen, ein Bündnis mit dem katholischen Spanien ein. Als die Truppen *O'Neills* 1601 nach Kinsale an der Südküste Irlands zogen, um zu den dort eingetroffenen spanischen Truppen zu stoßen, wurden sie von englischen Einheiten besiegt. 1603 gelang es England endgültig, **Ulster zu unterwerfen.** Zwar durften die Fürsten bleiben und auch ihren Besitz behalten, sie mussten sich aber dem König - seit *Elisabeths* Tod 1603 *Jakob I.* (Englisch: *James I.*) - unterwerfen. Unwillig sich mit der neuen Ordnung in Irland abzufinden, verließen *O'Neill* und andere nordirische Adlige mit ihren Gefolgsleuten 1607 bei Nacht und Nebel Irland und gingen ins freiwillige **Exil** nach Italien. *Jakob I.*, der auch König Schottlands war, nutzte die Gelegenheit, um weite Teile der nörlichen Provinz von Protestanten besiedeln zu lassen: Wenn die Iren nicht zu Protestanten werden wollten, so mussten eben Protestanten nach Irland gebracht werden. Das Land der nordirischen Fürsten wurde beschlagnahmt und Unternehmern aus England und Schottland übergeben, die die Aufgabe hatten, es mit Protestanten zu bevölkern. Die einheimische katholische Bevölkerung sollte umgesiedelt werden. Im Jahre 1609 begann die *Plantation* (Verpflanzung), wie man das Projekt nannte. Es konnten **Siedler aus England** und vor allem aus Schottland angeworben werden, jedoch nicht in so großer Zahl, dass man überall auf die Arbeitskraft der einheimischen Bevölkerung verzichten konnte. Zwar wurden viele Katholiken vertrieben, andere hingegen konnten bleiben. Für sie änderte sich einfach der Gutsherr.

Durch die **protestantische Besiedlung Ulsters** veränderte sich der Charakter des Nordens grundlegend. Anders als im restlichen Irland war hier nicht nur die Oberschicht protestantisch. Allerdings bekam die anglikanische Staatskirche bald Konkurrenz: Der auf den Schweizer Reformer *Calvin* zurückgehende **Presbyterianismus** schwappte im späten

17. Jahrhundert aus Schottland herüber und wurde zur größten protestantischen Glaubensrichtung Nordirlands. Nicht-anglikanische Protestanten wurden von der englischen Regierung jedoch wie Katholiken mit Misstrauen beäugt, wenn auch nicht im gleichen Ausmaß. Dies beruhte durchaus auf Gegenseitigkeit: Viele irische Presbyterianer standen ihrerseits der Londoner Regierung kritisch gegenüber und hegten etwa im amerikanischen Unabhängigkeitskrieg Sympathien für die amerikanischen Rebellen. Auch wirtschaftlich verlief die Entwicklung des Nordens anders als im übrigen Land: Französische Hugenotten, die Ende des 17. Jahrhunderts vor religiöser Verfolgung aus dem katholischen Frankreich flohen, brachten die Technik des Damastwebens nach Ulster und legten den Grundstein für eine frühe **Textilindustrie.** Im 19. Jahrhundert wurde Belfast zu einem der Zentren der **industriellen Revolution** im Vereinigten Königreich, während das restliche Irland weiterhin von Landwirtschaft geprägt war.

Das Zusammenleben zwischen Katholiken und Protestanten war nicht immer und überall in Ulster konfliktreich. Davon zeugen etwa Familiennamen, die über die Konfessionsgrenzen hinweg vorkommen. Allerdings bestehen diese **Konfessionsgrenzen** in der nordirischen Gesellschaft bis heute.

„In die Hölle oder nach Connacht"

Remember 1641 („Erinnere dich an 1641") – Diesen Slogan sieht man noch heute gelegentlich an Häuserwänden in protestantischen Arbeitervierteln in Nordirland. Er erinnert an **Massaker gegen Protestanten,** die sich während eines Aufstandes katholischer Adliger ereigneten. Viele wurden erschossen, andere ihrer Kleider entledigt und weggejagt. Aus der Stadt Portadown wurde berichtet, dass etwa 80 Männer, Frauen und Kinder von einer Brücke in einen Fluss geworfen wurden. Diejenigen, die nicht ertranken, wurden von den Aufständischen erschossen oder erschlagen. Der Historiker *Nicholas Canny* schätzt, dass etwa 2000 Menschen infolge dieser Übergriffe ums Leben kamen. Als der englische König *Karl I.* (Englisch: *Charles I.*) von den Massakern hörte, wollte er Truppen zur Verteidigung der Protestanten schicken. Dafür benötigte er jedoch die Zustimmung des englischen Parlaments. Die Beziehung zwischen dem Monarchen und dem Parlament war jedoch zu dieser Zeit sehr gespannt und so verweigerte es ihm den Truppeneinsatz – nicht zuletzt wegen der Befürchtung, dass *Karl* das Heer gegen das Parlament selbst einsetzen könnte. Das schlechte Verhältnis eskalierte **in England** zu einem **Krieg zwischen Krone und Parlament.**

Die katholischen Aufständischen in Irland nutzten die Situation und erklärten, sie kämpften für den König, ohne sich allerdings dessen Zustimmung zu versichern. Unter dem Namen **Confederate Catholics of Ireland** („Konföderierte Katholiken Irlands") – dem Zusammenschluss gehörten nun auch Fürsten normannischer Herkunft und sogar einige königstreue Protestanten aus der neuen englischstämmigen Elite an – brachten sie weite Teile der Insel unter ihre Kontrolle. Da in England Bürgerkrieg herrschte, wurde ihnen für mehrere Jahre nur wenig Widerstand entgegengesetzt.

1649 besiegten die Truppen des englischen Parlaments das königliche Heer, *Karl I.* wurde öffentlich hingerichtet und England wurde zur Republik. **Oliver Cromwell,** der Befehlshaber der Parlamentsarmee, richtete nun seine Aufmerksamkeit auf Irland und zog mit einer 20.000 Mann starken Armee auf die Nachbarinsel. Sein Ziel war nicht nur, die Kontrolle über die Insel wiederzuerlangen, sondern auch, Vergeltung für die dort verübten Gewalttaten gegen Protestanten zu üben. *Cromwells* Truppen stießen schnell vor und brachten innerhalb weniger Jahre ganz Irland unter ihre Herrschaft.

Nun gab es Stimmen, die sämtliche katholischen Gutsherren aus Irland vertreiben wollten, weil von ihnen aus Sicht vieler Protestanten jederzeit eine Verschwörung ausgehen konnte. Da eine Vertreibung so nicht praktikabel war, wurde das Land derer, die an der Rebellion beteiligt waren, ohne Entschädigung enteignet. Auch alle anderen katholischen Landbesitzer mussten ihren Grund und Boden aufgeben, sie erhielten dafür minderwertiges Land westlich des Flusses Shannon, in der Provinz Connacht und in der Grafschaft Clare.

„To hell or to Connacht" – „In die Hölle oder nach Connacht" soll *Cromwells* Reaktion auf jeglichen Protest gewesen sein – ein Ausspruch, der in der nationalistischen irischen Geschichtsschreibung oft zitiert wird. Das durch die Enteignungen frei gewordene Land wurde den Soldaten *Cromwells* und den Finanziers des militärischen Einsatzes übergeben. Entlang des Shannon wurden Soldaten angesiedelt, durch die eine Art Pufferzone zwischen dem Gebiet in katholischem Besitz und der restlichen Insel entstand.

Cromwell unternahm einen erneuten Versuch, die katholische Bevölkerung zum Protestantismus zu bekehren. Da er jedoch auch in der anglikanischen Staatskirche Irlands unbeliebte Veränderungen einführte, wurden seine Anstrengungen nur sehr bedingt vom anglikanischen Klerus unterstützt. Stattdessen kamen **Missionare aus England,** die weder mit der irischen Sprache noch mit den örtlichen Gegebenheiten vertraut waren. So hatte auch diese protestantische Missionierung wenig Erfolg.

Als *Cromwell* 1658 starb, setzte man die Monarchie in England wieder ein und der Sohn des hingerichteten Königs, *Karl II.*, wurde 1660 gekrönt. Die enteigneten und auch die nach Connacht verbannten katholischen Gutsherren hofften, nun wieder in den Besitz ihres Landes zu kommen – größtenteils vergeblich. Da *Karl II.* nicht den Zorn der irischen Protestanten auf sich ziehen wollte, tastete er *Cromwells* **Landumverteilung** nur sehr unwesentlich an. Der Katholizismus wurde aber nun wieder weitgehend toleriert.

Jakob II. gegen Wilhelm von Oranien – der Krieg der Könige

Irlands katholischer Adel war in heller Aufregung, als im Februar 1685 in London **Jakob II.** (Englisch: *James II.*), der Bruder des verstorbenen *Karl II.*, zum König gekrönt wurde. Was war das Besondere an *Jakob*? Er war 16 Jahre vorher zum Katholizismus konvertiert. In Irlands katholischer Landbesitzerklasse erwachte erneut die Hoffnung, ihr werde das von *Cromwell* enteignete Land zurückgegeben und sie könne wieder die Rolle einnehmen, die sie vor der Reformation auf der Insel innegehabt hatte.

Diese Erwartung schien sich zunächst zu bestätigen: Der neue Stellvertreter des englischen Königs in Irland, *Richard Talbot*, war selbst ein irischer Katholik normannischer Herkunft. Unter ihm wurden **wieder Katholiken in öffentliche Ämter eingesetzt,** eine katholische Armee wurde gebildet und im Parlament in Dublin sollten zukünftig vorwiegend Katholiken sitzen.

Weniger erfreut über den katholischen König war das englische Parlament. Nach dem Bürgerkrieg mit neuem Selbstbewusstsein ausgestattet, wollte es nicht hinnehmen, dass ein Katholik Herrscher Englands war. Es bot daher *Jakobs* protestantischem Schwiegersohn, dem Niederländer **Wilhelm von Oranien,** die Krone an.

Wilhelm nahm nach einigem Zögern die Einladung an und marschierte 1688 mit niederländischen Truppen in England ein. Sofort schlugen sich englische Adlige und protestantische Offiziere der englischen Armee auf die Seite des Niederländers. Diese Ereignisse werden als „Glorreiche Revolution" bezeichnet. Das Parlament erklärte *Wilhelm* und dessen Frau *Mary*, die protestantische Tochter *Jakobs*, zu König und Königin. *Jakob* floh nach Frankreich und versuchte nun, über das loyale Irland seinen eng-

[>] Der katholische König Jakob II. in Generalsunifom

[>>] Sein protestantische Widersacher: Wilhelm III. von Oranien

117ir Abb.: Benedetto Gennari II, via Wikimedia Commons

118ir Abb.: Sir Godfrey Kneller, via Wikimedia Commons

lischen Thron wiederzuerlangen. Als **königliche, katholische Truppen** in Irland mobilisiert wurden, erkannten einige vorwiegend protestantische Stadtherren im Norden, vor allem in Derry und Enniskillen, die Autorität *Jakobs* nicht an und verweigerten seiner Armee 1689 den Zugang. Daraufhin wurde **Derry für drei Monate belagert,** bis ein Versorgungsschiff die Blockade durchbrechen konnte. Diesem Ereignis wird noch heute am zweiten Samstag im August durch **Paraden** in Derry und anderswo in Nordirland gedacht.

1690 landete *Wilhelm* mit Truppen in Carrickfergus im Nordosten der Insel. Der Versuch, seinem Heer den Weg in den Süden abzuschneiden, führte im Juli 1690 zur Schlacht am Fluss Boyne, in der *Jakobs* Truppen unterlagen. Auch an dieses Ereignis wird jährlich am 12. Juli erinnert. 1691 wurde *Jakob* endgültig besiegt. Wieder wurden Katholiken enteignet und die Position der neuen protestantischen Elite weiter gefestigt, während Katholiken durch die sogenannten **Strafgesetze** *(Penal Laws)* noch stärker von der Beteiligung am öffentlichen Leben ausgeschlossen wurden.

Penal Laws – anti-katholische Gesetze

Den irischen Katholiken, die 75 % der Bevölkerung ausmachten, war es nun zu Beginn des 18. Jahrhunderts wegen der anti-katholischen Strafgesetze *(Penal Laws)* nicht mehr möglich, neues Land zu kaufen oder es länger als 31 Jahre zu pachten. Ihren Grund und Boden mussten sie zu

King Billy, die Belagerung Derrys und die Paraden in Nordirland

Die Ereignisse um den Krieg der beiden Könige sind in Nordirland immer noch allgegenwärtig. Geht man durch protestantische Arbeiterviertel, stößt man auf ***Wandgemälde,*** *die Wilhelm von Oranien (von nordirischen Protestanten oft voller Zuneigung „King Billy" genannt) darstellen oder Szenen aus der Belagerung Derrys durch die Truppen Jakobs II. zeigen. Zur sogenannten* ***„Saison der Märsche"*** *(„marching season"), die jedes Jahr von April bis September stattfindet, gedenken vor allem der Oranier-Orden („Orange Order") und die Organisation der „Apprentice Boys of Derry" (siehe unten) dieser geschichtlichen Ereignisse.*

Am wichtigsten ist der 12. Juli: An jenem Tag im Jahr 1690 fand die ***Schlacht am Fluss Boyne*** *statt, vor den Toren der heute in der Republik Irland gelegenen Stadt Drogheda. Beide Könige führten ihre Truppen selbst an und Jakobs Heer unterlag. Zwar hatte die Schlacht strategisch keine besonders herausragende Bedeutung, aber als fast ein Jahrhundert später im Streit um ländliche Ressourcen der protestantische* ***Oranier-Orden*** *entstand, wurde dieses Ereignis zu einem zentralen Mythos der protestantischen Bevölkerung. Der Schlacht wird jedes Jahr durch Paraden gedacht. Weil im Englischen die Worte für das niederländische Königshaus „Oranien", dem Wilhelm entstammte, und für die Farbe Orange identisch sind, wurde* ***Orange*** *zur* ***Farbe der Protestanten in Irland.***

Die Grundlage eines weiteren wichtigen Mythos ist die ***Belagerung der Stadt Derry*** *durch die Armee Jakobs II. zwischen 1688 und 1689. Anders als heute war die Stadt zu jener Zeit vorwiegend von Protestanten bewohnt, die dem katholischen König ablehnend gegenüberstanden. Als in der Stadt Truppen Jakobs II. stationiert werden sollten, stahlen der Überlieferung nach 13 Lehrlinge die Schlüssel der Stadttore und verschlossen diese. Im Gedenken an diese Lehrlinge („apprentice boys") entstand Mitte des 19. Jahrhunderts die Bruderschaft der* ***„Apprentice Boys of Derry".*** *Dass sie als protestantische Organisation „Derry" statt „Londonderry" im Namen tragen, ist eine Ausnahme und auch nur auf den Namen der Organisation beschränkt (siehe auch den Exkurs „Derry/Londonderry - Schrägstrichstadt" ab Seite 58).*

In den Monaten der Belagerung starben viele Menschen in Derry an Hunger oder Krankheiten. Das Ansinnen des damaligen Gouverneurs ***Robert Lundy,*** *mit Jakob II. zu verhandeln, wurde abgelehnt, Lundy geriet in den Verdacht, ein Verräter zu sein und musste fliehen. Anlässlich der Paraden der „Apprentice Boys" zum Gedenken an das Ende der Belagerung Derrys*

Extrainfo 1 (s. S. 8): Aufnahmen einer Parade des Oranier-Ordens in Belfast

119ir Foto: fk

im August wird oft eine Strohpuppe verbrannt, die Lundy darstellt. Die Paraden führten in der Vergangenheit immer wieder zu Konflikten zwischen Katholiken und Protestanten, etwa wenn der Oranier-Orden darauf beharrte, weiterhin entlang seiner traditionellen Routen durch mittlerweile hauptsächlich von Katholiken bewohnte Viertel zu marschieren. Im Zuge des nordirischen Friedensprozesses sind die Paraden in den letzten Jahren jedoch weitgehend friedlich verlaufen. Der Oranier-Orden und die „Apprentice Boys of Derry" bemühen sich zunehmend, ihre Feiern weniger als ***aggressive Triumphäußerungen*** *zu gestalten, sondern eher als* ***Folklorefestivals,*** *zu denen auch Touristen aus aller Welt kommen sollen. Nicht jeder ist bereit, diese Sichtweise zu teilen. So schrieb der nordirische Blogger Sammy McNelly im Sommer 2015: „Paraden, die deutlich sektiererisch sind und ein offenkundig politisches Motiv haben, sind nicht als Empfehlungen für Touristen geeignet, es sei denn, der ethnische, politische und religiöse Kontext wird deutlich gemacht."*

„King Billy" auf einem Wandgemälde

gleichen Teilen unter ihren männlichen Erben aufteilen, was dazu führte, dass der Besitz von Generation zu Generation schrumpfte. Diese Gesetze schlossen Katholiken auch von Mandaten im Dubliner Parlament oder öffentlichen Ämtern aus. 1728 verlor die katholische Bevölkerung Irlands zudem ihr Wahlrecht.

Zu spüren bekamen die anti-katholischen Gesetze in erster Linie die noch existierenden katholischen Gutsherren, die zu Beginn des 18. Jahrhunderts etwa 14% des Landes besaßen. Viele von ihnen traten deshalb zur anglikanischen Staatskirche über. In der zweiten Hälfte des 18. Jahrhunderts befanden sich nur noch 5% des Bodens in katholischem Besitz. Die Mehrheit der katholischen Landbevölkerung, wie auch das katholische Bürgertum, waren in einem wesentlich geringeren Maße von den Gesetzen betroffen, aber auch sie mussten **Steuern an die anglikanische Kirche** zahlen, etwa auf Getreide, Eier und Käse.

Katholische Bischöfe wurden verbannt, katholische Pfarrer mussten sich registrieren lassen und einen Treueid auf den König leisten. Katholischen Geistlichen aus dem Ausland war es gänzlich verboten, nach Irland zu kommen. Nichtsdestotrotz **bestand die katholische Kirche in Irland weiter fort,** teils legal, teils illegal, aber sie wurde toleriert. Messen hielten die Gläubigen zu jener Zeit oft unter freiem Himmel oder in Scheunen ab. Eine ernsthafte anglikanische Missionierungsbewegung gab es nicht und lediglich in der katholischen Oberschicht kam es zu einer nennenswerten Anzahl von Übertritten zur Staatskirche.

Als 1775 der amerikanische Unabhängigkeitskrieg ausbrach und Frankreich sich drei Jahre später auf die Seite Amerikas stellte, war Großbritannien auch auf Katholiken für seine Armee angewiesen. Da unzufriedene Soldaten nicht unbedingt loyal sind, wurden in Irland wie zuvor auch in England (wo die katholischen Einwohner ebenfalls Diskriminierungen ausgesetzt waren) volle Erbschaftsrechte für Katholiken wiederhergestellt. Zudem durften sie nun Land für 999 Jahre pachten. Nach Ausbruch der Französischen Revolution, die auch in Irland aufmerksam verfolgt wurde, gewährte die britische Regierung Katholiken 1793 das aktive Wahlrecht (insofern sie wie die protestantischen Wahlberechtigten über Grundbesitz verfügten), um so einer Radikalisierung der katholischen Bevölkerung vorzubeugen. Außerdem war es den irischen Katholiken nun auch erlaubt, gewisse öffentliche Ämter auszuüben.

☒ Seit der Auflösung des irischen Parlaments 1801 beherbergt das einstige Parlamentsgebäude in Dublin die Bank of Ireland

Protestantische Patrioten (ca. 1700–1800)

Anti-katholisch und anti-britisch

Im 18. Jahrhundert entstand unter dem Eindruck des amerikanischen Unabhängigkeitskrieges erstmals ein **irischer Nationalismus.** Dessen wichtigster Vertreter, der Parlamentsabgeordnete *Henry Grattan,* erhielt später einen Platz in der Heldengalerie des modernen irischen Nationalismus. Die Patrioten, wie *Grattans* Fraktion bezeichnet wurde, kritisierten, dass Irland **Handelsbeschränkungen** auferlegt wurden. Diese sollten eine wirtschaftliche Konkurrenz zu Großbritannien verhindern. Die Patrioten forderten, allein das irische Parlament solle Irland regieren, bislang war das irische dem britischen Parlament untergeordnet. Aber ebenso wie sie Großbritannien kritisch gegenüberstanden, waren diese **Patrioten** meist auch **anti-katholisch** und lehnten die Gewährung voller Bürgerrechte für die Katholiken ab. Das war der Trumpf in der Hand Großbritanniens: Wann immer es zu Meinungsverschiedenheiten zwischen dem irischen Parlament und Großbritannien kam, konnten die Briten drohen, den rechtlichen Status der katholischen Bevölkerungsmehrheit zu verbessern, um damit der protestantischen Vorherrschaft in der irischen Gesellschaft ein Ende zu setzen.

120ir Foto: Carsten Wutzler, Fotolia.com

Die Machtbalance zwischen der britischen Regierung und dem irischen Parlament sollte sich ändern, als 1778 und 1779 erst Frankreich und dann Spanien aufseiten Amerikas in den Krieg gegen Großbritannien eintraten. Da kaum britische Truppen in Irland stationiert waren, war die Insel mehr oder weniger schutzlos den Angriffen fremder Mächte ausgeliefert. So entstanden vor allem in der protestantischen Bevölkerung **militärische Freiwilligenverbände,** die Irland im Falle des Einmarsches französischer oder spanischer Truppen verteidigen wollten. Daneben eigneten sich die Verbände aber auch hervorragend für **Droh-**

gebärden gegen die britische Regierung. Bei einer Parade im Jahre 1778 führte ein Freiwilligenverband eine Kanone mit sich, an deren Rohr ein Schild hing: „Freier Handel oder das hier!" Die Drohungen hatten Erfolg und das irische Parlament konnte nun mit einigem Nachdruck Forderungen stellen: 1779 wurden die Handelsrestriktionen abgeschafft und das britische Parlament zog seinen Anspruch auf eine Mitsprache in irischen Angelegenheiten zurück. Lediglich der König hatte nun noch ein Veto gegen Entscheidungen des irischen Parlaments.

Ende des 18. Jahrhunderts kam es zu einem wirtschaftlichen Aufschwung. Institutionen wie die *Bank of Ireland* (Bank von Irland) und die irische Post entstanden zu dieser Zeit.

United Irishmen – die gescheiterte Revolution

Die Ereignisse der französischen Revolution wurden in Irland aufmerksam verfolgt und der Fall der Bastille 1789 wurde auch in Belfast gefeiert. Dort gab es ein presbyterianisches Bürgertum, das ähnlich wie die Katholiken durch Gesetze an der vollen Teilnahme am gesellschaftlichen Leben Irlands gehindert wurde.

Ein junger anglikanischer Rechtsanwalt aus Dublin, **Theobald Wolfe Tone,** der ein Traktat für die Gleichberechtigung der Katholiken geschrieben hatte, wurde nach Belfast eingeladen und war einer der Mitbegründer eines Debattierclubs, der *United Irishmen* („Vereinte Iren"), dessen Mitglieder vor allem Protestanten waren. Die Forderungen der *United Irishmen* reichten bald weiter als die der Patrioten im irischen Parlament: Irland sollte wie Amerika eine unabhängige Republik werden. Wesentlicher war aber die Forderung nach **Gleichberechtigung aller Iren** über die Konfessionsgrenzen hinweg. 1794 wurden die *United Irishmen* vom irischen Parlament verboten und die Organisation ging in den Untergrund.

Wolfe Tone reiste nach **Frankreich** und überzeugte die dortige revolutionäre Regierung, eine **Invasion Irlands** durchzuführen. Er selbst begleitete die Flotte 1798 als französischer Offizier. Zeitgleich brach an mehreren Orten der Insel ein Aufstand der *United Irishmen* aus. Diese hatten sich im Untergrund radikalisiert – auch wegen Übergriffen paramilitärischer protestantischer Verbände – und waren Bündnisse mit einem ländlichen, katholischen Geheimbund namens *Defenders* („Verteidiger") eingegangen, der durch lokale soziale Konflikte entstanden war. Nicht alle Kampfhandlungen entsprachen den Idealen der Intellektuellen aus Belfast und Dublin. Vielerorts kam es zu Übergriffen gegen die protestantische Bevölkerung. Die Revolution im Zeichen der Gleichberechtigung für alle artete mancherorts in **Gefechte zwischen Katholiken und Protestanten** aus.

Als die französische Flotte Irland erreichte, war die Rebellion bereits von der britischen Armee niedergeschlagen worden. Die Flotte wurde besiegt, *Wolfe Tone* verhaftet und wegen Hochverrats zum Tode verurteilt. Er kam der Vollstreckung des Urteils durch Selbstmord zuvor. Die *United Irishmen* und *Wolfe Tone* wurden später zu zentralen Figuren in den Mythen des irischen Nationalismus. Seit dem späten 19. Jh. finden am Grab *Wolf Tones* in Bodestown in der Grafschaft Kildare in jedem Juni Gedenkveranstaltungen statt. Diese werden von politischen und paramilitärischen Organisationen durchgeführt, die sich in der Tradition des irischen Republikanismus sehen.

Der Act of Union – Irland wird Teil des Vereinigten Königreichs

Nach dem Aufstand der *United Irishmen* und der gescheiterten französischen Invasion wurde deutlich, dass es neuer Wege bedurfte, um die Kontrolle über Irland aufrechtzuerhalten.

Der britische Premierminister *William Pitt* schlug eine Vereinigung beider Parlamente vor. Irland sollte dem Vereinigten Königreich beitreten, das im Jahre 1707 durch die Union Schottlands und Englands - Wales galt zu diesem Zeitpunkt als Teil Englands - entstanden war. *William Pitt* argumentierte, dass so britische Investitionen in Irland angeregt würden, die den allgemeinen Lebensstandard der Bevölkerung verbessern könnten. Die irischen Protestanten wären dann als Bürger des Vereinigten Königreichs keine Minderheit mehr, sondern Teil der Mehrheit.

Viele Protestanten lehnten diese Union aber ab, während die Katholiken sie positiv bewerteten. Sie erwarteten volle Bürgerrechte eher von der britischen als von einer protestantischen Regierung in Dublin. Die britische Regierung betrieb viel Propaganda und Überzeugungsarbeit. In manchen Quellen ist davon die Rede, es seien auch Bestechungen im Spiel gewesen.

Als im Jahre 1799 der Act of Union wieder einmal im irischen Parlament debattiert wurde, trat der eigentlich kranke *Henry Grattan* auf den Plan und beschwor in einer zweistündigen Rede die Eigenständigkeit der irischen Nation. Trotzdem stimmten sowohl das britische wie auch das irische Parlament für den Act of Union, der im Jahre 1800 ratifiziert wurde. Im Januar 1801 entstand das **Vereinigte Königreich von Großbritannien und Irland** und das im 13. Jahrhundert unter den Normannen gegründete irische Parlament hörte auf zu existieren. Das ehemalige Dubliner Parlamentsgebäude am *College Green,* gegenüber *Trinity College,* beherbergt seitdem die *Bank of Ireland.*

Katholische Nationalisten (ca. 1800–1922)

Die Mobilisierung der katholischen Bevölkerung

Waren es im 18. Jahrhundert noch Protestanten, die (inspiriert durch die Revolutionen in Frankreich und Amerika) für ein eigenständiges Irland eintraten, wurde der **Nationalismus** im 19. Jahrhundert zu einer Massenbewegung und erhielt somit einen katholischen Charakter. Insbesondere zwei Männer waren es, die diese Entwicklung vorantrieben und denen heute so manche Hauptstraße ihren Namen verdankt: *Daniel O'Connell* und *Charles Stewart Parnell.*

Daniel O'Connell, der Sohn eines katholischen Gutsherrn in Kerry, hatte in Frankreich und England Jura studiert und praktizierte als Rechtsanwalt. Anders als die meisten Katholiken zur Wende des 18. zum 19. Jahrhundert, hatte *O'Connell* die Abschaffung des irischen Parlaments abgelehnt. Im Jahre 1800 begann er als 25-Jähriger, sich in der Bewegung gegen die Union von Großbritannien und Irland zu engagieren und hielt seine erste öffentliche Rede.

In den 1820er-Jahren setzte er sich zunächst einmal für die **Bürgerrechte der katholischen Bevölkerung** ein. Nach wie vor konnten Katholiken weder ein Richteramt ausüben noch Offizier in der Armee werden und nur wenige Stellen im öffentlichen Dienst standen ihnen offen. Auch einen Abgeordnetensitz im nun zuständigen Londoner Parlament konnten irische Katholiken nicht einnehmen, da zuvor ein Eid zu leisten war, durch den man dem Katholizismus quasi abschwor. *O'Connell* gründete deshalb 1824 die **Catholic Association** („Katholische Vereinigung"), die anders als vergleichbare Organisationen, die es auch schon im 18. Jahrhundert gegeben hatte, nicht nur die katholische Elite vertrat, sondern sich an breite Bevölkerungsschichten wandte. Durch öffentliche Versammlungen, den geschickten Einsatz der Presse und die Zusammenarbeit mit der katholischen Kirche gelang es *O'Connell,* die katholische Bevölkerung politisch zu organisieren und die *Catholic Association* zur Massenbewegung zu machen.

Bei den Wahlen zum britischen Unterhaus 1829 kandidierte *O'Connell,* ohne die Absicht zu hegen, im Fall seiner Wahl den Treueid zu leisten. Seine Strategie ging auf, er wurde als Abgeordneter gewählt. Im Parlament herrschte zu diesem Zeitpunkt bereits eine Stimmung zugunsten der **katholischen Emanzipation** und *O'Connells* Wahl gab den Impuls, der die

☐ O'Connell-Statue in Dublin

126ir Foto: kw

britische Regierung zum Nachgeben veranlasste: Sie änderte den Eid so, dass auch Katholiken ihn ablegen konnten.

Nun wandte sich *O'Connell* wieder der Frage der politischen Eigenständigkeit Irlands zu, die ihn seit seiner Jugend interessiert hatte. Er gründete eine neue Organisation: die **National Repeal Association.** *Repeal* heißt Aufhebung, denn das Ziel dieser Organisation war die Aufhebung der Union zwischen Großbritannien und Irland. Allerdings ging es *O'Connell* nicht um eine absolute Unabhängigkeit. Der britische König sollte König Irlands bleiben, wie es vor der Abschaffung des irischen Parlaments 1801 der Fall gewesen war.

O'Connell, der nun auch als *The Liberator* („Der Befreier") bekannt war, gelang es, große Teile der katholischen Bevölkerung für die politische Eigenständigkeit zu begeistern. Auf seinen **Massenveranstaltungen** wurden Fahnen und Banner mit Symbolen wie der Harfe eingesetzt. Diese waren als Nationalsymbole nicht neu, wohl aber, dass sich die katholische Bevölkerung damit identifizierte. Schließlich wurde *O'Connells* Organisation im Jahre 1843 verboten und nichts lag *O'Connell* ferner, als sich dem Staat mit Gewalt zu widersetzen.

Die große Hungersnot, die 1845 ausbrach und fünf Jahre lang wütete, brachte darüber hinaus alle politischen Aktivitäten gänzlich zum Erliegen.

Die Katholiken waren nun Mitte des 19. Jahrhunderts zumindest auf dem Papier den Protestanten rechtlich gleichgestellt. Da das **Wahlrecht**

Die große Hungersnot (The Great Famine)

Als Friedrich Engels im Jahr 1856 durch Irland reiste, schrieb er seinem Freund Karl Marx: „Im ganzen Westen, besonders aber in der Gegend von Galway, ist das Land mit solchen verfallenen Bauernhäusern bedeckt, die meist erst seit 1846 verlassen sind. ... Ganze Dörfer sind verödet, und dazwischen dann die prächtigen Parks der kleinen Landlords, fast die Einzigen, die dort noch wohnen." Engels erlebte Irland unmittelbar nach der durch einen Pilzbefall der Kartoffeln ausgelösten ***vierjährigen Hungersnot,*** *die 1845 begann und bis 1849 andauerte.*

Wie kam es dazu? In der ersten Hälfte des 19. Jahrhunderts war die irische Bevölkerung mit etwa acht Millionen Menschen auf einem Höchststand, der nie wieder erreicht werden sollte. (Heute – nachdem eine Einwanderungsbewegung nach Irland eingesetzt hat – leben knapp sechs Millionen Menschen auf der Insel.) Ein möglicher Grund für die ***enorm hohe Bevölkerungszahl*** *zu Beginn der 1840er-Jahre war, dass die Kartoffel sich als Hauptnahrungsmittel durchgesetzt hatte. Sie war nährstoffreich und schon auf kleinsten Flächen konnte genug angebaut werden, um eine ganze Familie zu ernähren. Als im feuchten Juli des Jahres 1845 ein* ***Pilzbefall*** *die Kartoffelernte zunächst in Waterford und Wexford im Boden verfaulen ließ und von dort aus schnell die halbe Insel erfasste, kam dies einer Katastrophe gleich.*

Die britische Regierung unter Premierminister Sir Robert Peel reagierte schnell und importierte Mais aus den USA. Öffentliche Arbeitsprogramme wurden initiiert, die den Menschen staatlich bezahlte Arbeit verschafften. Diese sollten die Leute in die Lage versetzen, sich Mais und andere Lebensmittel selbst zu kaufen. Sie einfach zu verteilen, hätte dem damaligen Denken widersprochen. Man war der Ansicht, dass die Menschen dadurch langfristig von staatlicher Hilfe abhängig werden würden. Als Peels konservative Regierung dann 1846 durch eine neue Regierung unter Lord John Russell ersetzt wurde, änderte sich die Vorgehensweise des Staates. Lord Russells Partei – die Whigs – meinte, dass man sich in den Markt nicht einmischen sollte. Er solle sich vielmehr selbst regulieren. So wurde beschlossen, dass man in Irland, sollte die Kartoffelernte im folgenden Jahr erneut ausfallen, nicht durch Lebensmittelimporte in den Markt eingreifen, sondern das öffentliche Arbeitsprogramm weiter ausbauen wolle. In der Tat fiel die Ernte 1846 wieder aus. Zu allem Überfluss war der Winter äußerst hart, beherrscht von eisigen Stürmen.

Im Februar 1847 war die Insel schneebedeckt. Die Lebensmittelvorräte gingen zur Neige und unter der Bevölkerung machte sich Panik breit. Viele Menschen strömten in die Städte und vor allem in die ***Armenhäuser.***

121if Foto: fk

Dort wurden Mittellose gegen harte Arbeit und unter strengen Reglementierungen verpflegt. Im Winter 1846/47 waren diese Institutionen überfüllt. ***Seuchen*** *breiteten sich aus, an denen mehr Menschen starben als an den unmittelbaren Folgen der Unterernährung. Dr. Bell, ein Arzt im nordirischen Lurgan, schrieb: „Viele Krankheiten sind nun weit verbreitet in diesem Land, und die große Mehrheit derer, die ins Haus gebracht werden, sind am Rande des Todes, in einem fürchterlichen Zustand. Von vielen weiß man, dass sie auf der Straße starben, und andere, die man aus ihren Betten holte, um sie ins Armenhaus zu bringen, sind gestorben, bevor man sie auf den Wagen legen konnte, und zahlreiche sind keine 24 Stunden nach ihrer Einlieferung gestorben ... Viele Sterbende werden nur zur Aufnahme geschickt, damit auf Staatskosten die Särge für sie bestellt werden können."*

Durch private Initiativen, vor allem der protestantischen Quäker, wurden in Irland, Großbritannien und in Nordamerika Spenden gesammelt und ***Suppenküchen*** *eingerichtet, um das schlimmste Leiden zu lindern. Anders als die Quäker nutzten manche protestantische Organisationen die*

Dieses Denkmal in der Dubliner Innenstadt gedenkt der Opfer der großen Hungersnot

Not der Menschen für ihre Missionstätigkeit aus. Der Begriff „souper" entstand zu jener Zeit und bezeichnet jemanden, der gegen Suppe vom Katholizismus zum Protestantismus konvertiert. Häufig waren die in öffentlichen Arbeitsmaßnahmen Beschäftigten durch die harte Arbeit und die mangelnde Ernährung so erschöpft, dass sie ihr eigenes Land nicht mehr bestellen konnten.

Die britische Regierung erkannte nun, dass die Strategie, Hilfe nur gegen Arbeit zu gewähren, nicht aufgegangen war und richtete staatliche Suppenküchen ein. Nachdem 1847 nur ein Teil der Ernte von dem Pilzbefall betroffen war und sich erstmals wieder ein vorsichtiger Optimismus in Irland ausbreitete, schlug die Kartoffelkrankheit 1848 noch einmal mit voller Wucht zu. Da aber infolge einer Wirtschaftskrise in Großbritannien die öffentlichen Sympathien für Irland nachließen, waren die Suppenküchen bereits im September des Vorjahres eingestellt worden. Die gesamte Last der Nothilfe lag nun bei den Armenhäusern, die durch ***Abgaben der irischen Gutsherren*** *finanziert wurden. Manche Landbesitzer taten während der Hungersnot ihr Bestes, um die Not zu lindern. Viele demonstrierten aber einen erstaunlichen Mangel an Mitgefühl und ließen ihre Pächter vertreiben, wenn diese ihren Verpflichtungen nicht mehr nachkommen konnten.*

Die wegen der Überbevölkerung Irlands schon zu Beginn des 19. Jahrhunderts begonnene ***Auswanderungswelle*** *nahm angesichts der Hungersnot stark zu. Vor allem in die USA wanderten viele Iren auf den sogenannten „coffin ships" („Sargschiffen") aus: Ein Fünftel der Passagiere überlebte diese Überfahrten nicht.*

Bis heute ist die große Hungersnot (The Great Famine) ***im Bewusstsein der Iren lebendig.*** *Vieles wird damit erklärt: Wer sich z. B. wundert, warum in der traditionellen irischen Küche so wenig Fisch vorkommt, hört oft, Fisch sei „Famine Food" („Hungersnotessen") gewesen und deshalb hätten die Iren dieses Nahrungsmittel so lange gemieden. Mitte der 1990er-Jahre gab die Partei „Sinn Féin" in Belfast eine Reihe von Wandgemälden in Auftrag, auf denen der großen Hungersnot gedacht wurde. In einem Bild wurde diese dabei auch als „The Irish Holocaust" bezeichnet. Die Künstler werfen der damaligen britischen Regierung vor, einen Teil der irischen Bevölkerung bewusst dem Tod ausgeliefert zu haben. Wie auch immer die moralische Bewertung der früheren britischen Regierung und ihrer Maßnahmen ausfällt, mit dem nationalsozialistischen Holocaust an den Juden sind die Ereignisse natürlich nicht vergleichbar.*

aber an den Grundbesitz gebunden war, hatten protestantische Männer – Frauen durften gar nicht wählen – noch einen überproportionalen Einfluss auf die irische Innenpolitik. Dies änderte sich, als 1850 das Wahlrecht im Vereinigten Königreich an den Beruf statt wie bisher an den Grundbesitz gebunden wurde: Die Zahl der Wähler erhöhte sich dadurch von 45.000 auf 164.000. Weitere Reformen 1872 und 1884 ließen die Anzahl katholischer Wähler erneut sprunghaft ansteigen.

Mit **Charles Stewart Parnell** trat 1879 ein neuer, *O'Connell* vergleichbarer Aktivist auf die politische Bühne. *Parnell* war ein anglikanischer Gutsherr, der aber den ausufernden Privilegien seiner eigenen Klasse gegenüber kritisch eingestellt war. Er trat zunächst an die Spitze der **Land League** („Landliga"), die sich für die Interessen der kleinen Pächter gegenüber ihren Grundherren einsetzte. Aus der *Land League* entstand 1880 die **Irish Parliamentary Party** („Irische Parlamentspartei"), welche das Ziel verfolgte, in Irland wieder ein eigenes Parlament einzuführen. 1885 erlangte die Partei vier Fünftel der irischen Stimmen. Mit einem Team katholischer Rechtsanwälte, Kaufleute und Journalisten zog sie ins **Londoner Parlament** ein und vertrat dort für mehrere Jahrzehnte die Interessen von Irlands Katholiken. *Parnells* Karriere wurde übrigens 1889 beendet, als sein Verhältnis mit der Ehefrau eines Parteikollegen öffentlich wurde. Er starb 1891 im Alter von 45 Jahren.

Während im 18. Jh. hauptsächlich Protestanten nach einer von Großbritannien unabhängigen irischen Nation strebten, wurde der Nationalismus im 19. Jh. zur politischen Ideologie der katholischen Bevölkerungsmehrheit. Die Katholiken hatten nun zum einen ihre rechtliche Gleichstellung als Wähler und als Träger politischer Mandate erlangt. Zum anderen gewann die **katholische Kirche** ihren legalen Status wieder und wurde zu einer der mächtigsten Institutionen der Insel. Die anglikanische *Church of Ireland* verlor hingegen 1869 ihre Position als Staatskirche. Die Mehrheit der Protestanten lehnte angesichts dieser neuen gesellschaftlichen Verhältnisse jegliche Form irischer Selbstverwaltung ab. Sie zogen es vor, der (protestantischen) Mehrheit des Vereinigten Königreichs anzugehören, statt zur Minderheit in einem mehr oder weniger selbstständigen Irland zu werden.

Home Rule – Rome Rule? Unionismus und Nationalismus

Die Mehrheit der männlichen irischen Bevölkerung verfügte im frühen 20. Jahrhundert über das Wahlrecht. Die Wiedereinsetzung eines eigenen, irischen Parlaments unter der britischen Krone – bezeichnet als *Home Rule* („Heimatregierung") – war das politische Ziel der *Irish Parliamentary Party,*

Der Boykott erhält einen Namen

Captain Charles Cunningham Boycott, *der 1832 im englischen Norfolk geboren worden war, ging nach einer Karriere in der britischen Armee nach Irland und arbeitete dort ab 1873 als Gutsverwalter für Lord Erne in der Grafschaft Mayo. Er sollte zum prominentesten* ***Gegner der Land League*** *werden, die sich Anfang der 1880er-Jahre für die Rechte der Landpächter einsetzte und Pachtminderungen wegen des Rückgangs landwirtschaftlicher Erträge forderte. Charles Cunningham Boycott widersetzte sich der „Land League". Die Folge war, dass kaum noch jemand mit ihm sprach, er im Laden nicht mehr bedient wurde und niemand seine Ernte einzuholen bereit war. Daraufhin wurden Protestanten aus Ulster, 50 Mitglieder des Oranier-Ordens (siehe auch den Exkurs „King Billy, die Belagerung Derrys und die Paraden in Nordirland" ab Seite 38), zum Ernten geholt. 1000 Polizisten mussten sie dabei schützen. Die Ernte hatte einen Wert von etwa 350 Pfund, die Polizeiaktion kostete den britischen Staat hingegen 1000 Pfund. Boycotts* ***Name ging in die englische Sprache ein*** *und wurde von dort auch ins Deutsche entlehnt.*

Die Geschichte wurde 1948 unter dem Titel „Captain Boycott" verfilmt.

die von einer deutlichen Mehrheit der irischen Wahlberechtigten gewählt wurde. Es hatte seit der Revolte der *United Irishmen* Ende des 18. Jahrhunderts (s. auch den Abschnitt „United Irishmen – die gescheiterte Revolution" ab S. 42) mehrere nationalistische Aufstände gegeben, die aber wenig erfolgreich gewesen waren und nie die Unterstützung der Massen erlangt hatten. Die gemäßigte *Irish Parliamentary Party* kam 1912 durch ihre geschickte Politik im Parlament in Westminster ihrem Ziel sehr nah, als die britische Regierung beschloss, *Home Rule* in Irland einzuführen.

Die protestantische Bevölkerung stellte in Irland außerhalb der nördlichen Provinz Ulster nur eine dünne Minderheit, bestehend aus vorwiegend anglikanischen Gutsherren und Adligen. In Ulster hingegen waren die Presbyterianer und Angehörige anderer protestantischer Kirchen knapp in der Mehrheit. Den Protestanten erschien die Vorstellung von einem Land, in dem sie – anders als in einem Vereinigten Königreich – eine Minderheit darstellten, in der Regel eher als bedrohlich. So hatte sich bereits im 19. Jahrhundert eine **Gegenbewegung zum irischen Nationalismus** gebildet, der **Unionismus.** Dessen Slogan war „Home Rule is Rome Rule", was etwa heißt: Irische Selbstverwaltung ist gleichbedeutend mit der Regierung durch Rom (gemeint sind damit der Papst und die katholische Kirche). Die Unionisten befürchteten, dass die katholische Kirche zu viel Einfluss auf eine irische Regierung ausüben würde. Doch wurde der Unionismus nur in Ulster zur Massenbewegung.

Am 28. September 1912 unterzeichneten drei Viertel der über 15-jährigen Protestanten in Ulster ein Gelöbnis, demzufolge sie alle Mittel einsetzen wollten, „die als notwendig erachtet werden, um die gegenwärtige Verschwörung, ein Heimatparlament in Irland einzusetzen, zu verhindern". Im darauffolgenden Januar 1913 wurde in Belfast eine protestantische paramilitärische Miliz gegründet, die **Ulster Volunteer Force** (*UVF,* „Freiwilligen-Streitkräfte Ulsters"). Sie diente vor allem dazu, der Welt zu demonstrieren, dass die Protestanten Ulsters fest entschlossen waren, sich gegen ein Heimatparlament zur Wehr zu setzen.

Um diesem propagandistischen Effekt entgegenzuwirken, gründeten radikale **Nationalisten** in Dublin die **Irish Volunteers** („Irische Freiwillige"). Diese entwickelten sich innerhalb kurzer Zeit zu einer Art Parteiarmee der *Irish Parliamentary Party.* Die Existenz zweier paramilitärischer Verbände in Irland mit entgegengesetzten Zielen barg die Gefahr eines Bürgerkrieges, zumal die *Irish Volunteers* gerade unter den Katholiken Ulsters den größten Zulauf fanden.

Durch den **Ausbruch des Ersten Weltkrieges** im August 1914 entspannte sich die Situation jedoch, da die Einführung einer Heimatregierung in Anbetracht der Situation verschoben wurde. *John Edward Redmond,* der Parteichef der *Irish Parliamentary Party,* rief die *Irish Volunteers* auf, sich **zur britischen Armee** zu melden. Er wollte die Königstreue seiner Partei und der irischen Bevölkerung unter Beweis stellen. Es wurden zwei Regimenter für Freiwillige aus den Reihen der *Irish Volunteers* geschaffen. Die *UVF* trat geschlossen als eigene Division der britischen Armee bei. Sie erlitt in Frankreich bei der Schlacht an der Somme große Verluste gegen das deutsche Militär, woran noch heute Lieder und Wandgemälde in protestantischen Arbeitervierteln in Nordirland erinnern. Die Schlacht symbolisiert die Loyalität und Opferbereitschaft nordirischer Protestanten gegenüber dem Vereinigten Königreich und ist zu einem wichtigen Bestandteil protestantischer Mythologie in Nordirland geworden.

Der Osteraufstand 1916

Durch den Ersten Weltkrieg entstanden in Irland Arbeitsplätze und ein gewisser Wohlstand. Vor allem die Bauern profitierten davon, dass die ausländische Konkurrenz auf dem britischen Markt ausgeschaltet wurde. Viele Iren kämpften als Freiwillige in der britischen Armee, weniger aus patriotischer Begeisterung als aus wirtschaftlicher Not. Eine Wehrpflicht gab es in Irland nicht.

122ir Foto: fk

In einigen Kreisen entstand die Idee, die kriegsbedingte Schwäche Großbritanniens auszunutzen: Radikale Nationalisten unter der Führung von **Patrick Pearse,** aber auch Sozialisten wie **James Connolly** besetzten am Ostermontag 1916 das Dubliner Hauptpostamt in der heutigen O'Connell Street. Sie riefen die **Irische Republik** aus.

Die Revolte war von Anfang an **zum Scheitern verurteilt,** da sie unzureichend geplant war – darüber sind sich Historiker heute einig. Zumindest den Anführern schien dies auch bewusst gewesen zu sein. *Patrick Pearse* glaubte, dass ein „Blutopfer" das irische Volk zu einem nationalen Freiheitskampf inspirieren würde. Ein Jahr zuvor hatte er bei der Beerdigung eines irischen Nationalisten gesagt: „Leben entspringt dem Tod und aus den Gräbern patriotischer Männer und Frauen entspringen lebendige Nationen." Der Aufstand stieß wegen der Zerstörung, die er anrichtete, und der Unterbrechung des alltäglichen Lebens auf **wenig Gegenliebe in der Bevölkerung:** Als die britische Armee ihn nach sechs Tagen niedergeschlagen hatte und die Aufständischen abgeführt wurden, bewarfen aufgebrachte Passanten diese mit Tomaten. Als aber die britische Regierung die Anführer hinrichtete und viele unbeteiligte Nationalisten verhaften ließ, waren die Wurzeln für einen **nationalistischen Märtyrer-Kult** gelegt, der bis heute anhält.

Der Unabhängigkeitskrieg und der Bürgerkrieg

Eamon de Valera war der einzige Anführer des Osteraufstandes, der überlebte. Der Sohn einer irischen Mutter und eines kubanischen Vaters wurde in New York geboren und wuchs im irischen Limerick auf. Seine Geburt in den USA war es vermutlich, die ihm das Leben rettete. Er sollte einer der Architekten des modernen Irlands werden. Als er 1917 aus dem Gefängnis entlassen wurde, reformierte er die 1907 von *Arthur Griffith* gegründete Partei **Sinn Féin** („Wir Selbst") und wurde deren Präsident. Anders als bei der *Irish Parliamentary Party* stand im Parteiprogramm von *Sinn Féin* das Streben nach dem **Erhalt der irischen Volkskultur und Sprache** stark im Vordergrund. Zudem hatte *Sinn Féin* die **vollkommene Unabhängigkeit Irlands** als Republik zum Ziel, wie es die Aufständischen 1916 gefordert hatten. Gewalt wurde als Mittel zur Erreichung dieses Zieles nicht ausgeschlossen, anders als bei früheren nationalistischen Leitfiguren wie *Daniel O'Connell* (s. S. 44) und *Charles Stewart Parnell* (s. S. 49).

Zu einem Durchbruch verhalf *Sinn Féin* die Ausweitung der allgemeinen Wehrpflicht auf Irland. Dies stieß sowohl in der Bevölkerung als auch in der katholischen Kirche auf Ablehnung. Die *Irish Parliamentary Party,* die kleine irische *Labour Party* (Arbeitspartei) und *Sinn Féin* koordinierten gemeinsam den Widerstand gegen dieses Vorhaben, was *Sinn Féin* bekannter machte und viel Glaubwürdigkeit verlieh.

In den Wahlen nach Kriegsende, im Dezember 1918, wurde *Sinn Féin* so **zur stärksten irischen Partei.** Anstatt ihre Sitze im britischen Parlament in Westminster einzunehmen, konstituierten sich die Abgeordneten am 21. Januar 1919 als *Dáil* („Versammlung" = Parlament) in Dublin. Daneben verübten Untergrundmilizen Anschläge gegen Polizei, Armee und Vertreter des britischen Staates. Mehr und mehr setzte sich für sie der Name **IRA** (*Irish Republican Army* = Irisch Republikanische Armee) durch. Es kam zu teilweise brutalen Vergeltungsaktionen der britischen Sicherheitskräfte. Blutiger Höhepunkt war die Ermordung von 13 Fans und dem Mannschaftskapitän bei einem Gaelic-Football-Spiel im Croke-Park-Stadion in Dublin. Dies war die Vergeltung für die Ermordung von 14 angeblichen Spionen durch eine von *Michael Collins* angeführte IRA-Einheit.

Für das Jahr 1920 setzte die britische Regierung Wahlen in Irland an. Sie hatte vor, auf der Insel einen vorwiegend protestantischen und einen vorwiegend katholischen Teil zu bilden. Beide Gebiete sollten weiterhin zum Vereinigten Königreich gehören, aber **eigene Parlamente in Dublin und**

◁ Belfaster Wandgemälde im Gedenken an den Osteraufstand

Belfast bekommen. *Sinn Féin* beteiligte sich an der Wahl, sowohl im Norden als auch im Süden, um so den Unabhängigkeitskrieg demokratisch zu legitimieren. Während in Nordirland die Unionisten eine Mehrheit erlangten und das Parlament wie geplant im Belfaster Vorort Stormont eröffnet wurde, erhielt die Sinn-Féin-Partei, die in den meisten Wahlbezirken keine Gegenkandidaten hatte, im Süden die meisten Stimmen. Aber anstatt in dem neuen und legalen Dubliner Parlament einzuziehen, konstituierten sich die Sinn-Féin-Abgeordneten wieder **illegal als Parlament einer unabhängigen irischen Republik.**

Da *Sinn Féin* nun demokratisch bestätigt war und wenig Aussicht bestand, den Aufstand in absehbarer Zeit militärisch beenden zu können, bot der britische Premierminister **Lloyd George** der Partei und der *IRA* einen Waffenstillstand an. Dieser trat am 11. Juli 1921 in Kraft. Vertreter der Aufständischen, angeführt von *Michael Collins,* wurden zu **Verhandlungen** nach London eingeladen, die sich über fast fünf Monate hinzogen. Schließlich stimmte die Delegation zu, dass Irland ein **Dominion wie Kanada** werden würde: Die Abgeordneten des südirischen Parlaments sollten einen Treueeid auf den britischen König leisten und Großbritannien einige irische Seehäfen als Flottenstützpunkte nutzen dürfen.

Bei der Rückkehr der irischen Delegation war die Reaktion des Dubliner Untergrundparlaments gespalten. Die Gegner dieses **Anglo-Irischen Vertrages,** angeführt von *Eamon de Valera,* lehnten den Treueid auf den britischen Monarchen kategorisch ab.

Am 7. Januar 1922 stimmte eine knappe Mehrheit im *Dáil,* dem illegalen Dubliner Parlament, dem Anglo-Irischen Vertrag zu. *Michael Collins* bildete eine provisorische Regierung und der **Irish Free State** (Irischer Freistaat) war geboren. Die irischen Vertragsgegner erkannten diesen jedoch nicht an und am 28. Juni 1922 brach ein bewaffneter Konflikt aus. Die neue irische Regierungsarmee, ausgerüstet von den Briten, griff das besetzte Four-Courts-Gebäude in Dublin an, das die Vertragsgegner – sie führten weiterhin den Namen *IRA* – besetzt hielten. Ein **Guerillakrieg der IRA** gegen die neuen Regierungstruppen des Irischen Freistaats brach aus, nicht unähnlich dem vorangegangenen Kampf gegen die britischen Sicherheitskräfte. *Michael Collins,* der nun Oberbefehlshaber der neuen irischen Armee war, wurde am 22. August 1922 bei einer Truppeninspektion von Unbekannten erschossen. Da aber für die *IRA* die Lage angesichts der militärischen Übermacht der von Großbritannien unterstützten Armee des Irischen Freistaats aussichtslos war, erklärte die Organisation am 30. April 1923 einen einseitigen Waffenstillstand. Die Vertragsbefürworter hatten gewonnen und der irische Bürgerkrieg war beendet, allerdings nicht ohne dauerhafte Wunden in der irischen Gesellschaft hinterlassen zu haben.

Extrainfo 2 (s. S. 8): RTÉ-Dokumentation über den Revolutionär Michael Collins in der Reihe „Ireland's Greatest" (Englisch)

Die geteilte Insel (1920 bis heute)

Vom Freistaat zur Republik – der irische Nationalstaat

Nun war die Unabhängigkeit, von der die irischen Nationalisten geträumt hatten, erreicht - allerdings um den Preis der Teilung Irlands und eines blutigen Bürgerkrieges. Dieser sollte die irische Innenpolitik dauerhaft prägen. Manche der militanten Gegner des Vertrages mit Großbritannien wurden hingerichtet, andere für einige Zeit interniert, unter ihnen *Eamon de Valera.* 1926 gründete er eine neue Partei, **Fianna Fáil** („Krieger Irlands", oft fälschlicherweise als „Soldaten des Schicksals" übersetzt), die aus strategischen Gründen die Institutionen des neuen Irischen Freistaats anerkannte. Auf jene Vertragsgegner, die *Eamon de Valeras* neuer Realpolitik nicht folgen wollten, gehen die heutige Partei *Sinn Féin* und die ab Ende der 1960er-Jahre in Nordirland aktive *IRA* zurück, die ihr Waffenarsenal 2005 offiziell vernichtete.

Fianna Fáil wurde bei den Wahlen **1932 zur stärksten Partei.** Die von *de Valera* als Premierminister geleitete Regierung höhlte die Rahmenbedingungen des Vertrages mit dem Vereinigten Königreich nach und nach aus. Sie ignorierte den britischen Generalgouverneur und schaffte den Treueid auf die britische Krone ab. Der **Status Irlands als Dominion** Großbritanniens wurde 1937 durch eine neue Verfassung aufgehoben.

Es war dann aber eine Koalition unter Führung der Partei *Fine Gael* („Sippe der Gälen", hervorgegangen aus der Fraktion der Vertragsbefürworter), die 1949 die Republik ausrief, und so den **Austritt Irlands aus dem Commonwealth** bewirkte, dem Verbund ehemaliger britischer Kolonien mit Großbritannien.

Die Regierungen des irischen Staates waren sich in den ersten 40 Jahren in zwei Punkten einig: Erstens, dass Irland „gälisiert" werden müsse, was vor allem hieß, dass **Irisch wieder die erste Sprache** der meisten Iren werden sollte. Zweitens sahen die beiden großen Parteien Irland als **katholisches Land,** in dem auch der katholischen Kirche eine entsprechende Rolle zukommen müsse. So waren Verhütungsmittel nicht legal erhältlich, die Ehescheidung blieb bis in die 1990er-Jahre verboten und die Literatur war einer strikten Zensur ausgesetzt. Berühmt sind die *de Valera* zugeschriebenen Worte, in denen er sich das ideale Irland als „ein Land der gemütlichen Heimstätten mit anmutigen Mädchen, die an den Wegkreuzungen tanzen, und mit dem Lachen kräftiger Jünglinge" vorstellte.

Im **Zweiten Weltkrieg** blieb Irland **neutral** und verärgerte damit Großbritannien. Selbst das britische Angebot der späteren irischen Wiedervereinigung konnte *de Valera* nicht zum Kriegseintritt bewegen. Allerdings unterstützte der irische Staat die Alliierten hinter den Kulissen: Während britische und amerikanische Piloten, die über irischem Gebiet abstürzten oder hier landen mussten, nach Großbritannien abgeschoben wurden, internierte man deutsche Flieger bis Kriegsende. Ein deutscher Bombenangriff auf Dublin im Jahr 1943 war wohl ein Versehen, wird aber von manchen Historikern als Mahnung an Irland gewertet, auch weiterhin neutral zu bleiben. Belfast, die Hauptstadt Nordirlands, wurde mehrmals bombardiert und die Dubliner Feuerwehr eilte zu Hilfe. Da die irische Wirtschaft eng mit der britischen verwoben war, mussten in den Kriegsjahren auch in Irland Lebensmittel rationalisiert werden.

Die Landwirtschaft blieb weiterhin der wichtigste Erwerbszweig und die Wirtschaftspolitik zielte vor allem darauf ab, dass Irland sich selbst versorgen konnte. Die junge Republik war gegenüber vielen anderen europäischen Ländern **arm und rückständig.** Viele Menschen mussten auswandern, da es in Irland selbst kein Auskommen gab. Dieses Irland war es, das *Heinrich Böll* in den 1950er-Jahren besuchte und dem er mit seinem 1957 erschienenen „Irischen Tagebuch" ein Denkmal setzte. Er beschreibt die Folgen der Auswanderung, die Religiosität der Iren und er hebt hervor, wie wenig materialistisch und wie gelassen die Iren im Vergleich zu den Bundesdeutschen der Wirtschaftswunderjahre wirkten.

In den 1960er-Jahren trat eine neue Generation von irischen Politikern auf die Bühne. Unter Premierminister *Séan Lemass,* der dieses Amt von 1959 bis 1971 bekleidete, begann die **Modernisierung** der Republik Irland und mit ihr ein bescheidener wirtschaftlicher Aufschwung. Ausländische Investitionen auf der grünen Insel wurden nun ermutigt. Die industrielle Produktion nahm zu, ebenso der Export ins Ausland. Immer weniger Iren wanderten in der Folgezeit aus und es gab sogar einen konstanten Strom von Rückkehrern. Als das Vereinigte Königreich (*United Kingdom,* UK) sich in dieser Zeit um die Mitgliedschaft in der **Europäischen Gemeinschaft** bemühte, blieb der Republik Irland fast keine Alternative, als dem großen Nachbarn und wichtigsten Handelspartner zu folgen, wollte man keine neue Wirtschaftsgrenze zwischen beiden Staaten entstehen lassen (s. S. 71). 1973 traten die Republik Irland und das Vereinigte Königreich schließlich der Europäischen Gemeinschaft bei. Die irische Gesellschaft veränderte sich ab den 1960er-Jahren zunehmend. Der **Lebensstandard verbesserte sich** durch die Elektrifizierung und die Installation von fließendem Wasser in vielen Haushalten. Der Konsum stieg, traditionelle Werte wurden mehr und mehr infrage gestellt. Während die erste Politikergeneration sich vorwiegend mit den kulturellen Zielen des irischen Nationalismus beschäftigt hatte, traten bei der zweiten Politikergeneration wirtschaftliche und soziale Fragen in den Vordergrund.

Extrainfo 3 (s. S. 8): „Seven Ages": siebenteilige Serie des irischen Fernsehens RTÉ (2002) über die Geschichte des irischen Nationalstaates bis in die 1980er-Jahre (Englisch)

Die guten Jahre sollten jedoch nicht von Dauer sein. Die durch den Anstieg der Ölpreise 1973 ausgelöste **internationale Wirtschaftskrise** hatte negative Auswirkungen auf die irische Wirtschaft, ebenso wie die bürgerkriegsähnlichen Zustände in Nordirland. Die Arbeitslosigkeit stieg stark an und mit ihr auch wieder die Zahl der Auswanderer. In den 1980er-Jahren lösten sich Regierungen aus *Fianna Fáil* und *Fine Gael* (letztere immer mit Koalitionspartnern) in schneller Folge ab. Das Leben in der Republik Irland blieb für fast zwei Jahrzehnte von **wirtschaftlicher Stagnation** geprägt. Die irische Gesellschaft war zudem noch immer vorwiegend wertkonservativ: In Volksabstimmungen lehnten die Wähler die Legalisierung von Abtreibungen und die Einführung der Ehescheidung ab. Als Zeichen dafür, wie sehr sich Irland dennoch zu einem säkularen, pluralistischen Staat entwickelt hatte, sahen viele die Wahl einer Frau, **Mary Robinson,** im Jahre 1990 in das repräsentative Präsidentenamt. *Mary Robinson* setzte sich vor allem für Frauenrechte und Bürgerrechte im Allgemeinen ein.

Ab Mitte der 1990er-Jahre veränderte sich die irische Gesellschaft grundlegend: Erstens kam es zu einem nie dagewesenen **Wirtschaftsboom** (s. S. 161), der bis in die 2000er-Jahre andauerte . Dadurch zog es erstmals Arbeitsmigranten in großer Zahl in das Auswanderungsland Irland (s. S. 175).

Zweitens verlor die katholische Kirche auch aufgrund zahlreicher Skandale ihre herausragende Rolle in der irischen Gesellschaft (s. S. 150), was letztendlich dazu führte, dass die Iren in einer Volksabstimmung im Jahr 1995 der **Einführung der Ehescheidung** zustimmten. 1992 wurde Geschlechtsverkehr zwischen Männern entkriminalisiert und 2011 die Möglichkeit zur eingetragenen Partnerschaft für gleichgeschlechtliche Paare eingeführt. 2015 stimmten in einer Volksabstimmung schließlich 60 % der Iren der **Einführung einer gleichgestellten Ehe** für homosexuelle Paare zu. Zum Vergleich: In Deutschland, Österreich, in der Schweiz und auch in Nordirland gibt es lediglich eingetragene Partnerschaften (Stand Frühjahr 2017).

Drittens ist das Verhältnis zu Großbritannien unkomplizierter geworden, wohl nicht zuletzt auch durch das Ende des Nordirlandkonflikts (s. S. 67). Im Mai 2011 besuchte mit Königin *Elisabeth II.* erstmals ein britischer Monarch den irischen Staat. Bei einem Staatsempfang in Dublin Castle begann die Königin ihre Rede auf Irisch. Die Fernsehkameras zeigten, wie die Präsidentin, *Mary McAleese,* mehrmals deutlich das Wort „wow" artikulierte. Die Rede, in der *Elisabeth* ihr Bedauern über „Dinge, von denen wir wünschten, dass wir sie nicht getan hätten" ausdrückt, wurde sehr positiv aufgenommen.

Extrainfo 4 (s. S. 8): „The Queen's Speech in Dublin Castle":
Rede der Königin beim Staatsempfang in Dublin Castle am 18. Mai 2011 (Englisch)

Derry/Londonderry – Schrägstrichstadt

Derry ist mit ca. 90.000 Einwohnern heute die zweitgrößte Stadt Nordirlands. Der ***irische Name*** *der Stadt,* ***Doire*** *(ausgesprochen etwa „dirre"), heißt übersetzt Eichenwald. Im 6. Jahrhundert soll der Heilige Columba hier ein Kloster gegründet haben, weshalb die Ortschaft auch als* ***Doire Cholm Cille*** *(„Eichenwald des Columba") bekannt ist.*

Im Jahre 1600 wurde in dieser Ortschaft im noch unbefriedeten Ulster ein englischer Militärstützpunkt errichtet und 1603 erhielt Derry von der englischen Krone das Stadtrecht. Allerdings vernichteten die Krieger ***Cahir Ó Dochartaighs,*** *ein gälischer Fürst von der benachbarten Halbinsel Inishowen, schon fünf Jahre später die Stadt. Ó Dochartaigh war im Gegensatz zu den meisten gälischen Adligen Ulsters im Jahr 1607 nicht ins Exil gegangen (s. S. 33). Nun war er erzürnt über die geplante Besiedlung Ulsters mit englischen und schottischen Protestanten. Ó Dochartaigh soll kurze Zeit später durch einen Sturz von einer Klippe ums Leben gekommen sein.*

Im Zuge der „Plantation" Ulsters wurde das Gebiet zwischen den Flüssen Foyle und Bann ***den Zünften Londons zur Kolonisierung*** *zugeteilt. Gegenüber den Ruinen Derrys, auf der anderen Seite des Flusses Foyle, bauten die Zünfte 1613 eine von einer Mauer umgebene Stadt, die sie* ***Londonderry*** *nannten.*

Ob man die heutige Stadt Derry oder Londonderry nennt, ist ein Politikum. Nordirische Protestanten, die sich in der Regel als Briten verstehen, nennen die Stadt meist Londonderry. Allerdings benutzen auch viele Protestanten gelegentlich das viel kürzere Wort Derry. Katholiken hingegen, die sich meist als Iren ansehen, werden nur in den seltensten Fällen von Londonderry sprechen.

Die ***Namenskontroverse*** *scheint erst mit den bürgerkriegsähnlichen Zuständen in Nordirland ab Ende der 1960er-Jahre und mit dem damit verbundenen Bedürfnis nach Abgrenzung von der jeweils anderen Konfessionsgruppe aufgekommen zu sein. Vorher, so erinnern sich viele Nordiren entsprechenden Alters, sprach jeder von Derry, Londonderry wurde bloß offiziell gebraucht. Davon zeugt auch der Name der „Apprentice Boys of Derry" („Lehrlinge von Derry"), einer Mitte des 19. Jahrhunderts entstandenen protestantischen Organisation, die alljährlich mit Märschen an die erfolglose Belagerung ihrer Stadt durch katholische Truppen erinnert (s. S. 37). Nie würde ein Mitglied der Apprentice Boys die Bezeichnung*

Derry statt Londonderry benutzen, der Name der Organisation bleibt jedoch unangetastet.

Im Vereinigten Königreich heißt die Stadt offiziell Londonderry. *Von der Namenskontroverse zeugen heute oft Hinweisschilder, auf denen London mit Farbe übermalt wurde. Schilder in der Republik weisen den Weg nach Derry und weil die Republik zweisprachig ist, zudem irischsprachig nach Doire. Da die Mehrheit der Einwohner der Stadt heute Katholiken sind, wird der Stadtrat von (irisch-) nationalistischen Parteien dominiert. Diese haben den Regierungsbezirk von Londonderry in Derry umbenannt und den Stadtrat in „Derry City Council". Damit wird aber nicht automatisch der Name der Stadt selbst geändert. Die dafür notwendige Petition an die britische Königin ist für irische Nationalisten ideologisch problematisch. Sie sind der Ansicht, dass sie nicht eine „ausländische Monarchin" danach fragen müssen, wie ihre Stadt heißen soll.*

Viele Firmen und Organisationen, die nicht als exklusiv protestantisch oder katholisch dastehen wollen, müssen sich **Alternativen** *überlegen. Gebräuchlich ist, sich nach dem Fluss Foyle zu nennen. Der Lokalsender der BBC in Derry heißt z. B. „Radio Foyle". Eine weitere Alternative ist der Begriff „Maiden City", was „Jungfräuliche Stadt" heißt und darauf anspielt, dass die Stadtmauern Derrys nie von Angreifern überwunden wurden. Der Busdienst von Belfast nach Derry trägt beispielsweise den Namen „The Maiden City Flier". Problematisch ist bei dieser Namensalternative jedoch, dass sie sich in erster Linie auf ein historisches Ereignis bezieht, das als protestantischer Sieg gedeutet wird. (Siehe auch den Exkurs „King Billy, die Belagerung Derrys und die Paraden in Nordirland", S. 38.)*

In Nachrichtensendungen der BBC benutzt man bei der ersten Erwähnung Londonderry und bei allen weiteren Nennungen Derry. Mitte der 1980er-Jahre gab es bei der BBC auch die Variante „Derry/Londonderry" (ausgesprochen „Derry stroke Londonderry). Der Moderator Gerry Anderson sprach in seinen Sendungen beim Lokalsender „Radio Foyle" deshalb bald von ***„Stroke City"*** *(„Schrägstrichstadt"), was bis heute oft* ***ironisch*** *in der Stadt benutzt wird.*

In diesem Buch verwenden wir für die Stadt die Namensvariante Derry, weil sie von der Mehrheit der Einwohner benutzt wird und eher bei beiden Konfessionsgruppen in Gebrauch ist als Londonderry.

Nordirland – eine gespaltene Gesellschaft

Nordirland blieb ein Bestandteil des Vereinigten Königreichs und bekam ein eigenes Parlament in Belfast, das weitreichende Befugnisse hatte. Etwa zwei Drittel der Bevölkerung waren in den 1920er-Jahren Protestanten. Diese wählten in der Regel die *UUP* (*Ulster Unionist Party*, „Unionistische Partei Ulsters"), die sich für den Verbleib Nordirlands im Vereinigten Königreich einsetzte und daneben eine Politik für „ihre Leute", die Protestanten, betrieb.

In diesem Klima wurden Katholiken zu Bürgern zweiter Klasse. Dass sie Nordirland nicht anerkannten und sich deshalb kaum am Staat beteiligten, half auch nicht weiter: Nationalistische Parteien, also solche, die Katholiken normalerweise wählen würden, kamen und gingen. Sie setzten sich nur punktuell für katholische Einzelinteressen ein und stellten der *UUP* keine effektive Opposition entgegen. Gewalt wurde aber in der nordirischen Gesellschaft abgelehnt. Zwischen den 1920er- und den 1960er-Jahren trat die *IRA*, jene militante Organisation, die vom irischen Unabhängigkeitskrieg übrig geblieben war, nur vereinzelt auf, ohne viele Sympathien in der katholischen Bevölkerung zu gewinnen. In den frühen 1960er-Jahren gab die *IRA* den bewaffneten Kampf auf und entwickelte sich mehr und mehr zu einer marxistischen Organisation.

Unter dem Eindruck der Bürgerrechtsbewegung in den USA entstand Mitte der 1960er-Jahre die **Northern Ireland Civil Rights Association** („Nordirische Bürgerrechtsvereinigung"), die mittels Massendemonstrationen gleiche Rechte für alle Bürger Nordirlands forderte, unabhängig von deren Konfession. Die meisten Mitglieder waren zwar Katholiken, doch traten sie nicht für nationalistische Ziele ein, wie die Wiedervereinigung Irlands.

Auch andere Entwicklungen schienen vielversprechend: Der nordirische Premierminister und Vorsitzende der *UUP*, **Terence O'Neill,** versuchte, den Unionismus auch für Katholiken attraktiv zu machen. 1965 traf er sich in Belfast mit dem Premierminister der Republik Irland, **Seán Lemass.** Dies schien ein Ende des kalten Krieges in dem geteilten Land einzuleiten. Angesichts der Aufbruchstimmung in der katholischen Bevölkerung befürchteten jedoch manche Protestanten, die Nationalisten ständen vor der Machtübernahme. Der Bürgerrechtsbewegung wurde unterstellt, sie sei von der *IRA* gesteuert. Solche Ängste artikulierte und nutzte keiner so weitreichend wie **Ian Paisley,** ein Pastor der von ihm selbst mitbegründeten *Freipresbyterianischen Kirche Ulsters.* Er sollte auch in den kommenden 40 Jahren eine prominente Rolle bei den Konflikten spielen, die Nordirland prägten.

Paisley organisierte Gegendemonstrationen zu den Protestmärschen der Bürgerrechtsbewegung, bei denen es zunehmend zu **Gewalt** kam. Die *RUC (Royal Ulster Constabulary,* „Königliche Polizei Ulsters") und deren berüchtigte, ehrenamtliche Hilfstruppe, die *B-Specials,* waren oft alles andere als neutral und gingen brutal gegen die Angehörigen der Bürgerrechtsbewegung vor, mit dem Rücken zu den protestantischen Gegendemonstranten stehend.

Zu **bürgerkriegsähnlichen Zuständen** kam es dann, als im August 1969 bei einem alljährlichen Marsch der protestantischen *Apprentice Boys of Derry* durch das vorwiegend von Katholiken bewohnte Derry aus dem katholischen Viertel Bogside Steine geworfen wurden. Die *RUC* griff ein, aber in der Bogside hatten sich einige Bewohner organisiert und das Wohnviertel verbarrikadiert. Mit Molotowcocktails hielten sie sowohl *RUC* als auch aufgebrachte Protestanten fern. Diese Belagerung dauerte zwei Tage. Noch heute erinnert eine einsame Häuserwand mit der immer wieder erneuerten Aufschrift *„You are now entering Free Derry"* („Sie betreten jetzt das freie Derry") an die sogenannte „Schlacht der Bogside".

Die **Unruhen griffen auf Belfast und andere Städte über,** wo Schüsse fielen und Häuser in Brand gesteckt wurden. Laut einer Untersuchung von 1972, dem *Scarman Report,* wurden innerhalb von drei Monaten 5,3 % aller katholischen Familien und 0,4 % aller protestantischen Familien in Belfast aus ihren Häusern vertrieben. Bis Februar 1973 mussten hier aufgrund der Unruhen etwa 60.000 Menschen umziehen – das sind 10 % der Stadtbevölkerung (*Community Relations Commission,* 1974). Mit den Ereignissen von 1969 begann also eine Entwicklung, die zu einer stärkeren Polarisierung in rein katholische und rein protestantische Wohnviertel führte, als es zuvor der Fall gewesen war.

In Nordirland herrschte Anarchie und die nordirische Regierung bat um die Entsendung der **britischen Armee.** Diese marschierte am 14. August 1969 mit voller Bewaffnung in Derry ein und am folgenden Tag in Belfast. Sie veranlasste einen Abzug der nordirischen Polizei in Derry und errichtete Mauern zwischen katholischen und protestantischen Wohngebieten in Belfast. Die katholische Bevölkerung hieß die Armee willkommen: Fotos von Einwohnern, die den Soldaten Tee und belegte Brote brachten, gingen durch die Weltpresse. Diese später euphemistisch als Flitterwochen bezeichnete Zeit war aber bald vorüber, als die Armee für Polizeiaufgaben eingesetzt wurde, für die die Soldaten nicht ausgebildet waren und die sie oft mit wenig Fingerspitzengefühl angingen. So konnte sich bald wieder das alte nationalistische Feindbild von der britischen Armee als Besatzungsmacht in Irland durchsetzen.

Paramilitärische Gruppen in Nordirland

Durch die Krawalle zwischen Katholiken und Protestanten und das brutale Vorgehen der Polizei gegen Katholiken in Nordirland Ende der 1960er-Jahre wurde der lange inaktiven IRA neues Leben eingehaucht. Ein Flügel, bald als „Official IRA" bekannt, war gegen militärisches Vorgehen: Man wollte zuerst die protestantische Arbeiterklasse auf seine Seite bringen, bevor man den Staat bekämpft. Der andere Flügel, die ***„Provisional IRA"*** *(„Provisorische IRA"), kurz die* ***„Provos"*** *genannt, wollte die katholische Bevölkerung mit Waffengewalt verteidigen. Diese Fraktion setzte sich bis Mitte der 1970er-Jahre durch und konnte später die Abkürzung „IRA" für sich beanspruchen. Langlebiger als die Official IRA war die marxistische* ***INLA*** *(Irish National Liberation Army – „Irische Nationale Befreiungsarmee"), die sich von der Official IRA abgespalten hatte und in ihrer Geschichte manchmal auch in blutige Fehden mit den Provos verwickelt war. Die IRA und in geringerem Umfang auch die INLA verstrickten sich schnell in einen Guerillakampf gegen die britische Armee und die nordirische Polizei. Bei Anschlägen in Nordirland und Großbritannien kamen auch zahlreiche Unbeteiligte zu Schaden. Irisch-nationalistische Paramilitärs werden als* ***„Republikaner"*** *bezeichnet.*

Während der Unruhen in Nordirland entstanden in den späten 1960er- und frühen 1970er-Jahren auch in protestantischen Vierteln Belfasts paramilitärische Gruppen. Sie bezeichneten sich als ***„Loyalisten"*** *und erklärten, die Bevölkerung vor katholischen Übergriffen beschützen zu wollen. Die wichtigsten Gruppen waren die* ***UVF*** *(Ulster Volunteer Force – „Freiwilligenverband von Ulster"), die* ***UDA*** *(Ulster Defence Association – „Verteidigungsbündnis von Ulster") sowie die* ***UFF*** *(Ulster Freedom Fighters – „Freiheitskämpfer von Ulster"). Sie versuchten die IRA zu bekämpfen, worauf diese sich aber nicht immer einließ, da sie einen nationalen Befreiungskampf gegen den britischen Staat und keinen ethnischen Krieg mit irischen Protestanten führen wollte. Dennoch gab es zahlreiche republikanische Anschläge auf vermeintliche Treffpunkte loyalistischer Paramilitärs, die oft auch Unbeteiligte trafen. Auch zwischen den und innerhalb der loyalistischen Gruppen kam es wiederholt zu blutigen Fehden. In der Hauptsache führten sie aber Attentate auf Katholiken durch, die sie zu Recht oder Unrecht der IRA-Mitgliedschaft verdächtigten. Tiefpunkte dieses Konflikts zeigten sich, als Katholiken und Protestanten in Vergeltung für Untaten der jeweils anderen Seite willkürlich umgebracht wurden.*

[›] Martialisches Wandgemälde in Belfast

124ir Foto: fk

Wie die IRA und die INLA haben auch die loyalistischen Gruppen im ersten Jahrzehnt des 21. Jahrhunderts den **bewaffneten Kampf dauerhaft aufgegeben.** Es gibt in Belfast, Derry und anderen Orten Nordirlands neben aufwändigen Wandgemälden paramilitärische „Gedenkstätten“, die einen beinahe offiziellen Charakter haben und sich an der britischen Gedenkpraxis für die Gefallenen des Ersten und Zweiten Weltkriegs orientieren. Wegen bewaffneter Auseinandersetzungen in paramilitärischen Milieus auf der jeweils eigenen Seite kamen in letzter Zeit immer wieder Zweifel daran auf, ob diese Gruppen wirklich militärisch inaktiv sind, aber nach einer Untersuchung der britischen Regierung von 2015 scheint es so, dass deren Führungspersönlichkeiten sich **zum Frieden bekennen.** Manche Mitglieder sind aber in gewalttätigen Bürgerwehren aktiv, die etwa gegen Drogendealer vorgehen, oder auch in kriminelle Aktivitäten involviert.

Grund zur Sorge bereiten vor allem die sog. republikanischen Dissidenten, die aus der IRA heraus entstanden sind und teilweise auch neue Mitglieder finden. Es gibt verschiedene Gruppen mit Namen wie **„Real IRA“** (auch „New IRA“ oder einfach „RIRA“), **„Continuity IRA“** oder **„Óglaigh na hÉireann“** (irisch für „Krieger Irlands“, der Name, den die IRA traditionell in irischsprachigen Verlautbarungen benutzte). Auf die Real IRA geht jenes Bombenattentat zurück, durch das im August 1998 in der nordirischen Stadt Omagh 29 Menschen ums Leben kamen und 220 verletzt wurden. Zwar hatte die RIRA eine telefonische Bombenwarnung übermittelt, aber diese war ungenau und die falsche Gegend wurde evakuiert. Auf das Konto dieser Gruppen gingen zwischen 2009 und 2012 weitere fünf Tote.

Neben dem islamistischen Terrorismus stellen republikanische Dissidenten heute laut Angaben des britischen Geheimdienstes MI5 die größte Gefahr für die Sicherheit des Vereinigten Königreichs dar. Auch gibt es Befürchtungen, dass Grenzanlagen in Irland, falls diese infolge des Brexit notwendig werden sollten (s. S. 70), leichte Ziele für solche Gruppen wären. Anders als die IRA zu Anfang des Nordirlandkonflikts haben diese Gruppen aber heute nur eine verschwindend geringe Zahl von Sympathisanten.

Während der Unruhen von 1969 tauchten Sprüche auf Wänden auf, in denen *IRA* als „I Ran Away" („Ich rannte weg") ausformuliert wurde. Denn die meisten Mitglieder der *IRA* lehnten es ab, in irgendeiner Form militärisch einzugreifen. Man wollte nicht zu einer ethnozentrischen, katholischen Organisation werden, was militärische Operationen in diesem Klima nach Ansicht der meisten Mitglieder bewirkt hätten. In Belfast spalteten sich jedoch im September 1969 einige Mitglieder ab und gründeten die **Provisional IRA** („Provisorische IRA"). Die zwischen 1969 und 2005 in Nordirland aktive *IRA* sowie die heute in beiden Teilen Irlands vertretene Partei *Sinn Féin* leiten sich von dieser Abspaltung her. Die *Provos,* wie die *Provisional IRA* bald auch genannt wurde, verteidigten zunächst Katholiken gegen Übergriffe. Bald verübten sie aber auch Anschläge gegen die britische Armee, die nordirische Polizei, Vertreter des britischen Staates sowie kommerzielle Ziele in Nordirland und Großbritannien. Auch Zivilisten kamen bei solchen Anschlägen ums Leben.

Dass die *IRA* dennoch Unterstützung in der Bevölkerung erfuhr und viele neue Rekruten fand, wurde durch solche Ereignisse wie den **Bloody Sunday** („Blutiger Sonntag") am 10. Januar 1972 bewirkt, als in Derry 13 unbewaffnete Demonstranten von der Armee erschossen wurden. Auch die Möglichkeit der Inhaftierung Verdächtiger ohne Gerichtsverhandlung, wovon die Armee in den frühen 1970er-Jahren in den katholischen Vierteln exzessiv Gebrauch machte, verhärtete die Fronten eher, als dass sie zur Lösung des Gewaltproblems beitrug. 1972 erreichte die **Zahl der jährlichen Opfer** mit 467 Toten ein bis heute trauriges Höchstmaß. Die britische Regierung setzte in diesem Jahr das nordirische Parlament ab und regierte Nordirland von da an direkt.

Anfang der 1980er-Jahre kam es zu einer Entwicklung, die den späteren Friedensprozess und das Ende des Nordirlandkonflikts, den man auf Englisch meist als *„The Troubles"* („Die Unruhen") bezeichnet, ermöglichte: **Inhaftierte Angehörige der IRA** hatten seit Ende der 1970er-Jahre mit recht drastischen Mitteln für das Recht demonstriert, als **politische Gefangene** behandelt zu werden. Sie trugen die Gefängniskleidung nicht, sondern wickelten sich in Decken ein, später wuschen sie sich nicht mehr und schmierten ihre Exkremente an die Zellenwände. Da dies aber auch nach vier Jahren nicht zu Zugeständnissen der Thatcher-Regierung geführt hatte, traten einige Gefangene in einen **Hungerstreik.** 1981 war dies unter anderen **Bobby Sands.**

[>] Unruhen in Belfast Ende der 1980er-Jahre

125ir Foto: fk

Während des Hungerstreiks starb ein nationalistischer Abgeordneter des Wahlkreises Fermanagh und South Tyrone und es wurde eine Nachwahl für seinen Sitz in Westminster angesetzt. Um mehr Aufmerksamkeit für den Hungerstreik zu erregen, kandidierte *Sands* aus dem Gefängnis heraus als unabhängiger nationalistischer Kandidat für den Parlamentssitz. Sinn Féin selbst nahm zu dieser Zeit nicht an Wahlen teil, da die Partei weder die politischen Institutionen Nordirlands noch die der Republik Irland anerkannte. *Bobby Sands* erhielt die Mehrzahl der Stimmen, doch konnte er sein Mandat nicht ausüben. Die britische Regierung machte keine Zugeständnisse und *Sands* setzte seinen Hungerstreik fort. Er starb am 5. Mai 1981. Mehr als 100.000 Menschen kamen zu seinem Begräbnis. *Bobby Sands* wurde zu einem **Märtyrer.** Weitere Gefangene folgten seinem Beispiel und kandidierten.

Unter dem Eindruck dieses Wahlerfolges stellte sich *Sinn Féin* von nun an Wahlen, auch wenn sie nur ihre kommunalen Mandate einnahm und nicht die in Westminster, dessen Regierungsbefugnis für Nordirland sie nicht anerkannte. *Sinn Féin* und die *IRA* verfolgten nun eine **Doppelstrategie:** Mit der Wahlurne und mit dem Gewehr wollte man für eine vereinte irische Republik kämpfen. *Sinn Féin* wurde nun für die nächsten Jahrzehnte die zweitstärkste nationalistische Partei in Nordirland. Die meisten Katholiken wählten die gemäßigte **SDLP** (*Social Democratic and Labour*

Party, „Sozialdemokratische und Arbeitspartei"), die seit Beginn der 1970er-Jahre **mit rechtsstaatlichen Mitteln** für ein vereintes Irland und die Interessen der katholischen Bevölkerung eintrat.

Die Situation sah ansonsten folgendermaßen aus: Die *IRA* bekämpfte in Nordirland und in Großbritannien die Sicherheitskräfte und die Repräsentanten des britischen Staates sowie sogenannte „Kollaborateure". Dazu konnten auch Hausmeister und Putzfrauen in Armeekasernen gezählt werden. Es gab aber auch wegen Fehlplanungen oder interner Uneinigkeit über die legitimen Ziele der *IRA* Anschläge, die unbeteiligte Zivilisten das Leben kosteten oder ihnen dauerhafte Schäden zufügten. Protestantische paramilitärische Organisationen bekämpften die *IRA,* wobei mangels offensichtlicher Ziele vielen Katholiken einfach unterstellt wurde, der *IRA* anzugehören oder mit ihr zu sympathisieren. Von Seiten der **nordirischen Polizei und der britischen Armee** kam es immer wieder zu **Menschenrechtsverletzungen.** Jahr für Jahr kamen in den Kämpfen unzählige Menschen ums Leben.

Unter einigen Aktivisten von *Sinn Féin* und *IRA* setzte sich irgendwann Ende der 1980er-Jahre die Erkenntnis durch, dass man den Krieg gegen Großbritannien mit militärischen Mitteln nicht gewinnen könne. Geheime Kontaktaufnahmen der *IRA* mit der britischen Regierung sowie Gespräche zwischen dem britischen Premierminister *John Major* und dem irischen Premierminister *Albert Reynolds* mündeten 1993 in einer gemeinsamen Erklärung beider Regierungen **(Downing Street Declaration):** Die Republik Irland strebe keine Vereinigung der beiden Teile der Insel ohne die Zustimmung der Mehrheit der Nordiren an, während das Vereinigte Königreich kein strategisches Interesse an Nordirland habe. *Ian Paisley,* der Vorsitzende der radikalen *DUP,* verurteilte das Dokument und witterte Verrat an der Union zwischen Großbritannien und Nordirland.

Am 31. August 1994 erklärte die *IRA* einen Waffenstillstand, was in der *Downing Street Declaration* als Voraussetzung für **Allparteiengespräche** mit Beteiligung von *Sinn Féin* genannt worden war. Die protestantischen Terrorgruppen folgten im Oktober. Nun begann der steinige und mit Hindernissen gepflasterte, sich über ein Jahrzehnt hinziehende Pfad des Friedensprozesses. Immer wieder schien die **Frage nach dem Zeitpunkt der Entwaffnung** der *IRA* den Prozess zum Erliegen zu bringen. Während die *IRA* die Entwaffnung erst als eine Folge vertrauensbildender Maßnahmen ansah, argumentierten die Unionisten und die britische Regierung, dass

> Werbung für eine Ja-Stimme bei der Volksabstimmung zur Umsetzung des Karfreitagsabkommens

keine der an Verhandlungen beteiligten Parteien in der Lage sein sollte, indirekt mit Gewalt zu drohen.

Die Verhandlungen wurden ausgesetzt. Die *IRA* beendete im Februar 1996 ihren Waffenstillstand, verübte mehrere Anschläge in Großbritannien und erklärte dann, nachdem im Mai 1997 in London eine neue Regierung unter *Tony Blair* an die Macht gekommen war, im darauffolgenden Juli einen neuen Waffenstillstand. *Sinn Féin* konnte nun erstmals an Allparteiengepräche über die Zukunft Nordirlands teilnehmen, obwohl sich die *IRA* noch nicht entwaffnet hatte.

123ir Foto: Ardfern, via Wikimedia Commons

Nach zähen Verhandlungen wurde am 10. April 1998 das **Karfreitagsabkommen** (wie es die Katholiken nennen) oder das **Belfaster Abkommen** (wie es Protestanten lieber bezeichnen) verabschiedet. Unter anderem wurde darin vereinbart, dass gemeinsame süd- und nordirische Institutionen sowie ein nordirisches Regionalparlament, dessen Entscheidungen der Zustimmung aller großen Parteien bedürfen, geschaffen werden sollten. Das neue Parlament, die *Northern Ireland Assembly* (Nordirlandversammlung), wurde 1999 eingesetzt. *David Trimble* von der *UUP* wurde zum Ersten Minister (wie die Regierungschefs in den neuen britischen Regionalparlamenten genannt werden). *Seamus Mallon* von der *SDLP* wurde zu seinem Stellvertreter. Der Unterschied zwischen dem ersten Minister und seinem Stellvertreter ist aber nur symbolisch zu sehen, beide haben gleiche Befugnisse. Die Arbeit der Nordirland-Versammlung wurde von der britischen Regierung mehrmals ausgesetzt, weil sich Unionisten und *Sinn Féin* über die noch ausstehende endgültige Vernichtung des Waffenarsenals der *IRA* uneinig waren. Vor allem *Ian Paisley* und seine *DUP* (*Democratic Unionist Party* = Demokratische Unionistische Partei) weigerten sich, mit *Sinn Féin* auch nur ein Wort zu wechseln.

In diesem Klima wandten sich die Wähler den radikaleren Parteien zu: *Sinn Féin* wurde zu Lasten der *SDLP* zur stärksten nationalistischen Partei, während *Paisleys DUP* die gemäßigte *UUP* hinter sich ließ. Der Friedensprozess ging dennoch weiter und im Juli 2005 **verkündete die IRA das endgültige Ende des bewaffneten Kampfes** und vernichtete ihr Waffenarsenal. Ein weiteres Hindernis wurde beseitigt, als *Gerry Adams* im Januar 2007 einen Sinn-Féin-Parteitag überzeugte, die neu geschaffene nordirische Polizei anzuerkennen, den *Police Service of Northern Ireland (PSNI).* Im August des gleichen Jahres wurde die **Mission der britischen Armee in Nordirland offiziell beendet.** Aus dem eigentlich nicht langfristig angesetzten Kriseneinsatz waren 38 Jahre geworden.

Bei den nordirischen Wahlen im März 2007 erreichte die *DUP* die Mehrheit. *Sinn Féin* wurde zur zweitstärksten Partei. Die Frage war nun, wie sich der kompromisslose *Ian Paisley* verhalten würde, der das *Belfaster Abkommen* ablehnte und sich weigerte, „mit Terroristen zu sprechen". Die Arbeit der Nordirlandversammlung war zu diesem Zeitpunkt ausgesetzt und ihr dauerhaftes Überleben hing davon ab, ob die radikalsten Parteien einen Kompromiss finden konnten.

Mit ungläubigem Staunen sahen die Nordiren am 26. März 2007 Bilder einer **gemeinsamen Pressekonferenz** von *Gerry Adams* und *Ian Paisley.* Dies war der erste direkte Kontakt, den die beiden Parteien jemals miteinander hatten. *Paisley* und *Adams* hatten sich auf die Rahmenbedingungen geeinigt, die zu einer Wiedereinsetzung des nordirischen Regionalparlaments führen würden. Dies geschah am 8. Mai, als den immer noch verblüfften Fernsehzuschauern der neue Erste Minister, *Ian Paisley,* und sein Stellvertreter, *Martin McGuinness* (ein ehemaliges IRA-Führungsmitglied und neben *Adams* eine der wichtigsten Persönlichkeiten bei *Sinn Féin*) vorgestellt wurden. *Ian Paisley* und *Martin McGuinness* verstanden sich unerwartet gut und wurden oft gemeinsam herumalbernd fotografiert und deshalb nach einem britischen Komikerduo als die *Chuckle Brothers* („Kicherbrüder") bezeichnet. Sie blieben nach *Paisleys* Rücktritt 2008 in persönlichem Kontakt. Als *Ian Paisley* 2014 starb, sagte *McGuinness,* er habe einen Freund verloren. Die Geschichte ihrer ungewöhnlichen Freundschaft wurde unter dem Titel „The Journey" verfilmt und erstmals im September 2016 auf den Internationalen Filmfestspielen in Venedig vorgestellt.

Martin McGuinness blieb bis Januar 2017 im Amt des Stellvertretenden Ersten Ministers von Nordirland. Er verstarb im März 2017. Seine Beziehungen zu *Paisleys* Amtsnachfolgern, den DUP-Politikern *Peter Robinson* (Juni 2008 bis Januar 2016) und *Arlene Foster* (Januar 2016 bis Januar 2017), erreichte nicht mehr die Herzlichkeit, mit dem das erfolgreiche Duo *Paisley-McGuinness* die Welt erstaunt hatte. Die Zusammenarbeit zwischen der sozialkonservativen britisch-unionistischen DUP und der linksliberalen irisch-nationalistischen *Sinn Féin* durchlief zahlreiche Krisen: Streitpunkte waren etwa die Forderungen, den Gebrauch der irischen Sprache (s. S. 93) in der nordirischen Gesellschaft zu forcieren und finanziell zu fördern und rechtliche Maßnahmen gegen britische Soldaten einzuleiten, die am *Bloody Sunday* (s. S. 64) beteiligt waren. Beim britischen EU-Referendum im Juni 2016 befürwortete die *DUP* den Austritt Großbritanniens und Nordirlands aus der EU, während *Sinn Féin* für den Verbleib warb. Weitere Streitpunkte waren die Einführung der Homosexuellen-Ehe (s. S. 203) und die Sparpolitik der britischen Regierung, deren Auswirkungen *Sinn Féin* in Nordirland mindern wollte, während die *DUP* den Sparkurs für notwendig erachtete. Andere Regierungspartner zu finden ist im nordirischen Parlament allerdings keine Option, da das parlamentarische System die Kooperation der stärksten unionistischen und der stärksten nationalistischen Partei verlangt (s. das Kapitel „Die politische Landschaft in Nordirland" ab S. 143).

Bei den im März 2017 von *Sinn Féin* erzwungenen **außerplanmäßigen nordirischen Parlamantswahlen** versuchten die moderaten und ehemals größten Parteien, die britisch-unionistische, konservative *UUP* und die irisch-nationalistische, sozialdemokratische *SDLP,* neuen Aufwind zu gewinnen, indem sie versprachen, dass sie effektiv zusammenarbeiten würden, anstatt sich wie *Sinn Féin* und die *DUP* gegenseitig zu blockieren. Die Wähler waren indessen nicht überzeugt: *Sinn Féin* unter der neuen Vorsitzenden *Michelle O'Neill* machte große Zugewinne (27,9 % – 3,9 % mehr als bei der Wahl zehn Monate zuvor), während die *DUP* leicht verlor und nur noch einen hauchdünnen Vorsprung vor *Sinn Féin* erlangte (28,1 %). Die *UUP* (12,9 %) und die *SDLP* (11,9 %) blieben weit abgeschlagen. Einen bescheidenen Erfolg konnte die in der nationalen Frage neutrale *Alliance Party* verzeichnen (9,1 %, ein Zugewinn von 2,1 %).

Der **Nordirlandkonflikt** ist indessen vorbei. Eine Generation von Nordiren hat den Alltag mit schwerbewaffneten Soldaten und das Leben mit der ständigen Gefahr von Terroranschlägen nicht mehr selbst erlebt. Nach wie vor spielt es aber eine wichtige Rolle, ob man Katholik oder Protestant ist, und oft leben beide Gruppen voneinander getrennt und gehen auf verschiedene Schulen. In strukturschwachen Gebieten und Stadtteilen kann es vor allem zwischen katholischen und protestantischen Jugendlichen zu Auseinandersetzungen kommen. Vermehrt kommt auch eine dritte Gruppe hinzu, Immigranten aus Osteuropa, Asien und Afrika. Sogenannte republikanische Dissidenten versuchen, den Kampf der IRA fortzuführen und stellen im Vereinigten Königreich eine fast ebenso große Bedrohung wie der islamistische Terrorismus dar (s. den Exkurs ab S. 62). Aber eine Wiederholung des Nordirlandkonflikts ist unwahrscheinlich: Zu gering ist die Unterstützung in der Bevölkerung, zu sehr sind alle nordirischen Bevölkerungsgruppen heute in politische Prozesse eingebunden, als dass Terrorgruppen ihnen attraktive Versprechungen machen könnten.

Die irische Grenze und der Brexit

Heutzutage kann man die **innerirische Grenze** bei ihrer Überquerung leicht übersehen (Stand: Frühjahr 2017): Grenzanlagen gibt es keine mehr und Schilder, die darauf hinweisen, dass man sich in einem anderen Staatsgebiet befindet, sind die Ausnahme. Man bemerkt dies vielmehr daran, dass Wegweiser in der Republik auf Irisch und Englisch, in Nordirland jedoch nur englischsprachig sind. Entfernungs- und Geschwindigkeitsangaben sind in Nordirland in Meilen, in der Republik hingegen in Kilometern ausgewiesen. Preise werden im Nordosten der Insel in Pfund, aber im Süden und Nordwesten in Euro angegeben. Zudem bekommt man eine SMS von seinem Mobilfunkanbieter, dass man sich nun im Vereinigten Königreich bzw. in der Republik Irland befindet. 30.000 Einheimische pendeln nach Schätzungen des britischen Oberhauses täglich in den jeweils anderen Teil der Insel (Briefing Paper Number 7661, 15.7.2016).

Nachdem aber am 23. Juni 2016 52 % der Bürger des Vereinigten Königreichs in einer Volksabstimmung für den Austritt ihres Landes aus der EU, den sogenannten Brexit, gestimmt haben, könnte diese **Reisefreiheit** zwischen beiden Teilen der Insel in absehbarer Zukunft ein Ende haben. Wohl nicht zuletzt angesichts dieser viel unmittelbareren Konsequenzen eines Brexits waren in Nordirland 56% der Wähler für einen Verbleib in der EU. In der Republik Irland wurde bald nach dem britischen Referendum eine **Umfrage** durchgeführt, in der 1000 repräsentativ ausgewählte Iren angeben mussten, wie sie selbst entscheiden würden, wenn sie vor die gleiche Frage gestellt würden: 80 % wären demnach für den Verbleib in der EU und 60 % gaben an, dass die EU wichtiger für Irland sei als das Vereinigte Königreich (PR360/Amárach Research, 29.6.2016). Zwar sind sich die britische und die irische Regierung sowie die EU einig, dass eine feste innerirische Grenze nicht wünschenswert ist, aber da die britische Regierung in der Zukunft scheinbar wenig formelle Beziehungen zur EU anstrebt („hard Brexit"), um so vor allem die **Einwanderung von EU-Bürgern** aus anderen Staaten kontrollieren zu können, wird ein EU-naher Status, wie ihn Norwegen hat („soft Brexit"), unwahrscheinlich. Deshalb ist unklar, wie offen die innerirische Grenze, die zu einer **Außengrenze der EU** werden würde, bleiben kann.

Die **irische Grenze** existiert seit der Gründung des damaligen Irischen Freistaats im Jahre 1922, als das vorwiegend protestantische Nordirland, in dem eine Mehrheit der Bevölkerung sich als Briten sah, im Vereinigten Königreich verblieb. Diese Grenze durchbrach historisch gewachsene Strukturen und verlief teilweise durch Felder und Wiesen einzelner Bauernhöfe, manchmal sogar durch Häuser. **Zollstationen** wurden errichtet und der **Warenverkehr** war im Verlauf der Zeit wechselnden Bestimmungen und Zollgebühren unterworfen. Autofahrer, die die Grenze überquerten, brauchten bis in die 1960er-Jahre ein spezielles **Fahrtenbuch,** das gestempelt wurde. Sie durften **nur offizielle Übergänge** überqueren und das nur zu bestimmten Zeiten. Einheimische, die zu Fuß gingen, konnten allerding auch inoffizielle Übergänge, die nur sporadisch kontrolliert wurden, legal benutzen. Auch in Zügen wurde man kontrolliert, was dazu führte, dass nach und nach alle grenzübergreifenden Zugverbindungen bis auf die zwischen Dublin und Belfast stillgelegt wurden. Dies hatte wiederum den wirtschaftlichen Niedergang zahlreicher Ortschaften im Grenzgebiet zur Folge. Der **Personenverkehr** zwischen beiden Teilen Irlands und beiden Inseln war aber keinen Einschränkungen unterworfen, sieht man von den Unannehmlichkeiten des Warentransports und den nicht durchgehend geöffneten Grenzübergängen ab. Die Bürger des irischen Staats blieben zunächst Untertanen des British Empire *(British subjects)* und beide Staaten sind bis heute zusammen mit der Isle of Man und den Kanalinseln in der *Common Travel Area* (CTA = „Gemeinsame Reisezone") verbunden. Die Intensität und Häufigkeit der Zollkontrollen unterschied sich je nach politischem Klima. Sie nahmen zu, als der 1932 gewählte irische Premierminister *Eamon de Valera* eine aggressive Politik gegen das Vereinigten Königreich verfolgte, wodurch es zwischen 1933 und 1939 zu einem **Handelskrieg** kam, bei dem viele Waren von den Briten wie den Iren mit Strafzöllen von 20 % versehen wurden (s. S. 159). Während des Zweiten Weltkriegs (1939–1945), bei dem der irische Staat neutral blieb, kam es in beiden Ländern zur Rationierung von Lebensmitteln und anderen Gütern, sodass der Warenverkehr stärker kontrolliert wurde und der Schmuggel blühte. Die *Common Travel Area* wurde während des Kriegs und in den Folgejahren bis 1952 außer Kraft gesetzt und Südiren brauchten ein Visum für Großbritannien. Die innerirische Grenze blieb aber offen, dadurch waren zum Missfallen der Unionisten auch Nordiren bei der Ankunft in Großbritannien strengen Einreisekontrollen unterworfen.

1949 erklärte sich der irische Staat zur Republik und trat aus dem *Commonwealth,* einem Staatenverbund des Vereinigten Königreichs und seiner ehemaligen Kolonien, aus. Damit endete eigentlich die historisch bedingte Beziehung der Bürger der Republik zum Vereinigten Königreich. Allerdings beschloss das britische Parlament, dass die Republik Irland zwar kein britisches Herrschaftsgebiet mehr sei, deren Bürger aber nichtsdestotrotz nicht als Ausländer gelten. Bis heute können Iren in der britischen Armee dienen und, wenn sie im britischen Staatsgebiet leben, auch an allen Wahlen und Volksabstimmungen teilnehmen. Ähnliches gilt für Briten in Irland.

Ein neues Kapitel in der Geschichte der irischen Grenze brach mit dem **Ausbruch des Nordirlandkonflikts** in den späten 1960er-Jahren an. Anfang der 1970er-Jahre errichtete die britische Armee Kontrollposten an der Grenze oder in Grenznähe, um das Eindringen von Paramilitärs aus der Republik oder die Flucht dorthin zu erschweren. Auch die irische Polizei bekämpfte Gruppen wie die *IRA,* hatte aber keine dauerhafte Präsenz entlang der Grenze. Straßen, die nicht kontrolliert werden konnten, wurden von der britischen Armee unpassierbar gemacht: Sie sprengte Brücken, schuf durch Explosionen Krater oder platzierte Betonblöcke auf Straßen. Einheimische wie Touristen mussten Befragungen und Kontrollen durch schwer bewaffnete britische Soldaten oder Polizisten in schusssicheren Westen über sich ergehen lassen. Einen Pass oder andere Ausweisdokumente, abgesehen vom Führerschein des Fahrers, musste man allerdings nicht mit sich führen.

1973 traten das Vereinigte Königreich und die Republik Irland zeitgleich der **Europäischen Wirtschaftsgemeinschaft,** der Vorgängerorganisation der EU, bei. Eine Hauptmotivation der Iren für diesen Schritt war, die *Common Travel Area* zwischen beiden Inseln nicht durch eine neue Zollgrenze zu gefährden. Während der Beitritt den Warenverkehr erleichterte, wurde er 1979 wieder komplizierter, als Irland seine Währung, das irische Pfund, vom britischen abkoppelte und beide nicht mehr den gleichen Wert hatten. Bis dahin hatte es praktisch nur eine Währung auf beiden Inseln gegeben. 1999 führte die Republik Irland den Euro ein, während das Vereinigte Königreich weiterhin das britische Pfund benutzt (wobei in Nordirland eigene Banknoten in Gebrauch sind). Vollständig fiel die Zollgrenze in Irland und zwischen den britischen Inseln, als 1993 die **Öffnung des europäischen Binnenmarkts** in Kraft trat und den vollkommen freien Warenverkehr zwischen den Mitgliedstaaten garantierte.

Im **Karfreitagsabkommen** von 1998 (s. S. 67) beschlossen die verschiedenen am Nordirlandkonflikt beteiligten Parteien auch den Abbau der militärischen und polizeilichen Kontrollpunkte entlang der Grenze, was bis 2005 umgesetzt wurde. Während des Nordirlandkonflikts hatte es 20 Grenzübergänge gegeben, inzwischen ist die Zahl der offiziellen Straßen, die die Staatsgrenze überqueren, auf über 300 angewachsen. Es gibt zudem zahlreiche inoffizielle Übergänge. Die Bürger beider Teile der Insel haben im jeweils anderen Staatsgebiet weitreichendere Rechte als andere EU-Bürger und können sich ohne Einschränkungen dort niederlassen. Nordiren gelten, wenn sie das wollen, auch als irische Staatsbürger und dürfen sowohl einen irischen als auch einen britischen Pass benutzen. Antragsformulare für den irischen Pass bekommt man an zahlreichen nordirischen Postämtern.

Wenn sich nicht doch noch die Befürworter eines „weichen Brexit" durchsetzen und der uneingeschränkte Personen- und Warenverkehr zwischen dem Vereinigten Königreich und der EU bestehen bleibt, muss es langfristig eine **neue Regelung für den irischen Grenzverkehr** geben. Niemand auf der Insel, in Großbritannien oder in der EU spricht sich für eine feste Grenze aus, da diese negative Auswirkungen auf das Leben vieler Iren im Norden und Süden hätte. Alternativen, die diskutiert werden, sind zum einen **Einreisekontrollen** zwischen Nordirland und Großbritannien, die weniger störend wären als eine innerirische Grenze, da man beim Benutzen einer Fähre oder eines Flugzeuges in der Regel sowieso Ausweispapiere bei sich führen muss. Diese Lösung stößt aber vor allem bei einigen nordirischen Unionisten auf Ablehnung, die sich dagegen verwehren, bei Reisen im eigenen Land einen Pass vorzeigen zu müssen. Die andere und scheinbar von der britischen Regierung bevorzugte Lösung wäre eine **Angleichung der Grenzkontrollen** der Republik Irland und des Vereinigten Königreichs. Zwar könnte Irland EU-Bürgern die Einreise nicht verwehren, aber insofern das Vereinigte Königreich nicht vorhat, einen Visumszwang für Touristen und Geschäftsreisende einzuführen, hätte eine illegale Überquerung der ungesicherten irischen Grenze für jemanden, der illegal im Vereinigten Königreich leben und arbeiten möchte, keinen Vorteil gegenüber einer Einreise nach England. Wie es bis 1993 der Fall war, müssten wieder Zollstationen an der irischen Grenze errichtet werden. Ähnlich wie zwischen dem EU-Land Schweden und Norwegen, das nicht in der EU ist, aber zum Schengen-Raum gehört, könnte es Zollstationen geben, an denen man freiwillig seinen Zoll entrichtet, sowie sporadische Kontrollen.

Ganz ohne Zollgrenzen würde es gehen, wenn der Vorschlag, den u. a. Sinn-Féin-Präsident *Gerry Adams* im April 2017 machte, sich durchsetzt. Nordirland könnte einen besonderen Status erhalten und anders als der Rest des Vereinigten Königreichs Teil des Binnenmarktes der EU bleiben. Ob aber letztendlich trotz guten Willens aller Seiten eine praktikable Lösung gefunden werden kann, ist alles andere als sicher. Im Februar 2017 wurde bekannt, dass die irische Regierung damit begonnen hat, sicherheitshalber schon einmal zukünftige offizielle Grenzübergänge nach Nordirland zu identifizieren.

Aspekte irischer Kultur

◁ Straßenmusiker mit einem irischen Dudelsack („uillean pipes") (106ir Foto: Brian Morrison, Picasa)

Katholiken und Protestanten – „echte" und „weniger echte" Iren

Ein Staubsaugervertreter wird in Belfast von einer Gruppe bedrohlich wirkender, stark tätowierter junger Männer angehalten. Sie fragen ihn: „Bist du Katholik oder Protestant?" „Ich bin Atheist", antwortet der Vertreter. „Was für ein Atheist, ein katholischer oder ein protestantischer?"

Dieser Witz wird in Nordirland gelegentlich erzählt. Er illustriert, dass die Bezeichnungen „katholisch" und „protestantisch" in Nordirland nicht nur für die Religionszugehörigkeit stehen. Auch in der Republik Irland ist mit der Konfession weit mehr gemeint als die Kirche, in die man vielleicht sonntags geht.

Die **enorme Bedeutung der Konfession** in beiden Teilen Irlands hat ihren Ursprung im 16. und 17. Jahrhundert (s. ab S. 32). Der katholische Adel wurde durch eine neue, protestantische und vorwiegend aus England stammende Elite ersetzt. Außerdem wurden in der sogenannten *Plantation* im Norden Irlands protestantische, zumeist schottische Siedler angesiedelt. Die Beziehung von Irlands Protestanten zu Großbritannien war dennoch nicht ohne Probleme und viele bedeutende irische Nationalisten waren Protestanten. Im 19. Jahrhundert bekam der irische Nationalismus aber eine deutlich katholische Prägung (s. S. 44), weshalb der Unionismus, der die Beibehaltung der Union von Großbritannien und Irland propagierte, zur politischen Philosophie der Protestanten wurde. In Nordirland besteht dieses Muster bis heute weiter.

Protestanten im irischen Staat – eine privilegierte Minderheit?

Abgesehen vom Norden der Insel stellen Protestanten in Irland eine kleine **Minderheit,** die aber traditionell sehr **vermögend** war. Die Banken Irlands waren in der Hand von Protestanten, die Guinness-Familie, ehemals Besitzerin einer der größten Brauereien der Welt, ist protestantisch, ebenso waren die meisten Dubliner Firmen in protestantischer Hand. Es gab zwar in Dublin auch eine kleine protestantische Arbeiterschicht, deren Kinder (ebenso wie die katholischen Kinder aus ähnlichen sozialen Verhältnissen) teilweise noch in den 1930er-Jahren barfuß zur Schule liefen, aber dies war eine Ausnahme. Während des Unabhängigkeits- und des Bürgerkrieges sowie in der Anfangszeit des irischen Staates in den 1920er-Jahren wanderten viele Protestanten nach Großbritannien aus. Lebten während der Volkszählung von 1911 noch 327.000 Protestanten auf dem Gebiet des späteren irischen Staates, waren es 1926 nur noch 221.000. Im un-

Fethard-on-Sea – ein unrühmliches Kapitel in der Geschichte der Republik

Das kleine, im Süden Irlands gelegene Dorf Fethard-on-Sea rückte 1957 durch ein unrühmliches Ereignis in den Blick der Öffentlichkeit. Irland war zu dieser Zeit noch viel stärker vom Katholizismus geprägt als heute und die Kirche hatte einen unmittelbaren Einfluss auf das Leben der Menschen.

Als ihre älteste Tochter ins schulpflichtige Alter kam, lehnte sich Sheila Cloney, die ***protestantische Frau des katholischen Dorfbewohners*** *Seán Cloney, dagegen auf, dass ihr der Gemeindepfarrer vorschrieb, ihre* ***Kinder auf die katholische Dorfschule*** *zu geben. Der Konflikt schaukelte sich hoch und schließlich verließ Sheila ohne das Wissen ihres Mannes mit den beiden Töchtern das Dorf und ging nach Belfast. Einige Tage später wurde Seán Cloney durch einen Rechtsanwalt über den Aufenthaltsort seiner Töchter und seiner Frau informiert und dass sie nur zurückkommen wollten, wenn er sich bereit erklärte auszuwandern. Seán weigerte sich und leitete juristische Maßnahmen ein, um seine Kinder zurückzubekommen.*

Das Ganze eskalierte in einen ***öffentlichen Streit*** *und schließlich rief ein Hilfsgeistlicher in der Messe dazu auf, alle Protestanten des Dorfes zu boykottieren. Die Katholiken gingen nun nicht mehr in die beiden protestantischen Dorfläden, eine katholische Lehrerin wurde genötigt, ihre Stelle in der protestantischen Schule aufzugeben, eine protestantische Musiklehrerin verlor fast alle Schüler und protestantische Bauern konnten weder ihre Ernte verkaufen noch Helfer für ihre Bauernhöfe finden. Der Boykott wurde auch von Dr. Michael Browne, dem Bischof von Galway, gut geheißen, was den Konflikt noch verschlimmerte. Das Ganze dauerte sechs Monate. Führende (katholische) Köpfe des Landes kritisierten den Boykott und sogar Premierminister Eamon de Valera rief im Parlament zum sofortigen Ende der Feindseligkeiten auf. Das wirkte und der Boykott wurde schließlich beendet. Sheila und Seán Cloney versöhnten sich und die Kinder wurden schließlich zu Hause unterrichtet.*

Erst 1998, ganze 40 Jahre später, erfolgte eine ***öffentliche Entschuldigung*** *der katholischen Kirche durch den Bischof der Diözese.*

Diese Ereignisse wurde 1999 mit Orla Brady in der Hauptrolle verfilmt („A Love Divided").

abhängigen Irland konnte die protestantische Bevölkerung aber **bequem weiterleben.** Weder wurden die Besitzverhältnisse angetastet, noch wurde die Religionsausübung der Protestanten behindert.

Doch blieben sie meist unter sich. Sie wurden **nicht politisch aktiv** und versuchten eher, unauffällig zu bleiben. Die großen protestantischen Firmen in Dublin stellten oft auch nur Protestanten ein. „Only Protestants need apply" („Nur Protestanten brauchen sich zu bewerben"), hieß es häufig in Stellenanzeigen in der von vielen Protestanten gelesenen Zeitung „The Irish Times". Arbeitsstellen wurden auch über die anglikanischen Gemeinden, über protestantische Jugendorganisationen wie die *Boy Scouts* oder die *Girl Scouts* (Pfadfinder) oder auch über Logen der Freimaurer vermittelt, deren Mitglieder in Irland meistens Protestanten waren.

Vor allem vermied man es, Katholiken zu heiraten. Da seit 1908 das päpstliche Dekret *ne temere* vorsah, dass in einer gemischtkonfessionellen Ehe die Kinder katholisch erzogen werden müssen, bedeuteten solche Verbindungen früher meist, dass die Kinder Katholiken wurden. Da die protestantische Bevölkerung in der Republik Irland stark zurückging, wurde es zunehmend schwieriger, geeignete **gleichkonfessionelle Ehepartner** zu finden. Der Soziologe *Kurt Bowen* berichtete Mitte der 1970er-Jahre aus den irischen Midlands, dass ländliche anglikanische Gemeinden ganzjährig reihum Tanzveranstaltungen organisierten. Bis zu dreihundert Personen nahmen jeweils daran teil. In kleinen Gruppen legten die Teilnehmer mit dem Auto bis zu 70 km zurück. Diese Tanzabende waren auch als **Heiratsmärkte** bekannt. Bei einer Veranstaltung, der *Bowen* beiwohnte, standen zwei stämmige junge Bauern am Eingang und fragten neue Gäste nach ihren Namen und ihrer Gemeinde, um so die Teilnahme von Katholiken zu verhindern. Die Angst, die **eigene Identität** in der katholischen Mehrheitsgesellschaft zu verlieren, war groß: Protestantische Gesprächspartner erzählten *Bowen* zum Beispiel von einer gemischten Hochzeit, die in einer katholischen Kirche stattfand. Nach der Zeremonie fuhren die katholischen Gäste hupend an protestantischen Bauernhöfen vorbei – was als aggressive Triumphäußerung interpretiert wurde.

Spätestens seit den 1960er-Jahren wurde die Grenze zwischen den beiden Bevölkerungsgruppen durchlässiger. Es gab mittlerweile eine katholische Mittel- und Oberschicht: Auf den Cocktailpartys der Reichen traf

☒ Zuschauer bei einer Parade des Oranier-Ordens in Belfast

127ir Foto: fk

man nun auch Katholiken und auch Jachtklubs öffneten sich jetzt katholischen Mitgliedern. Einerseits war inzwischen die Zahl möglicher protestantischer Mitglieder zu gering, andererseits gab es genug **sozial aufstrebende Katholiken.**

Einer von *Kurt Bowens* Gesprächspartnern Mitte der 1970er-Jahre war *Bob Robert,* ein protestantischer Landwirt. Dieser erinnerte sich, dass in seiner Jugend die katholischen Nachbarn viel kleinere Höfe hatten als seine eigene Familie. Viele Nachbarsöhne wurden immer wieder tageweise von den Eltern angestellt und die Nachbarn sprachen den Vater mit „Mr. Robert“ an, während untereinander nur Vornamen benutzt wurden. *Bob Robert* war das einzige Kind im Ort, das eine Sekundarschule besuchen konnte. Heute würden alle Nachbarn ihre Kinder auf Sekundarschulen schicken und ihn mit Vornamen anreden.

Nach der Unabhängigkeit Irlands war es für viele Protestanten zunächst schwierig, sich mit dem neuen Staat zu identifizieren. Dieser hatte eindeutig katholischen Charakter und auch die Gälisierungspolitik, der Versuch einer Wiederbelebung irischer Volkskultur und der irischen Sprache, stieß bei den Protestanten nicht unbedingt auf Gegenliebe. Aber noch war Irland ein britisches Dominion und Mitglied im *British Common-*

wealth, man konnte sich also nach wie vor als Untertan des Königs in London sehen. Bei einer soziologischen Untersuchung des *University College Dublin* aus dem Jahr 2000 erinnerten sich die befragten Protestanten, dass nach der Unabhängigkeit Irlands in der Familie weiterhin britisches Radio gehört und britische Zeitungen gelesen wurden. Man hatte Bilder der königlichen Familie im Haus, hörte die Neujahrsansprache des Königs und diente in der britischen Armee. 1937 wurde der Dominion-Status Irlands abgeschafft, 1949 trat Irland aus dem *Commonwealth* aus und erklärte sich zur Republik. Spätestens jetzt war es irischen Protestanten nicht mehr möglich, sich als Briten zu definieren. „Britisch“ ist ein Begriff, der für die Bürger des Vereinigten Königreichs steht, das sich aus verschiedenen Nationen zusammensetzt: England, Schottland, Wales und bis 1922 ganz Irland. Man ist z. B. Schotte oder Engländer und als solcher Brite. Da die Republik Irland kein Teil des Königreichs mehr war, waren die Bewohner des irischen Staates nun auch **keine Briten mehr.** Heute (Volkszählung von 2011) sind knapp 3,5 % der Bevölkerung der Republik Irland Protestanten. Die meisten von ihnen haben kein Problem mehr damit, sich als Iren zu sehen. Nur gelegentlich, und dann vor allem im Grenzgebiet zu Nordirland, sehen manche ihrer katholischen Mitbürger sie nicht als „echte Iren“ an. Als die Autoren dieses Buches 2002 mit einer Gruppe Studierender zu einem Forschungsaufenthalt in einem Dorf in Ost-Donegal zu Gast waren, erzählte eine protestantische Interviewpartnerin: „Manchmal glaube ich, dass Katholiken hier Protestanten nicht als Iren wahrnehmen. Das hat mich immer gestört. Als ich einmal bei einer Nachbarin und guten Freundin [einer Katholikin] vorbeiging – und normalerweise habe ich eher grüne Sachen an – trug ich etwas in Rot und Blau. [Rot, Blau und Weiß sind die Farben des britischen *Union Jack*] Und sie sagte: ‚Du siehst aber heute sehr patriotisch aus.‘ Aber Rot und Blau sind für mich nicht patriotisch! Grün, Weiß und Orange [die Farben der irischen Flagge] sind patriotisch für mich! Ich fand das schrecklich. Ich beherrsche die irische Sprache gut und habe sogar einen Uniabschluss in Irisch. Ich spreche gerne Irisch und versuche sogar gerade, einen Irischkurs im Dorfzentrum ins Leben zu rufen. Ich kenne mich gut mit irischer Kultur aus. Ich kann irisch tanzen und alles. Ich fühle mich ausschließlich als Irin.“

Protestanten und Katholiken in Nordirland

Nur noch eine **hauchdünne Mehrheit** der Bevölkerung Nordirlands ist heute **protestantisch,** wobei nordirische Protestanten verschiedenen Kirchen angehören, anders als in der Republik Irland, wo die meisten Protestanten Anglikaner sind. Die presbyterianische Kirche hat in Nordirland die meisten Mitglieder, gefolgt von der anglikanischen Kirche Irlands. Protestanten sind in allen sozialen Schichten vertreten, sie sind Arbeiter ebenso wie leitende Angestellte.

In der nordirischen Gesellschaft ist es bis heute ein wichtiges **Persönlichkeitsmerkmal,** vergleichbar dem Geschlecht oder der sozialen Schicht, ob man Katholik oder Protestant ist. Protestanten und Katholiken gehen in der Regel in verschiedene Schulen und sie leben und arbeiten oft räumlich getrennt voneinander. Dies kommt allerdings in der Stadt eher vor als auf dem Land und in den weniger privilegierten sozialen Schichten eher als in der Mittelschicht. Die Politik Nordirlands basiert auf der **Trennung der Gesellschaft** in Katholiken und Protestanten. Nationalistische Parteien, die Irland in seiner Gesamtheit als Nation ansehen, sind katholisch geprägt. Unionistische Parteien, die den Erhalt der Zugehörigkeit Nordirlands zum Vereinigten Königreich sichern wollen, werden meist von Protestanten gewählt (siehe auch das Kapitel „Die politische Landschaft in Nordirland" ab Seite 143). Abhängig vom Wohnort, von der sozialen Schicht und natürlich von der eigenen Persönlichkeit hat man **mehr oder weniger intensive Kontakte** zu Angehörigen der jeweils anderen Konfession. Vor allem in Gegenden mit vielen sozialen Problemen kommt es immer wieder zu gewalttätigen Auseinandersetzungen zwischen Katholiken und Protestanten. Hier fanden paramilitärische Gruppen noch vor wenigen Jahren ihre Anhänger. Solche Viertel erkennt man noch heute an Wandmalereien, die paramilitärische Gruppen verherrlichen, einer großen Zahl irischer bzw. britischer Flaggen und verschiedenen Versionen der offiziell nicht anerkannten nordirischen Flagge. Bürgersteigkanten sind hier gelegentlich in Blau, Weiß und Rot (die Farben des britischen *Union Jack*) bzw. Grün, Weiß und Orange (die Farben der irischen Trikolore) bemalt. Durch die Arbeiterviertel West-Belfasts zieht sich eine Mauer, die offiziell als *Peace Line* („Friedenslinie") und im Volksmund als **„Berliner Mauer"** bezeichnet wird und Katholiken und Protestanten voneinander trennt.

Da nicht alle Nordiren praktizierende Christen sind und der Aspekt der Religion manchmal als eher zweitrangig angesehen wird, spricht man in Nordirland heutzutage oft **von Traditionen statt von Konfessionen,** konkret von der nationalistischen Tradition und der unionistischen Tradition.

Wer längere Zeit in Nordirland lebt, lernt schnell zu erkennen, ob jemand Protestant oder Katholik ist. Hinweise auf den Wohnort, die Schule, die man besucht hat, die Sportarten, die einen interessieren (siehe auch das Kapitel „Sport" ab Seite 208) oder die Pubs, in die man geht, sind **Anhaltspunkte für die Konfession des Gegenübers.** Vor allem erkennt man diese aber am Namen. Gälische Vornamen wie *Séan, Séamus, Deirdre* oder *Fionnuala* oder auch stark katholisch wirkende Namen wie

Die keltischen Sprachen

Die inselkeltischen Sprachen, die so genannt werden, weil sie auf den britischen Inseln beheimatet sind oder von dort stammen, werden in der Linguistik in den ***p-keltischen*** *(Walisisch, Bretonisch, Kornisch) und* ***den q-keltischen Zweig*** *(Irisch, Schottisch-Gälisch, Manx) aufgeteilt. Diese Bezeichnungen beruhen auf der Tatsache, dass viele Wörter in diesen Sprachen sehr ähnlich sind, sich aber dadurch unterscheiden, dass in den p-keltischen Sprachen bei gleichen Wörtern oft ein p- oder b-Laut verwendet wird, in den q-keltischen aber ein k-Laut. So heißt das Wort für „Sohn" im Walisischen mab, im Irischen aber mac.*

Können sich Sprecher dieser Sprachen gegenseitig ***verstehen?*** *Bei den q-keltischen Sprachen, also beispielsweise zwischen Schottisch-Gälisch und Irisch, klappt das mit etwas Übung ganz gut. Es gibt übrigens sogar eine in Schottland und Irland ausgestrahlte Radiosendung („Sruth na Maoile"), die in beiden Sprachen moderiert und in der traditionelle irische und schottische Musik gespielt wird. Bei Walisisch und Bretonisch als p-keltischen Sprachen kann man zwar Ähnlichkeiten erkennen, eine Verständigung ist aber abgesehen vom Erkennen einzelner Wörter kaum möglich. Ein Irischsprecher kann sich mit einem Walisischsprecher in der jeweils eigenen Sprache nicht verständigen. Wenn der Irischsprecher aber anfängt, Walisisch zu lernen, wird es ihm sehr leicht fallen: Die grammatische Struktur ist sehr ähnlich und man kann meistens sogar Wort für Wort aus der einen in die andere Sprache übersetzen.*

Schottisch-Gälisch *stammt aus der gleichen Wurzel wie das Irische und wurde von irischen Siedlern im 4. Jahrhundert in das Gebiet des heutigen Schottland mitgebracht. Dort entwickelte es sich zu einer eigenständigen Sprache. Heute wird es noch von einigen Menschen auf den westschottischen Inseln und in einigen Orten im schottischen Hochland als Muttersprache gesprochen.*

Manx, *auch eng mit dem Irischen und dem Schottisch-Gälischen verwandt, wurde auf der Insel Man gesprochen, die zwischen Irland und Großbritannien in der irischen See liegt. Der letzte Muttersprachler starb 1974. Interessant ist, dass Manx nicht mit einer ähnlichen Orthografie wie Irisch oder Schottisch-Gälisch geschrieben wird, sondern mit einem an die englische Schreibweise und Aussprache des 17. Jahrhunderts angelehnten System. Mittlerweile gibt es wieder einige Sprachaktivisten, die die Sprache*

Extrainfo 5 (s. S. 8): Mit Klick auf „Éist anois" findet man hier eine Hörprobe aus der Radiosendung „Sruth na Maoile"

mithilfe der im 20. Jahrhundert angefertigten Tonaufnahmen erlernen und mehr oder weniger fließend sprechen können. Auch in den Schulen der Insel kann Manx als Schulfach belegt werden.

***Walisisch** (auch **Kymrisch** genannt) ging aus dem Britannischen hervor, das vor der angelsächsischen Eroberung der Insel auch im heutigen England gesprochen wurde. Es wird heute noch von etwa 21 % der Bevölkerung in Wales regelmäßig verwendet und ist die keltische Sprache mit den meisten muttersprachlichen Sprechern. Walisisch ist vor allem in der nördlichen Hälfte von Wales als Alltagssprache sehr präsent.*

*Britannier, die über den Ärmelkanal nach Nordwestfrankreich übersiedelten, brachten ihre Sprache mit, die sich dann, auch unter dem Einfluss des Französischen, zu **Bretonisch** entwickelte. Durch die zentralistische Sprachpolitik der französischen Regierung ist das Weiterbestehen der Sprache stark bedroht. Sie wird nur in verhältnismäßig wenigen Schulen unterrichtet.*

***Kornisch,** das ebenfalls vom Britannischen abstammt, wurde in der englischen Grafschaft Cornwall gesprochen und starb im späten 18. Jahrhundert aus. Allerdings bemühen sich Sprachaktivisten, das Kornische wiederzubeleben und es wird von manchen als Alltagssprache zu Hause verwendet. Allerdings gab es lange Zeit bis zu vier konkurrierende Varianten der wiederbelebten Sprache. Erst 2008 einigte man sich auf einen gemeinsamen Standard.*

*Die Tatsache, dass in Irland, Schottland, Wales und Cornwall, auf der Isle of Man und in der Bretagne keltische Sprachen existieren, ist die Grundlage für einige sogenannte **pan-keltische Organisationen** (Celtic League, Celtic Congress). Diese haben sich kulturellen und politischen Austausch auf ihre Fahnen geschrieben und sehen die „sechs keltischen Nationen“ als exklusiven Club. Bemühungen des spanischen Galizien, in die Organisationen aufgenommen zu werden – man sieht sich aufgrund archäologischer Kriterien als keltisch – wurden zurückgewiesen: Die Galizier könnten ja schließlich keine keltische Sprache vorweisen und dies sei das Kriterium.*

Wer mehr über eine dieser Sprachen erfahren möchte, dem seien die Bände „Irisch-Gälisch“ und „Schottisch-Gälisch“, „Walisisch“, „Bretonisch“ und „Kornisch“ aus der Kauderwelsch-Reihe des Reise Know-How Verlags empfohlen.

Mary (wegen der Rolle der Marienverehrung im Katholizismus) sind eher katholisch – während Namen wie *Tamara, William, Anita* und *Ian* darauf hindeuten, dass man es vermutlich mit Protestanten zu tun hat. Jemand, der mit Nachnamen *McGuinness, Murphy, Kelly* oder *Lynch* heißt, ist eher ein Katholik als jemand mit dem Familiennamen *Maxwell, Patterson, Craig* oder *Armstrong*.

Katholiken und Protestanten in Nordirland haben die gleiche Hautfarbe, sie sprechen Englisch und unterscheiden sich normalerweise nicht in ihren Kleidungsgewohnheiten. So drängt sich die Frage auf, ob sich ein Nordire seiner Konfession entledigen oder sie zumindest selbst wählen kann. Dies ist kaum möglich: Würde zum Beispiel eine Katholikin zur Presbyterianischen Kirche übertreten, sich als Britin sehen und eine engagierte Unionistin werden, so bliebe sie dennoch eine Katholikin – wenn auch **eine protestantische und unionistische Katholikin.** In Nordirlands Bevölkerungsgruppen wird man hineingeboren. Durch das Aufwachsen in einer katholischen oder protestantischen Umgebung, durch den Besuch einer katholischen oder protestantischen Schule wird man geprägt. Man müsste seine Lebenserinnerungen verheimlichen, eine falsche Identität annehmen und eine neue Lebensgeschichte erfinden, um der ethnischen Zuordnung zu entkommen.

Die Iren – ein keltisches Volk?

Wenn man sich mit Irland beschäftigt oder auf der grünen Insel herumreist, stößt man unweigerlich auf das Wort **Celtic.** Sportvereine, Firmen und Schiffe tragen es im Namen, Folkmusik wird oft *Celtic music* genannt und in Souvenirläden gibt es Postkarten und Schmuck mit Mustern, die als „keltische Kunst" bezeichnet werden. Wer in einer irischen Buchhandlung nach Büchern über die Archäologie der Kelten in Mitteleuropa sucht, wird oft in der Abteilung der Bücher über Irland fündig. Als Mitte der 1990er-Jahre Irland ein bis dahin nie da gewesenes Wirtschaftswachstum erlebte, sprach man in Anlehnung an die boomenden „Tigerstaaten" in Südostasien bald vom *Celtic Tiger.* Kurz und gut, die Iren sehen sich als Kelten, das Wort „keltisch" ist mittlerweile fast schon zu einem Synonym für „irisch" geworden.

Der Name *keltoi,* von dem das Wort „keltisch" abgeleitet ist, wurde erstmals von dem griechischen Schriftsteller *Hekataios von Milet* im Jahr 517 v. Chr. überliefert. Ihm und anderen griechischen **Autoren des 5. und 4. vorchristlichen Jahrhunderts** zufolge lebte ein Volk dieses Namens im Quellgebiet der Donau, also im Schwarzwald, sowie im Hinterland von

Massilia, dem heutigen Marseille. Was wissen wir aber heute von diesen Menschen, abgesehen von Berichten der antiken Autoren? Als wesentliches Kriterium, dass es sich bei einer Gruppe von Menschen um ein Volk handelt, gilt heute in der Ethnologie, dass sich die „Mitglieder“ selbst als solches verstehen. Ein Indiz dafür fehlt uns aber bei den *keltoi:* Es gibt keine Selbstzeugnisse eines Volkes, das sich mit diesem Namen bezeichnete. Der britische Ethnologe *Malcolm Chapman* legt sogar nahe, dass das griechische Wort *keltoi* so etwas wie „Ausländer“ oder „Fremde“ bedeutete. Denkbar ist, dass die Griechen mit dieser Bezeichnung verschiedenste Gruppen in einen Topf warfen. Tatsächlich wurde der Begriff von den griechischen Gelehrten alles andere als präzise gebraucht und häufig auch mit „germanisch“ verwechselt.

128ir Foto: Chris Hill Photographic, Tourism Ireland

Viel später, **zwischen 58 und 51 v. Chr.,** taucht der Name plötzlich wieder auf: Der römische Feldherr *Julius Caesar* schrieb in seiner Schilderung des gallischen Krieges, dass die im heutigen Frankreich siedelnden Gallier sich selbst *celtae* nannten. *Simon James,* ein britischer Archäologe, mahnt jedoch zur Vorsicht: Gut denkbar ist etwa, dass *Caesar* einen für ihn ähnlich klingenden Namen mit dem aus der einige Jahrhunderte älteren griechischen Literatur bekannten Begriff *keltoi* in Verbindung brachte.

Im 19. Jahrhundert wurde von Archäologen die Vermutung aufgestellt, dass ein Gräberfeld, das in der Nähe der österreichischen Ortschaft Hallstatt entdeckt wurde, sowie eine eisenzeitliche Siedlung bei La Tène in der Schweiz auf die Kelten der antiken Autoren zurückgehen. Beide Orte stehen in der Archäologie für verschiedene Kulturperioden: Die **Hallstattkultur** erstreckte sich von etwa 800 bis ca. 500 vor Christus und die daraus hervorgegangene **La-Tène-Kultur** dauerte bis etwa 15 v. Chr. Letz-

⌃ Junge Tänzerin beim step dancing – die typischen Kostüme sind mit keltischen Ornamenten verziert

tere Periode gilt als die Blütezeit der oft allgemein als keltisch bezeichneten Kultur. Der für die La-Tène-Kultur charakteristische Kunststil mit abstrakten geometrischen Mustern und stilisierten Vogel- und Tierformen konnte von der nordeuropäischen Ebene über die Poebene in Norditalien bis nach Spanien und von West-Rumänien bis nach Großbritannien und Irland nachgewiesen werden.

Archäologen sind heutzutage vorsichtig, wenn sie das Wort „keltisch“ benutzen. Für sie ist dies ein Fachbegriff, der sich auf **eine bestimmte Art kultureller Kunstgegenstände** bezieht. Sie meinen damit aber nicht mehr unbedingt die gleichen Menschen wie die griechischen Autoren, von denen der Begriff im 19. Jahrhundert übernommen wurde. Im Übrigen kamen in der Archäologie in den letzten Jahren **Zweifel** auf, ob das Irland der späten Eisenzeit überhaupt in diesem Sinne als keltische Region bezeichnet werden kann. Als ein Beispiel hierfür wird immer wieder die Art der Bestattung angeführt, die sich in Irland und Großbritannien deutlich von Bestattungsformen in anderen, als keltisch identifizierten Fundorten auf dem europäischen Kontinent unterscheidet. Die Verbreitung des La-Tène-Stils, z. B. auf Keramiken, kann auch durch Handel und kulturellen Kontakt erklärt werden. Wenn zukünftige Archäologen in Irland eine Coladose ausgraben, wäre es ja auch eine mögliche, aber falsche Interpretation, das Irland des frühen 21. Jahrhunderts als durch Amerikaner besiedelt anzusehen.

Wie kam es nun aber dazu, dass gerade Irland – und andere Regionen der britischen Inseln – sich heute selbst als keltisch bezeichnen? Es ist in erster Linie die Sprache, durch die sich Iren, Schotten, Waliser, die Bewohner Cornwalls, der Isle of Man und der Bretagne als keltisch definieren. Irisch, Schottisch-Gälisch, Walisisch, Kornisch, Manx und Bretonisch werden als **keltische Sprachen** klassifiziert (siehe auch den Exkurs „Die keltischen Sprachen“, Seite 82). Schweizer oder Schwarzwälder, die sich oder ihre Herkunftsregion aufgrund archäologischer Zuordnungen als keltisch bezeichnen und auf dieser Grundlage auf eine „pankeltische“ Verbrüderung mit den Iren hoffen, stoßen bei diesen eher auf Unverständnis, zumal vielen Iren heute kaum bewusst ist, dass der Begriff etwas anderes bezeichnen könnte als Irland, die Bretagne und einige Regionen Großbritanniens.

Warum werden aber nun die erwähnten Sprachen überhaupt als keltisch bezeichnet? Im 18. Jahrhundert machte der walisische Gelehrte *Edward Lhuyd* die Entdeckung, dass Irisch, Schottisch-Gälisch, Walisisch, Kornisch, Manx und Bretonisch ähnlich verwandt miteinander sind wie z. B. Italienisch und Französisch. Außerdem stellte er die Vermutung an, dass die Sprache der Gallier – das Volk, das *Caesar* auf dem Gebiet des heutigen Frankreich bekämpft hatte – mit diesen Sprachen die gleiche Beziehung aufweist wie Latein zu Italienisch und Französisch, also eine Art Ursprungssprache sein musste. Da sich die Gallier laut *Caesar* als *celtae* bezeichnet hatten, nannte *Lhuyd* diese Sprachen „keltisch". In der neueren Sprachwissenschaft geht man heute übrigens davon aus, dass Gallisch nicht mehr als „Elternsprache", sondern als „Geschwistersprache" der lebenden keltischen Sprachen zu sehen ist.

Nach der Veröffentlichung von *Lhuyds* These setzte sich rasch die Idee durch, die nicht-englischen Bewohner der britischen Inseln würden von den Kelten abstammen oder seien gar Kelten. Heute herrscht aber in den Kulturwissenschaften **die Ansicht, verwandte Sprachen zu sprechen, sage allein noch nicht viel über eine gemeinsame Kultur aus.** Viele andere Faktoren, wie die Religion, die Menschen, mit denen man Kontakt hat, sowie Umweltfaktoren prägen und verändern menschliche Kultur. „Keltisch" wird deshalb auch in der Sprachwissenschaft heute als Fachbegriff gesehen: Als **sprachwissenschaftlicher Begriff** wird damit lediglich ausgesagt, dass die erwähnten Sprachen Ähnlichkeiten aufweisen und vermutlich auf eine gemeinsame Ursprache zurückgehen.

Die heute in Büchern und im Internet verbreiteten Schilderungen der Kultur und Gesellschaft der Kelten gehen vor allem auf das 19. Jahrhundert zurück, als alle von Gelehrten zu diesem Zeitpunkt als keltisch bezeichneten Zutaten (u. a. Berichte antiker Autoren, archäologische Funde und irische Sagen) zu dem heute bekannten **Mythos über die Kelten** verrührt wurden.

Bis ins 18. Jahrhundert hinein war der Begriff „keltisch" in Irland weitgehend unbekannt. Nie hatten sich die Iren selbst so bezeichnet. Dann wurden die Theorien der Sprachwissenschaftler allgemein bekannt. Als sich **im 19. Jahrhundert** irische Schriftsteller wie *William Butler Yeats, Lady Gregory, John M. Synge* oder *Sean O'Casey* bemühten – inspiriert von irischer Volkskultur und mittelalterlicher Literatur – eine eigenständige und nicht-englische irische Literatur zu entwickeln, sprachen sie wie selbstverständlich von der „keltischen Dämmerung", dem **Celtic Twilight.** Auf den britischen Inseln stand „keltisch" bald für die Randgebiete, die Peripherie, die anders als das rationale und moderne angelsächsische England noch **in Einklang mit der Natur und der Volkskultur vergangener Zeiten** stand.

Der Zusammenhang zwischen den *keltoi,* die griechische Gelehrte in der Antike am Rande der ihnen bekannten Welt wahrgenommen hatten, und den Iren im modernen Irland ist **spekulativ** und anhand der Wissenschaftsgeschichte des 19. Jahrhunderts zu erklären.

Der Begriff „keltisch" hat aber eine neue Bedeutung bekommen, die vor allem durch den Gegensatz zum Begriff „englisch" geprägt und mit

Vorstellungen von **Spiritualität** und **Ursprünglichkeit** verbunden ist. Ganz konkret steht „keltisch" heute für jene Regionen der britischen Inseln – sowie die Bretagne –, die sich mit einer dort gesprochenen Minderheitensprache identifizieren und die sich **von einem kulturell dominanten Nachbarn** – England bzw. Frankreich – **absetzen** wollen.

Was aber von niemandem bestritten werden kann, ist, dass sich die Iren seit dem 18. Jahrhundert selbst als keltisch bezeichnen. Diese Vorstellung mag auf (wissenschaftlichen) Mythen und Legenden beruhen, aber wenn in der Eisenzeit Menschen gelebt haben sollten, die sich *keltoi* genannt haben, so basierte deren Zusammengehörigkeitsgefühl sicherlich auch auf Mythen und Legenden. Nicht anders ist es bei den Iren heute.

Irisch – die erste offizielle Sprache Irlands

Der Status des Irischen

Wenn man nach Irland reist, fallen einem schon bei der Ankunft am Flug- oder Fährhafen die **zweisprachigen Hinweisschilder** auf, die neben Englisch noch eine andere Sprache enthalten: Irisch (auch als Irisch-Gälisch bezeichnet), die offiziell erste Sprache des Landes. Meist wird man dieser Sprache mit ihren unaussprechlich aussehenden langen Vokalkombinationen eher auf Schildern und Aufschriften begegnen und weniger in ihrer gesprochenen Form. Alle Orts- und Straßenschilder müssen zweisprachig sein und offizielle, staatliche Einrichtungen haben meist auch oder manchmal nur irische Namen. So ist zum Beispiel das Wort für „Premierminister" **Taoiseach** (gesprochen „tiischach") – es gibt keinen englischen Begriff dafür – Toiletten sind gelegentlich nur mit der irischen Aufschrift *„fir"* (Männer) und *„mná"* (Frauen) beschriftet.

Irland ist heute ein Teil der englischsprachigen Welt, auch wenn laut Verfassung Englisch nur als „eine zweite offizielle Sprache" anerkannt wird. Englisch wird von einer großen Mehrheit der Bevölkerung als Muttersprache gesprochen und auch die wenigen Muttersprachler des Irischen können normalerweise genauso gut Englisch sprechen. Einer Studie („Irish Language Survey") von 2013 zufolge sprechen 11 % der Bewohner der Republik Irland und 2 % der Nordiren relativ fließend Irisch. 3 % der Bevölkerung in der Republik und 1 % in Nordirland geben an, Irisch als oder wie eine Muttersprache zu sprechen. Alle Bürger der Republik Irland **lernen Irisch in der Schule** und für viele Stellen im öffentlichen Dienst sowie für das Studium an den meisten Universitäten müssen Irischkenntnisse nachgewiesen werden.

129ir Foto: fk

Heute hat Irisch vorwiegend eine **symbolische Funktion.** Bei vielen offiziellen Anlässen wird eine Rede mit einigen Worten auf Irisch begonnen – wobei nicht wichtig ist, *was* man auf Irisch sagt, sondern *dass* man etwas auf Irisch sagt. Die Nationalhymne wird nur in irischer Sprache gesungen. Zu wissen, wie man irische Wörter und Namen ausspricht und was einige in die Alltagssprache eingeflossene Wörter und einfache Sätze bedeuten, ist Teil der **kollektiven Erfahrung** der Iren und trägt auf diese Weise zur nationalen Identität bei. Englischsprecher, die nicht in Irland aufgewachsen sind, können leicht über solche Begriffe und Wendungen stolpern.

Nicht nur in der Republik Irland hat Irisch offiziellen Status. Im Zuge des nordirischen Friedensprozesses seit den 1990er Jahren (siehe auch das Kapitel „Die geteilte Insel (1920 bis heute)" ab Seite 55) kann Irisch im nordirischen Regionalparlament verwendet werden – neben *Ulster Scots,* einer Sprache, mit der sich vor allem Protestanten identifizieren (siehe den Exkurs „Ulster Scots – die dritte Sprache Irlands?" ab Seite 96). Die britische Regierung hat sich bereit erklärt, Irisch und *Ulster Scots* zu fördern, was sich insbesondere durch mehrsprachige Schilder, Subventionen für Sprachprojekte und (im Falle des Irischen) in der Unterstützung irischsprachiger Schulen niederschlägt. Übrigens gibt es in **Nordirland** keine Muttersprachler des Irischen mehr, wohl aber eine sehr lebendige Sze-

⌃ Zweisprachiges Schild mit dem Namen einer Grundschule

ne von Sprachaktivisten – und sogar Leute, die eigentlich doch wieder Muttersprachler sind: Einige Belfaster, die die Sprache gut erlernt hatten, zogen in den 1970er-Jahren in beieinander liegende Häuser in der Shaw's Road und bemühten sich, mit den Nachbarn, in der Familie und vor allem mit den Kindern vorwiegend Irisch zu sprechen. Diese Kinder sind nun erwachsen und Irisch ist ihre Muttersprache, auch wenn nicht alle von ihnen die Sprache an die eigenen Kinder weitergeben.

In der EU galt Irisch seit Irlands Beitritt als Arbeitssprache. Europäische Führerscheine und auch EU-Reisepässe enthalten u. a. auch Erklärungen auf Irisch. Seit 2005 ist Irisch nun auch eine **offizielle Sprache der EU,** d. h., alle offiziellen Dokumente müssen in diese Sprache übersetzt werden und alle Parlamentsdebatten entsprechend mit Dolmetschern ausgestattet sein. Jemand, der etwa simultan aus dem Ungarischen ins Irische übersetzen kann, hätte vermutlich gute Arbeitsmöglichkeiten in Straßburg.

Was für eine Sprache ist Irisch?

Irisch hat zwar den Ruf, eine schwierige Sprache zu sein, ist aber für deutschsprachige Mitteleuropäer genauso gut erlernbar wie Französisch oder Russisch. Der wichtigste Unterschied zum Deutschen oder Englischen ist, dass **normale Sätze mit dem Verb anfangen.** Der Satz „Ich esse Eis." hieße also in einer Wort-für-Wort-Übersetzung aus der irischen Sprache „Esse ich Eis." Eine weitere Besonderheit sind die sogenannten **Mutationen.** Das sind grammatische Veränderungen am Anfang von Wörtern, in der Bedeutung vielleicht vergleichbar mit manchen Wortendungen im Deutschen. Zum Beispiel heißt „Kinder" auf Irisch *clann.* Möchte ich beispielsweise sagen, dass es sich um meine Kinder handelt (Irisch *mo* = „mein"), wird daraus *mo chlann.*

In der irischen Sprache gibt es **keine eindeutigen Wörter für „ja" und „nein".** Man muss stattdessen immer das Verb in der richtigen Zeit in der positiven oder negativen Form wiederholen. Wird man also zum Beispiel gefragt, ob man gestern Spaghetti gegessen habe, wäre die Antwort „habe gegessen" oder „habe nicht gegessen". Das klingt am Anfang alles etwas verwirrend, aber man gewöhnt sich schnell daran.

Das Irische hat **drei Hauptdialekte:** Munster-, Connacht- und Ulster-Irisch. Diese unterscheiden sich etwa wie Hessisch, Sächsisch und Bayrisch. Allerdings tun sich Muttersprachler manchmal etwas schwer mit dem gegenseitigen Verstehen. Die irischsprachigen Gebiete sind räumlich voneinander getrennt und es gibt keine gemeinsame Standardsprache (wie z. B. das Hochdeutsche), die untereinander gesprochen wird. Viele sind deshalb die jeweils anderen Dialektformen nicht gewöhnt und greifen eher auf Englisch zurück, wenn sie einen Irischsprecher aus einer anderen Region treffen. Es gibt zwar einen **offiziellen Standard** des Irischen. Dieser lässt aber oft verschiedene Varianten nebeneinander gelten und stellt eher eine Empfehlung als eine gesprochene Form der Sprache dar. In der Schule und in Sprachkursen lernt man oft den Dialekt, den der Lehrer spricht oder den der nächstgelegenen irischsprachigen Region. Munster-Irisch war lange der populärste Dialekt in Südirland, mittlerweile läuft Connacht-Irisch ihm diesen Rang ab. Im geografischen Norden hat schon immer fast jeder Ulster-Irisch gelernt. Nicht selten sprechen Iren, die die Sprache gelernt haben, eine Mischung verschiedener Dialekte.

Warum Irisch zur Minderheitensprache wurde

Der Grundstein für die Anglisierung Irlands wurde Anfang des 16. Jahrhunderts unter dem englischen Königshaus der **Tudors** gelegt. Da *Heinrich VIII.* der katholischen Oberschicht Irlands misstraute, entstand durch die von ihm eingeleitete Assimilierungspolitik eine neue protestantische Oberschicht, die Englisch sprach (siehe den Abschnitt „Die von oben verordnete Reformation" ab Seite 32). Dies fiel mit der Einführung des **Buchdrucks** zusammen, der dadurch für das Irische erst im 20. Jahrhundert eine nennenswerte Bedeutung erreichen sollte. Zwar sprach bis ins 19. Jahrhundert noch eine Mehrheit der Bevölkerung Irisch, doch breitete sich vor allem in den Städten Englisch zunehmend als Alltagssprache aus.

Wie aber kam es dazu, dass in nur einem Jahrhundert Irland zu einem englischsprachigen Land wurde? Zum einen ließ man Ende des 18. Jahrhunderts die **katholische Priesterausbildung** in Irland wieder zu. Die neuen Ausbildungsstätten waren jedoch rein englischsprachig. Viele Pfarrer verwendeten deshalb Englisch oder sahen es zumindest positiv, dass mehr und mehr Iren diese Sprache annahmen. Zum anderen wurde 1831 eine staatliche **Schulpflicht** eingeführt. Auch hier fand der Unterricht vollständig auf Englisch statt, obwohl ein Großteil der Schüler diese Sprache beim Schuleintritt nicht verstand. Es ist überliefert, dass Kinder, die in der Schule beim Irischsprechen erwischt wurden, einen kleinen Stock um den Hals gehängt bekamen, auf dem für jedes Mal Irischsprechen eine Kerbe eingeritzt wurde. Am Ende des Tages gab es dann entsprechend der Anzahl der Kerben Prügel mit dem Stock. Heute hört man daher auch, dass das offizielle Schulsystem und die Obrigkeit für den Rückgang des Irischen verantwortlich gewesen seien. Doch oft hatten auch die **Eltern** ein großes Interesse daran, dass ihre Kinder Englisch lernten, weil dies mittlerweile als **Sprache des sozialen Aufstiegs** galt. Es kam auch vor, dass irischsprachige

Kleine Sprachhilfe für Reisende

Dies sind einige wichtige irische Wörter und Begriffe, auf die Sie in Irland immer wieder stoßen werden. Damit die fremde Sprache nicht zur Verwirrung führt, hier Hilfen zur Aussprache und die Übersetzungen:

Straßenschilder und Ortsnamen

- *An lár* „an laar“ *Stadtzentrum*
- *Géill slí* „geejl schlii“ *Vorfahrt beachten*
- *Baile Átha Cliath* „baljakliia“ *Dublin*
- *Béal Feirste* „beel ferischte“ *Belfast*
- *Corcaigh* „korki“ *Cork*
- *Luimneach* „limnach“ *Limerick*
- *Gaillimh* „galliw“ *Galway*
- *Doire* „dire“ *Derry*

Andere Namen und Aufschriften

- *Mná* „mraa“ *Damen(-Toilette)*
- *Fir* „fir“ *Herren(-Toilette)*
- *Fáilte* „faaltje“ *Willkommen*
- *An Post* „an post“ *Post*
- *Busáras* „busaaras“ *„Bushaus“, Name des Dubliner Busbahnhofs*
- *Bruscar* „bruusker“ *Abfall*

Eltern mit ihren Kindern nur Englisch sprachen, obwohl sie dies selbst nur unzureichend beherrschten.

Die **große Hungersnot** Mitte des 19. Jahrhunderts, als mehrere Jahre hintereinander die gesamte Kartoffelernte im Boden verrottete, traf vor allem die arme, irischsprachige Landbevölkerung (s. den Exkurs „Die große Hungersnot (The Great Famine)“ ab S. 46). Die **Auswanderungsströme** in die USA und in andere Teile der Welt nahmen stark zu. Englisch war nun nicht mehr nur die Sprache der Wohlhabenden und Erfolgreichen in Irland, sondern – wie es der irische Sprachwissenschaftler *Seán de Fréine* ausdrückte – auch der „Schlüssel zum goldenen Tor Amerikas“.

All diese Faktoren trugen dazu bei, dass laut einer Volkszählung 1901 nur noch 14,4 % der Bevölkerung Irisch sprachen. Diese Irischsprecher lebten vor allem im ländlichen und vergleichsweise armen Westteil der Insel. Die Städte und der östliche Teil hatten bereits eine englischsprachige Bevölkerungsmehrheit.

Zugleich begannen sich nun aber Gelehrte für das Irische zu interessieren und dessen allmählichen Rückgang zu bedauern. Die *Gaelic League* oder auf Irisch **Conradh na Gaeilge** (Gälische Liga) entstand 1893 und setzte sich zum Ziel, Irisch wieder zu beleben und Irland zu „de-anglisieren". Sie fand ihre Mitglieder aber vor allem im städtischen englischsprachigen Bürgertum der Ostküste, weniger unter den Muttersprachlern der ländlichen Gebiete. Irisch wurde dort zunehmend mit Rückständigkeit und Armut verbunden. Die Sprache des Fortschritts war Englisch.

In der 1907 gegründeten nationalistischen Partei *Sinn Féin,* die für die Unabhängigkeit von der britischen Staatsmacht kämpfte, war die **Wiederbelebung** der irischen Sprache ein zentrales Element ihres Parteiprogramms. Der irische Staat schrieb sich nach seiner Gründung im Jahre 1922 die Ausweitung des Irischen zur ersten Sprache des Landes auf seine Fahnen.

Da die Schulbildung auf Englisch dazu beigetragen hatte, Irlands Kinder zu Englischsprechern zu machen, dachte man sich, dass Kinder in irischsprachigen Schulen wieder zu Irischsprechern werden könnten. Also führte die Regierung schon im selben Jahr Irisch als einzige Unterrichtssprache an den meisten Grundschulen ein. Diese Rechnung ging allerdings nicht auf: Einerseits gab es nicht genug kompetente Irischsprecher unter den Lehrern, andererseits stellte Irisch im frühen 20. Jahrhundert eine Sprache ländlicher Bevölkerungsgruppen dar, für die sich nur einige gelehrte Idealisten interessierten. Die Sprache wirtschaftlicher Macht und des sozialen Aufstiegs war jedoch nach wie vor Englisch. Die Schüler wurden nicht zu Irischsprechern. Nach und nach kehrten viele Grundschulen wieder zum Englischen als Unterrichtssprache zurück. Spätestens in den 1960er-Jahren gestand man sich ein, dass aus Irland kein irischsprachiges Land mehr werden würde. Das Ziel irischer Sprachpolitik ist seitdem die Pflege der Zweisprachigkeit.

Irisch als gesprochene Sprache

Die Gaeltacht – Irlands irischsprachige Regionen

Irisch wird als Muttersprache vor allem in ländlichen Küstengegenden im Nordwesten, Westen und Südwesten Irlands gesprochen. Diese Regionen haben in Irland einen **offiziellen Status.** Eine eigene, für sie zuständige Behörde hat die Aufgabe, sie wirtschaftlich zu fördern, um so einer Abwanderung entgegenzuwirken. Diese nicht zusammenhängenden Gebiete werden als *Gaeltacht* bezeichnet, was soviel bedeutet wie „Gä-

Übersicht Gaeltacht-Gebiete

lentum". Dort sind alle Orts- und öffentlichen Hinweisschilder ausschließlich auf Irisch und Irisch ist die einzige Unterrichtssprache in den Schulen.

Die irische Regierung versucht mit Subventionen und **Ansiedlung von Wirtschaftsunternehmen** einen gewissen Wohlstand in die irischsprachigen Gebiete zu bringen und damit die Abwanderung zu stoppen. So soll die irische Sprache dort gefestigt werden. Der Gebrauch des Irischen in der *Gaeltacht* geht dennoch nach wie vor zurück. Die durch die staatliche Politik angesiedelten Firmen können ihren Arbeitskräftebedarf nicht immer vor Ort decken, weshalb Mitarbeiter von außerhalb eingestellt werden müssen, die oft kein Irisch sprechen können. Da die Bewohner der *Gaeltacht* in der Regel auch fließend Englisch sprechen, wird so der zum Erhalt des Irischen geförderte Betrieb zu einem **anglisierenden Faktor.**

Die irische Sprache hat sich in der *Gaeltacht* vor allem deshalb bis heute gehalten, weil diese Gebiete besonders abgelegen waren. Durch privaten PKW-Besitz und verbesserten öffentlichen Nahverkehr erlangten die Bewohner jedoch eine neue **Mobilität:** So können heute zum Beispiel die Menschen der Connemara-Gaeltacht am städtischen und englischsprachigen Kulturleben Galways teilnehmen. Viele pendeln auch dorthin zur Arbeit.

Durch die Bildungspolitik der irischen Regierung in den letzten Jahrzehnten ist der Anteil der hochqualifizierten Arbeitskräfte mit Universitätsabschluss stark gestiegen. Für diese Menschen gibt es aber **kaum Stellenangebote** in den Gaeltacht-Gebieten, weshalb vor allem viele junge Leute in Städte wie Dublin, Cork oder Belfast abwandern.

Ein weiterer Faktor für die anhaltende Anglisierung der *Gaeltacht* sind die modernen **Massenmedien.** Irischsprachige Fernseh- und Radioangebote, Printmedien und Literatur existieren zwar (siehe auch den Exkurs

☐ Zweisprachige Straßenschilder

130ir Foto: fk

„Irischsprachige Medien“ ab Seite 154), können aber mit dem großen englischsprachigen Angebot nur schwer konkurrieren.

Viele Teile der offiziellen *Gaeltacht* sind aus diesen Gründen mittlerweile vorwiegend englischsprachig. Es gibt aber nach wie vor Gegenden, in denen wirklich alle Generationen **Irisch als Alltagssprache** verwenden. Das sind zum Beispiel die beiden kleineren Inseln der Aran Islands in Galway Bay, die Insel Toraigh (Tory Island) oder das Dorf Rann na Feirste (Ranafast) in Donegal. Am stärksten ist das Irische ansonsten im Westen der Connemara-Gaeltacht vertreten.

Irischlernende haben in der *Gaeltacht* manchmal das Problem, dass die Einwohner fließend Englisch sprechen und oft nicht die Geduld haben, den holprigen Versuchen eines Lernenden längere Zeit zuzuhören, ohne ins Englische überzugehen. Im Vordergrund steht für sie ja schließlich die Kommunikation und diese ist auf Englisch deutlich leichter. Außerdem wechseln viele Muttersprachler immer mal wieder für einige Wörter oder kurze Sätze ins Englische, ohne dass es ihnen auffällt. Das kann einen Lernenden natürlich gehörig verunsichern. Hinzu kommt, dass in einigen Gegenden, wo die Sprache nicht mehr so präsent ist, Irisch eher den Charakter einer privaten oder einer Familiensprache hat. Ähnlich wie bei manchen Dialektsprechern im deutschsprachigen Raum fühlen sie sich nicht ganz wohl, diese Sprachform auch mit völlig Fremden zu verwenden.

Was kann man nun als Lernender tun, wenn man trotzdem Irisch sprechen möchte? Vor allem ist es wichtig, Sensibilität walten zu lassen und vielleicht erst einmal abzuwarten, ob ein Gruß auf Irisch erwidert wird, be-

Extrainfo 6 (s. S. 8): „No Bearla“: Serie des irischsprachigen Fernsehkanals TG4, in dem der Reporter Manchán Magan Irland bereist und dabei nur Irisch spricht (mit engl. Untertiteln)

Ulster Scots – die dritte Sprache Irlands?

Böswillige Zungen behaupten, dass, als die Nationalisten in den 1990er-Jahren im Zuge des nordirischen Friedensprozesses immer mehr Gelder zur Förderung der irischen Sprache bewilligt bekamen, auf unionistischer Seite Ulster Scots „erfunden" wurde. Wie im Falle des Irischen wird die Sprache inzwischen grenzübergreifend gefördert. Kritiker argumentieren: Das, was jetzt als Ulster Scots bezeichnet werde, sei im Grunde ein Dialekt des Englischen.

Was hat es also damit auf sich? Beim Scots handelt es sich um eine Sprachvariante, die bis heute im Süden Schottlands, also in den Lowlands, gesprochen wird und nicht mit schottischem Englisch identisch ist und auch nicht mit Schottisch-Gälisch verwechselt werden sollte (siehe dazu auch den Exkurs „Die keltischen Sprachen" ab Seite 82). Wie Englisch beruht Scots auf Dialekten des Angelsächsischen. Es hatte aber eine eigene Schriftsprache entwickelt und wurde als eigenständige Sprache angesehen, was sich änderte, nachdem 1603 der schottische König Jakob VI. aus dem Hause der Stuarts auch König Jakob I. von England und Irland geworden war.

Durch die „Plantation", die Besiedlung des irischen Nordens mit Protestanten von der Insel Großbritannien (siehe auch das Kapitel „Machtfaktor Religion (ca. 1530–1800)" ab Seite 32), gelangte die Sprache mit den zahlreichen schottischen Siedlern nach Irland. Dort wird Scots heutzutage hauptsächlich in drei nordirischen Grafschaften, aber auch in Ost-Donegal in der Republik Irland gesprochen. Wenn man einen Muttersprachler

vor man richtig loslegt. Wenn das Gegenüber aber merkt, dass man sich wirklich Mühe gibt und sich für die Sprache interessiert, sind viele gern bereit, Irisch zu sprechen und freuen sich über das Interesse.

Die Sprachenthusiasten

Alle Schüler in der Republik Irland lernen von der ersten bis zur letzten Klasse Irisch. Manche mit Begeisterung, andere mit Widerwillen, für viele ist es ein Fach wie jedes andere. Ein bisschen Irisch zu verstehen und vielleicht ein paar Worte sprechen zu können, gehört ebenso zum **kulturellen Repertoire** der Iren, wie im Sommer mit der Schule einen Irischkurs in der *Gaeltacht* zu besuchen, während dessen man oft bei irischsprachigen Familien wohnt. Zum Programm gehören außer dem Irischlernen viele kulturelle Aktivitäten, wie Singen und Tanzen. Viele erinnern sich später gern an diese Erfahrung und manche beschäftigen sich nach der Schule weiterhin mit der Sprache.

fragt, was er denn spreche, erntet man oft zunächst einmal Verwunderung und hört dann Sätze wie „We talk broad" („Wir sprechen breit") oder einfach „bad English" („schlechtes Englisch"). Gelegentlich werden auch die Begriffe „Scots", „Braid Scots" oder „Scotch" genannt. Die Muttersprachler sehen Scots oft eher als einen Dialekt des Englischen an, weshalb vonseiten der Sprachaktivisten noch viel Überzeugungsarbeit geleistet werden muss. Eine weitere Kontroverse zwischen einigen nordirischen Sprachaktivisten auf der einen und Linguisten auf der anderen Seite besteht übrigens in der Frage, ob Ulster Scots ein Dialekt des Scots oder eine eigenständige Sprache ist.

Ulster Scots wird vorwiegend als ein Aspekt der protestantischen Kultur des irischen Nordens wahrgenommen und gefördert. Dies ist aber nicht ganz gerechtfertigt. Der aus Schottland stammende Belfaster Linguist Gavin Falconer, der das erste Scots-Lehrbuch in irischer Sprache geschrieben hat, weist darauf hin, dass laut einer nordirischen Volkszählung etwa ein Viertel der Sprecher Katholiken sind. Wahrscheinlich sind es aber sogar mehr, da Sprecher in Donegal nicht gezählt werden und mancher Katholik sein Können vermutlich aus politischen Gründen verschweigt.

Die britische und die irische Regierung sowie die Regionalregierungen Schottlands und Nordirlands haben Scots als Regionalsprache anerkannt.

Wer sich für das Scots interessiert, dem sei der Band „Scots - Die Sprache der Schotten" (Band 86) aus der Kauderwelsch-Reihe des Reise Know-How Verlags empfohlen. Allerdings geht der Band nicht auf die Situation in Irland ein.

Diese Sprachenthusiasten machen in der Regel die Leserschaft **moderner irischsprachiger Literatur** und Zeitschriften aus und sind das Hauptpublikum des **irischsprachigen Fernsehkanals TG4** (s. S. 155). In den größeren Städten der Republik und in Nordirland, wo Irisch oft an katholischen Schulen unterrichtet wird, findet man eine **lebendige Irischszene,** die von enthusiastischen Lernenden, aber auch gelegentlich von Muttersprachlern aus der *Gaeltacht* getragen wird. Die meisten irischsprachigen Angebote und Aktivitäten gibt es in Dublin und Belfast: Dort und auch anderswo finden sich neben Buchläden und irischsprachigen Cafés auch Musik-, Theater- oder Tanzveranstaltungen. Übrigens sind auch neugierige Besucher willkommen, die kein Irisch oder nur ein paar Worte können.

Manche Sprachenthusiasten gehen so weit, Irisch zur **Sprache ihrer Familie** zu machen, obwohl Englisch ihre Muttersprache ist. Man spricht mit dem Partner und den Kindern ausschließlich Irisch, was manchmal enorme Anstrengungen erfordert, wenn man nicht auf die eigene Mutterspra-

Extrainfo 7 (s. S. 8): „Minding our Language – Ulster Scots" – Sendung von BBC Northern Ireland: Tim McGarry geht der Geschichte und Bedeutung der Ulster-schottischen Sprache nach.

che zurückgreifen will. Meist finden sich Gleichgesinnte zu Freundes- und Bekanntenkreisen zusammen, mit denen man dann die Freizeit verbringt. Kommen die Kinder ins Schulalter, gibt es je nach Wohnort die Möglichkeit, sie auch außerhalb der *Gaeltacht* auf irischsprachige Schulen *(Gaelscoileanna)* zu schicken. Nachdem in der Anfangszeit des irischen Staates irischsprachige Schulen von oben verordnet wurden und schließlich scheiterten, boomen heute vor allem durch Elterninitiative entstandene *Gaelscoileanna.* Allerdings wird das Irische dadurch nicht unbedingt automatisch von einer Generation zur nächsten weitergegeben. Die Kinder müssen sich ihrerseits wieder für die Sprache interessieren und sie ihren eigenen Kindern vermitteln.

Nationale Identität und Patriotismus

Viele Iren sind **sehr patriotisch.** Anders als etwa die Deutschen gehen sie recht unbefangen mit nationalen Symbolen um. Irische Flaggen sieht man bei einer Reise durch das Land häufig und in vielen Pubs, aber auch Geschäften und öffentlichen Einrichtungen, werden in Schildern und in der Auslage oft **Symbole der irischen Kultur** benutzt: angefangen von irischsprachigen Namen über Darstellungen von *shamrock* (dreiblättriges Kleeblatt) oder Harfe bis hin zur Farbe Grün. Am Ende mancher Musikveranstaltungen, vor allem, wenn Traditionelles dargeboten wurde, steht man nach dem Erklingen der ersten Takte der Nationalhymne auf und singt mit, selbstverständlich auf Irisch.

Die **„Hauptbestandteile des Irischseins“** werden seit mehr als einem Jahrhundert propagiert und sind vielen mittlerweile in Fleisch und Blut übergegangen: die irische Sprache – auch wenn man nur *cúpla focal* („ein paar Worte“) spricht –, traditionelle irische Musik und Tanz sowie gälische Sportarten (siehe den Exkurs „Gaelic Games und irischer Nationalismus“ ab Seite 210). Hinzu kommen solche Zutaten wie der Katholizismus und Trinkfestigkeit. Dieser Cocktail entstand nicht zuletzt mit Blick auf die Nachbarinsel Großbritannien oder – um ganz genau zu sein – mit Blick auf England. Unverwechselbar irisch wollen die Iren sein, das heißt vor allem **anders als die Engländer.** Daher kommt es zum Beispiel, dass irische Studenten beim Auslandsstudium in Deutschland plötzlich ihr Schulirisch hervorkramen, wenn sie zum dritten Mal an der Bushaltestelle gefragt werden, woher aus England sie denn kämen. Für Amerikaner gehalten zu werden, ist nicht ganz so schlimm, aber bei Wiederholung manchmal doch auch ausreichend, um das öffentliche Englischsprechen zu vermeiden. Im Zuge der Globalisierung und des Endes des Nordirland-

131ir Foto: fk

konflikts (Seite 67) sowie aufgrund des im Vergleich zu Großbritannien wachsenden Wohlstandes ist die Abgrenzung gegenüber England heute nicht mehr ganz so wichtig, wie sie es im 20. Jahrhundert noch war. Aber Reisende tun nichtsdestotrotz gut daran, im Gespräch mit Einheimischen Eindrücke und Erfahrungen aus England nicht allzu selbstverständlich auf Irland zu übertragen.

Irland ist zwar immer noch ein Auswanderungsland, zugleich kamen aber seit den 1990er-Jahren auch zahlreiche Arbeitsmigranten ins Land. Mittlerweile stammen fast 12 % der Einwohner aus dem Ausland (Eurostat, 2015). Was genau das Irischsein ausmacht oder ausmachen soll, ist heute schwieriger zu sagen denn je.

Nordiren haben es in Bezug auf ihre Nationalität noch schwerer als die Nachbarn im Süden. Vermutlich gerade deshalb wird in Nordirland wie kaum anderswo in Westeuropa nationale Identität so demonstrativ zur Schau getragen. Werden **Protestanten** dort nach ihrer Nationalität gefragt, antworten sie in der Regel, sie seien **Briten.** Anderswo im Vereinigten Königreich identifiziert man sich hingegen zunächst einmal mit seinem Land (manchmal als *home nation* bezeichnet), also mit England, Schott-

△ Coffeeshop mit irischer Fahne und traditionellem Musikinstrument in der Auslage

land oder Wales. Erst an zweiter Stelle sieht man sich als Brite oder Britin. Aber was sind denn Nordirlands Protestanten noch, außer Briten? **Ulster men** und **Ulster women** wäre eine mögliche Antwort, also „Ulsterianer". Ulster als Landesbezeichnung neben England, Schottland und Wales sieht man gelegentlich auf Wandgemälden. Der Begriff konnte sich aber nicht durchsetzen, genauso wenig wie „nordirisch", was bei der britischen Volkszählung von 2011 21 % der Nordiren statt „britisch" oder „irisch" als Nationalität angaben. Briten in Großbritannien unterscheiden selten zwischen Nordiren und Südiren. Die Situation in Nordirland ist ihnen eher schleierhaft und der übermäßig anmutende Gebrauch des *Union Jack* (die Flagge des Vereinigten Königreichs) suspekt. Als Landsleute werden die Nordiren, egal ob Katholiken oder Protestanten, von den restlichen Briten kaum wahrgenommen. Außerhalb Nordirlands bezeichnen sich viele nordirische Protestanten deshalb als Iren, oft mit dem Zusatz, dass sie aus Nordirland kämen.

Katholiken haben es etwas einfacher. Man fühlt sich **irisch** und die Bewohner der Republik Irland sehen das grundsätzlich auch so. Ein Rätsel ist die politische und gesellschaftliche Situation Nordirlands vielen Bewohnern des Südens aber dennoch und nicht zuletzt durch die sehr unterschiedlichen Dialekte im (geografischen) Norden, die in vielerlei Hinsicht dem schottischen Englisch näher sind, wirken die Bewohner des irischen Nordens vielen Südiren eher fremd. Je weiter entfernt man in der Republik Irland von der Grenze wohnt, desto weniger sind die sechs Grafschaften im Nordosten ein Teil des eigenen Irlandbildes.

Es gibt in Nordirland trotz der Widrigkeiten eine **unterschwellige, aber gemeinsame regionale Identität,** die Katholiken und Protestanten – und übrigens auch die Bewohner der drei zur Republik gehörenden Grafschaften Ulsters – teilen. Diese kann nur schwer benannt werden und gelegentlich scheitert der Dialog darüber schon daran, dass man sich nicht darauf zu einigen vermag, ob z. B. die eigene Stadt nun Derry oder Londonderry heißt. Gemeinsam sind den Menschen in Irlands Norden aber ihr Dialekt des Englischen, der trockene Humor und die Mentalität. Zu Zeiten des Nordirlandkonflikts soll es vorgekommen sein, dass sich Belfaster von der katholischen Falls Road – einer Hochburg der *IRA* – und von der protestantischen Shankill Road – dem Kernland protestantischer Paramilitärs – im Urlaub in Spanien getroffen und hervorragend verstanden haben.

▷ Den meisten Touristen begegnet Irish Folk als unprätentiöse Darbietung in einem der vielen Pubs wie hier während des Tradfests in Dublin

133ir Foto: Sinead McCarthy, Fáilte Ireland

Musik und Tanz

Irische Musik gestern und heute – Was ist Irish Folk?

Der wohl mittlerweile erfolgreichste kulturelle **Exportschlager** Irlands ist *Irish Folk,* die traditionelle Musik der Insel. Durch Deutschland, Österreich und die Schweiz tourt zum Beispiel jährlich das „Irish Folk Festival" und von Chicago bis Melbourne ziehen traditionelle irische Musikgruppen ein begeistertes Publikum an. Dieses Phänomen ist relativ neu und erst seit den 1960er-Jahren zu beobachten. In *Heinrich Bölls* „Irischem Tagebuch" von 1957, das das Irlandbild der Deutschen in vielerlei Hinsicht nachhaltig prägte, spielt Musik noch keine Rolle. Heute entsteht für viele der erste Kontakt mit dem Land durch die irische Musik und oft weckt sie den Wunsch, nach Irland zu reisen.

Wo wird Musik gemacht?

Abgesehen von Konzerten einschlägiger Gruppen kann man traditionelle Musik in Irland am besten in Pubs erleben. In vielen werden regelmäßig sogenannte *sessions* veranstaltet, das sind feste Abende, an denen ein Kreis von Musikern in einer Ecke des Pubs oder auf einer kleinen Bühne spielt. Meist ist abgesprochen, dass die Musiker für das Spielen ihre Getränke umsonst bekommen. Viele dieser **sessions** sind auch für Leute offen, die nicht zum festen Kreis der Musiker gehören.

Normalerweise wird **vorwiegend Instrumentalmusik** gespielt, die dann auch eher im Hintergrund abläuft und die Kneipenbesucher nicht von ihren Gesprächen abhält. Ab und zu gibt es aber aus den Reihen der Musiker oder aus dem Publikum **Gesangseinlagen.** Die Gäste sind dann in der Regel still und hören zu – sollte es dennoch jemand wagen, seine Unterhaltung weiterzuführen, erntet er zumindest böse Blicke oder Kommentare. Es ist durchaus üblich, bei bekannten Liedern den Refrain mitzusingen oder zu summen und den Sänger oder die Sängerin mit Zurufen zu ermuntern. Nach zwei bis drei Liedern kehren die Musiker normalerweise wieder zur Instrumentalmusik zurück.

Traditionelle Musik ist in Irland sehr populär und ihre Beliebtheit zieht sich durch **alle Generationen** und Schichten der Bevölkerung. Die Popularität von Musik im Allgemeinen – nicht nur traditionelle Musik – beschränkt sich aber nicht nur auf das Konsumieren, sondern es gibt kaum einen Iren, der nicht wenigstens ein sogenanntes **party piece** zum Besten geben kann: Bei Festen und Partys wird zu fortgeschrittener Stunde oft selbst Musik gemacht. Es gibt eine Art gemeinsames Repertoire, das außer traditioneller Musik auch durchaus Schlager aus den 1960er-Jahren, Musical-Stücke oder moderne Pop-Songs einschließt. Meist fängt einer an, ein bis zwei Stücke zu singen oder auf einem Instrument zu spielen. Die *tin whistle* (Blechflöte) ist dabei besonders beliebt, da sie klein genug zum Mitnehmen und außerdem in vielen Haushalten vorhanden ist. Es geht dann in der Runde reihum. Sind ausländische Besucher zugegen, ist man oft neugierig, etwas aus deren Heimat zu hören. Das hat schon so manche, bei denen das Singen zu Hause nicht so üblich ist, in große Verlegenheit gebracht.

Was heißt „traditionell"?

Irischer Folk hat einen hohen **Widererkennungseffekt** und man braucht zum Beispiel in einer Filmmusik nur eine *tin whistle* oder eine Geige eine charakteristische Melodie oder einen bestimmten Rhythmus spielen lassen und schon ist die Verbindung zu Irland oder zu einem irischen Thema hergestellt. Wie Punk oder Jazz ist irische Folkmusik unverwechselbar. Auch Lieder der Beatles wurden schon im traditionellen irischen Stil aufgenommen. Was aber macht traditionelle irische Musik aus? Die wenigsten Lieder oder Melodien, die heute bekannt sind, sind älter als ein- bis zweihundert Jahre, die meisten sogar wesentlich jünger. Traditionelle Musiker schreiben auch heute regelmäßig neue Stücke, die dann in das Repertoire der Szene übergehen. Oft sind diese sogar bekannt als „Johnny's Jig" oder

Extrainfo 8 (s. S. 8): „Glen Hansard's Dublin" – NPR-Video: Der Sänger und Schauspieler Glen Hansard führt Moderator David Dyke in Dublin zu Orten, an denen Musik gemacht wird (Englisch).

„Martin's Reel". Allerdings ist bei den meisten Stücken der Komponist unbekannt. Traditionelle Musik wird normalerweise **mündlich weitergegeben** und viele der besten Musiker spielen **ohne Noten.** Das „Traditionelle" an dieser Musik macht also auch aus, dass sie gebraucht und adaptiert wird und somit veränderbar und ständig im Wandel begriffen ist. Sobald diese oder jene Version eines Stückes als die einzig richtige festgeschrieben wird, wird die Musik aus der Tradition herausgenommen. Es gibt zwar ein Repertoire an Liedern, die allgemein bekannt sind, das wird aber durch den Gebrauch und das Hinzufügen neuer Stücke bzw. durch das Wegfallen unpopulär gewordener Melodien ständig verändert.

Irische Musik vor dem 18. Jahrhundert ist kaum überliefert. Man weiß allerdings, dass Musik hier auch schon im Mittelalter einen hohen Stellenwert hatte. Aus alten irischen Gesetzestexten kann man zum Beispiel ersehen, dass **Harfenspieler** in der mittelalterlichen irischen Gesellschaft eine **besonders angesehene Position** innehatten. Sie waren freie Bürger und standen in der sozialen Ordnung über Dudelsackspielern und Fiedlern, die von den Fürsten abhängig waren. Zu jener Zeit wurden Musiker und Poeten von fürstlichen Mäzenen dafür unterhalten, dass sie Auftragsstücke komponierten und aufführten. Unter der Herrschaft der Tudorkönige in Irland im 16. Jahrhundert brach die mittelalterliche irische Gesellschaftsordnung nach und nach zusammen (siehe auch das Kapitel „Machtfaktor Religion (ca. 1530–1800)" ab Seite 32) und mit dem Verschwinden einer irischsprachigen Oberschicht verschwand auch das Mäzenatentum. Die Musiker konnten nun ihren Lebensunterhalt nicht mehr wie vorher bestreiten und viele verarmten.

Aus der ganzen Zeit vor dem 18. Jahrhundert ist zwar bekannt, dass viel Musik gemacht wurde, aber nicht was für Musik, da kaum schriftliche Zeugnisse überliefert sind. Zu jener Zeit war unter der Oberschicht vor allem **Kunstmusik aus England und vom europäischen Kontinent** beliebt. So verbrachte der deutsche Komponist *Georg Friedrich Händel* einige Zeit in Dublin und führte dort zum ersten Mal den „Messias" auf. Mitte bis Ende des 18. Jahrhunderts entstand im Zuge des aufkommenden Nationalismus allmählich ein Interesse für den Erhalt traditioneller irischer Musik. Einer der letzten bekannten Harfenisten der alten Tradition war damals der blinde **Turlough O'Carolan,** von dem auch Werke bis heute überliefert sind. Man war sich bewusst, dass diese Musiktradition im Aussterben begriffen war. Zum Erhalt der noch vorhandenen Reste der Harfentradition wurden vier Festivals organisiert, von denen das **Belfast Harp Festival** 1792 das bekannteste ist. Zu dieser Veranstaltung kamen zehn Harfenspieler, die einen Wettbewerb austrugen. Der Musikgelehrte *Edward Bunting* wurde engagiert, um die dort gespielten Stücke aufzuzeichnen

Session-Etikette

„Sessions" sind eine ***relativ informelle Art, Musik zu machen*** *und haben auf keinen Fall den Charakter eines Konzerts oder einer Aufführung. Die Musik ist mindestens genauso für die Spieler selbst wie für das Publikum gedacht und außer bei Gesangseinlagen wird auch kein stilles Zuhören erwartet. Meist gibt es eine oder mehrere Personen, die eine Art Leitungsfunktion übernehmen. Oft sind das erfahrene Spieler, die regelmäßig zu diesem Anlass kommen. Man spielt sogenannte* ***sets*** *aus mehreren, ohne Pause aneinander gereihten Musikstücken. Das können Folgen von Stücken sein, die traditionellerweise zusammen gespielt werden aber auch spontane Zusammenstellungen der Teilnehmenden.*

„Sessions" sind normalerweise offen für Mitspieler, die mit traditioneller irischer Musik vertraut sind und ein grundsätzliches Maß an Können auf ihrem Instrument mitbringen. Man sollte sich auf keinen Fall mit einer Gitarre oder einem „bódhrán" (Rahmentrommel) dazu gesellen, nur weil man denkt, sie seien leicht zu spielen und man werde schon irgendwie mitkommen. Eine Grundregel ist, dass man nur bei den Liedern mitspielen sollte, die man auch kennt, außer man wird ausdrücklich gebeten, es doch einmal zu probieren. Auch sollte man auf die Zusammensetzung der Instrumente achten. Wenn schon zwei oder drei Spieler mit dem gleichen Instrument in der Runde sitzen - und dies betrifft vor allem markante Rhythmusinstrumente oder auch Gitarren und Dudelsäcke - sollte man etwas zurückhaltender sein. Bei einer „session" sind nicht die einzelnen Spieler wichtig, sondern der harmonische Zusammenklang und der Spaß am Musizieren. ***Generell empfiehlt sich, eine gewisse Sensibilität walten zu lassen*** *und, wenn möglich, ein paar Abende lang zuzuhören, um die genauen Gegebenheiten kennenzulernen. Dann wird man meist willkommen sein.*

und für die Nachwelt zu erhalten. Inspiriert durch diese Erfahrung begann *Bunting* eine langjährige **Sammeltätigkeit** und gab zwischen 1797 und 1840 drei große Bände heraus, die „General Collection of Ancient Irish Music". *Thomas Moore* folgte in dessen Fußstapfen und veröffentlichte Anfang des 19. Jahrhunderts seine „Irish Melodies", eine Sammlung romantisierter Lieder und Balladen. Diese Tätigkeit löste in den folgenden Jahrzehnten eine Flut weiterer Anthologien aus. Die Motivation war jedoch eher von antiquarischen Gedanken geprägt: Man wollte beweisen, dass es eine schwache, aber ungebrochene irische Musiktradition gab, die aus dem frühen Mittelalter bis in die Gegenwart des späten 18. und frühen 19. Jahrhunderts überlebt hatte. Dieser Kult des Bewahrens trug

Im Gegensatz zu Instrumentalisten ist es für Sänger relativ schwierig, bei einer „session" mitzumachen. Gesangseinlagen gibt es meistens nur in den Pausen zwischen den „sets" und sie werden normalerweise von Sängern dargeboten, die in der Runde bekannt sind. Wenn man allerdings mit Leuten unterwegs ist, die die Musiker oder den Wirt gut kennen und wissen, dass man gern singt, kann es durchaus passieren, dass man sich plötzlich in der Situation wiederfindet, dass das ganze Pub die Augen erwartungsvoll auf einen richtet und jemand ansagt, dass man jetzt ein Lied singen werde. Für jemanden, der oder die nicht gewöhnt ist, allein vor Publikum zu singen, mag das ein kleiner Schock sein. Es ist aber noch wesentlich peinlicher, nichts zum Besten zu geben und nach eigener Erfahrung sind die Iren sehr ***geduldige und wohlwollende Zuhörer.*** *Auch wenn man vielleicht vor Aufregung erstmal schlucken muss oder einen Teil des Textes vergisst, ist das kein Beinbruch. Wer das Lied kennt, wird einem in einer solchen Situation durch Mitsingen oder -summen weiterhelfen und Applaus gibt es auf jeden Fall!*

132ir Foto: fk

Konzertplakat an einem Pub in Sligo

allerdings dazu bei, dass sich in Irland keine eigene Kunstmusik wie auf dem europäischen Kontinent weiterentwickeln konnte. Das Repertoire an traditioneller Musik kam dafür romantisierenden und nationalistischen Tendenzen entgegen.

Anfang des 20. Jahrhunderts flammte erneut ein Interesse an traditioneller irischer Musik auf. Vor allem die nun entstehenden gelehrten Gesellschaften, die sich den Erhalt irischer Kultur zum Ziel gesetzt hatten, und der irische Rundfunk begannen eine neue Sammel- und Archivierungstätigkeit. Zum ersten Mal war es nun möglich, Musik auf Tonträgern aufzunehmen. Viele dieser **Aufnahmen irischer Volksmusik** sind auch heute noch in verschiedenen Archiven erhalten. Allerdings waren diese

Bemühungen vorwiegend akademisch und fanden keine große Resonanz in der Bevölkerung.

Bis zum Ende der 1950er-Jahre war traditionelle Musik kaum im öffentlichen Raum vertreten und wurde vorwiegend zu Hause oder im kleinen Kreis gepflegt. In der ersten Hälfte des 20. Jahrhunderts waren vor allem moderne Musikstile wie Jive oder Rock 'n' Roll beliebt und wurden bei Tanzabenden oder anderen öffentlichen Veranstaltungen oft gespielt. Allerdings spielten die Bands dort auch entsprechend arrangierte irische Tanzmusik.

Anfang der 1960er-Jahre begann sich **Seán Ó Riada,** der in Cork Musik studiert und für das Theater und den irischen Rundfunk gearbeitet hatte, für traditionelle irische Musik zu interessieren. Mittlerweile war er Dozent für Musik am *University College Cork* geworden und hatte sich einen Ruf als anerkannter Komponist für Ballett-, Orchester-, Chor- und Kammermusikwerke sowie für Filmmusik erarbeitet. Bisher hatte ihn eher europäische klassische Musik, vor allem die Avantgarde, beeinflusst. Nun ließ er sich für seine Werke auch von traditioneller irischer Musik inspirieren. Des Weiteren gründete er mit hervorragenden traditionellen Musikern das Ensemble **Ceoltóirí Chualann.** *Ó Riada* stand dem Klang der céilí-Bands, die bei Tanzveranstaltungen irische Stücke spielten, kritisch gegenüber. Sie verwendeten Big-Band-Instrumente wie z. B. ein Schlagzeug, die Melodien wurden aber dann von allen Instrumenten einstimmig gespielt. Im Gegensatz dazu wollte *Ó Riada* zum Kern der Stücke zurückkehren, begann aber auch, mit Harmonien und verschiedenen Arrangements zu experimentieren. So führte er auch bisher unübliche Instrumente wie Cembalo oder *bódhrán,* eine Rahmentrommel, ein. Aus *Ceoltóirí Chualann* gingen 1962 **The Chieftains** hervor. Diese bis heute bekannte und weltweit erfolgreiche Band war maßgeblich an der internationalen Verbreitung traditioneller irischer Musik beteiligt und wurde wie *Ceoltóirí Chualann* ein Vorbild für viele nachfolgende Ensembles.

In den 1960er-Jahren fand auch, inspiriert durch ähnliche Entwicklungen in Amerika und England, in Irland ein **Folkmusik-Revival** statt: Zahlreiche Bands wie **Planxty** oder **The Bothy Band** wurden gegründet und erlangten internationale Bekanntheit. In den folgenden Jahrzehnten wurde traditionelle Musik auch immer wieder erfolgreich mit anderen Musikstilen verknüpft. So verband die in den 1970er-Jahren gegründete Band **Clannad** auch Einflüsse aus Rock und Jazz mit irischer Musik, bevor sie in den 1980er-Jahren vorwiegend eigene, eher der elektronischen Richtung zuzuordnende Stücke produzierte. Bis heute existiert eine Vielzahl von Gruppen, die traditionelle irische Musik für ein breites internationales Publikum spielen, so zum Beispiel **Altan, Beoga, Danú** oder **Lúnasa.**

Bands wie **The Horslips** (Rock) in den 1970er-Jahren, **The Pogues** (Folk-Punk) in den 1980ern oder **The Corrs** (Pop) seit den 1990er-Jahren haben Einflüsse irischer Musik verarbeitet. Nicht zuletzt durch ihre Kooperation mit Musikern aus aller Welt und verschiedenster Stilrichtungen zählen **The Chieftains** nach wie vor zu den erfolgreichsten irischen Bands. 2010 veröffentlichten sie gemeinsam mit **Ry Cooder** das Album „San Patricio", in dem sie irische mit mexikanischer Musik mischen und die Geschichte einer Grupper irischer Soldaten in der amerikanischen Armee erzählen, die 1846 desertierten und im amerikanisch-mexikanischen Krieg auf der Seite Mexikos kämpften. Im Album „Voices of the Ages" von 2012 vermengen sie mit zahlreichen Gastmusikern irische Klänge mit Indie-Rock, Country sowie Folk aus Amerika und Schottland. Die äußerst erfolgreiche Band **Kíla** bietet ein weiteres Beispiel der Fusion traditioneller irischer Musik mit anderen Stilen. Deren Texte sind vorwiegend irischsprachig und die Musik bedient sich im Pop, im Jazz und der Weltmusik. Als eine der innovativsten Gruppen muss auch die Band **Afro Celt Sound System** genannt werden, die Trip Hop und Techno mit irischer und afrikanischer Musik mischt.

Traditionelle irische Instrumentalmusik

Traditionelle Musik wurde in Irland, wie oben erwähnt, bis vor Kurzem ausschließlich **mündlich von Generation zu Generation** weitergegeben. Heute gibt es zwar auch Noten für die entsprechenden Stücke, die aber von den meisten Musikern dieses Stils nur sporadisch verwendet werden. In der Regel wird ein neues Lied durch **wiederholtes Anhören und Nachspielen** gelernt. Dabei entwickeln gute Musiker ein beachtliches Repertoire, das sie dann wieder an andere weitergeben können. Manchmal werden dafür heute auch Tonaufnahmen von archivierten Musikstücken, seltener auch moderne CD-Aufnahmen eingesetzt. Außerdem komponieren viele Musiker **eigene Stücke im traditionellen Stil,** die durch Weitergabe an andere in den allgemeinen Bestand an Musik übergehen. Die meisten heute bekannten Stücke sind auf diese Weise entstanden und überliefert worden.

Ein Charakteristikum irischer Musik ist, dass ein Stück normalerweise **bei jedem Spieler ein bisschen anders** klingt. Das liegt daran, dass es meist nur die Grundmelodie ist, die weitergegeben wird. Die Virtuosität und das Können eines Musikers zeigen sich dann darin, wie das Stück interpretiert wird. Auf der Basis der Grundmelodie werden Verzierungen und Ornamentierungen eingefügt. Diese folgen zwar auch bestimmten Regeln – so gibt es kurze Vorschläge, Triller oder Verschleifungen –, die Kombination dieser Elemente bleibt aber jedem selbst überlassen und macht den persönlichen Stil eines Musikers aus. Beim Einsatz der Verzierungen gibt es auch bestimmte regionale Stile. Allerdings verschwimmen diese mehr und mehr aufgrund der heutzutage großen Mobilität, der allgemeinen Verfügbarkeit von Tonaufnahmen und dem Einfluss anderer Musikstile.

Der größte Teil traditioneller Instrumentalmusik besteht aus **Tanzmusik.** Allerdings gibt es auch langsamere Stücke, unter dem Namen *slow airs* („langsame Melodien") bekannt, die teilweise auch als Vokalversionen existieren.

Die Instrumentierung für irische Musik hat sich über die Jahrhunderte immer wieder verändert. Heute kommen aber vor allem folgende **Instrumente** in Ensembles zum Einsatz:

Die **fiddle** – heutzutage mit einer Violine identisch, aber leicht anders gespielt und gehalten – ist ein Instrument, das von den meisten Gruppen verwendet wird und in Irland eine lange Spieltradition hat. Bekannte Stile sind vor allem die aus den Regionen Donegal (sehr schnell und kraftvoll), Sligo (eher leicht und tanzend, wahrscheinlich der bekannteste Stil), Sliamh Luachra (leicht und schnell, häufig Polkas, aber auch langsamere Stücke) oder Clare und Ost-Galway (zurückhaltender und langsamer, aber ausdrucksstark und ornamentiert).

Eines der nationalen Symbole Irlands ist die **Harfe.** Allerdings ist die irische Harfe kleiner als eine normale Konzertharfe und hat auch keine Pedale. Als prototypisches Exemplar dieses Instruments gilt die in der Bibliothek vom *Trinity College Dublin* zu besichtigende und nach einem irischen Hochkönig benannte „Brian-Boru-Harfe". Sie ist das älteste erhaltene Instrument seiner Art in Irland und stammt aus dem späten 14. Jahrhundert. Man kann die Harfe auf den irischen Euro- und Eurocent-Münzen oder auch auf dem Logo der Guinness-Brauerei wiederfinden. Irische Harfen werden traditionell mit Metallsaiten bespannt – oft Messing, aber manchmal sogar Silber oder Gold – und mit den Fingernägeln gezupft. Inzwischen kommen aber auch Nylonsaiten zum Einsatz, die dann mit den Fingern gespielt werden. Die irische Harfe ist heute meist ein Soloinstrument. Allerdings wurde sie auch erfolgreich in Ensembles eingesetzt, zum Beispiel von der Gruppe *Clannad.*

Die **flute** (Holzflöte) und die **tin whistle** (Blechflöte) sind relativ neu in der irischen Musiklandschaft. Die Holzflöte existiert in ihrer heutigen Form etwa seit Mitte des 19. Jahrhunderts und ist nur in manchen Bands vertreten. Oft wird sie auch solistisch gespielt. Die *tin whistle* ist eigentlich ein englisches Instrument. Sie wurde im 19. Jahrhundert in Manchester

▷ Straßenmusikanten in der Einkaufszone von Galway

134ir Foto: kw

massenproduziert und dann u. a. nach Irland exportiert. Sie fand dort starke Verbreitung, da sie nicht teuer und leicht zu transportieren war. Der charakteristische Klang ist hoch und durchdringend, weshalb sie heute von professionellen Ensembles mit Bedacht eingesetzt wird. Die ersten *whistles* waren meist in C gestimmt, mittlerweile sind D-Stimmungen am häufigsten. Inzwischen ist die *tin whistle* eines der am weitesten verbreiteten Instrumente in der Bevölkerung und viele irische Kinder lernen die Grundfertigkeiten des Spiels in der Schule, so wie in anderen Ländern zum Beispiel Blockflöte unterrichtet wird.

Ein anderes bekanntes Instrument sind die **uilleann pipes,** der irische Dudelsack. Wörtlich übersetzt bedeutet der Name „Ellenbogenpfeifen": Die Luft zum Spielen wird nicht wie beispielsweise beim schottischen Dudelsack mit dem Mund durch eine Röhre in den Sack geblasen. Stattdessen pumpt der Spieler im Sitzen mit dem linken Arm bzw. Ellenbogen einen kleinen Blasebalg, der den Luftstrom für das Instrument liefert. Man spielt dabei auf einer Melodiepfeife *(chanter)* mit einem Doppelrohrblatt, die einen Tonumfang von zwei Oktaven umfasst. Außerdem gibt es noch jeweils drei Basspfeifen mit einfachem Rohrblatt und Regulatoren, die mit speziellen Ventilen bzw. Klappen bedient werden und die Begleitakkorde liefern. Da der irische Dudelsack nicht so laut ist wie andere Vertreter dieser Gattung, eignet er sich gut für das Spielen in Räumen und zusammen mit anderen Instrumenten. Er wird auch als Soloinstrument eingesetzt.

Sowohl **Akkordeon** als auch **Konzertina,** eine kleinere Variante, sind in Irland beliebte Hausmusikinstrumente. Solisten wie **Sharon Shannon** oder **Mary MacNamara** haben die Instrumente aber auch auf der Konzertbühne populär gemacht. Beim Akkordeon sind in Irland vor allem zweireihige Knopfakkordeons beliebt. Die Konzertina, ebenfalls mit Knöpfen versehen, gibt es in zwei Varianten: die englische, die beim Drücken und Ziehen jeweils den gleichen Ton von sich gibt, und eine englische Adaption der deutschen Konzertina - auch Anglo-Konzertina genannt -, bei der durch die unterschiedlichen Bewegungen verschiedene Töne entstehen. Letztere ist die heute am weitesten verbreitete Form und durch ihre sechseckige Form besonders markant. Konzertinas wurden in der ersten Hälfte des 20. Jahrhunderts als billige Massenware hergestellt. Sie konnten für wenig Geld im Dorfladen gekauft werden und kamen vor allem bei der Hausmusik zum Einsatz. Deshalb wurden sie auch als Fraueninstrument bekannt.

Mit dem Revival in den 1960er-Jahren fanden einige neue Instrumente ihren Weg in die irische Volksmusik. *Seán Ó Riada* führte das **bódhrán,** die oben bereits erwähnte Rahmentrommel mit Ziegenhautbespannung ein, die bis ins 20. Jahrhundert hinein hauptsächlich als Arbeitsutensil (Tablett, Gefäß etc.) gedient hatte. Der Gebrauch als Musikinstrument war bis dahin auf bestimmte Feste und Riten im ländlichen Irland beschränkt gewesen. Heute ist das *bódhrán,* das meist mit einem kleinen doppelendigen Stock gespielt wird, besonders als Einsteigerinstrument beliebt. Allerdings ist für eine gute Beherrschung und Spielweise jahrelange Übung erforderlich.

Auch das **Banjo,** das von zurückgekehrten Emigranten aus Amerika nach Irland gebracht wurde, und eine irische Version der griechischen **Bouzouki** sind Hinzufügungen aus dieser Zeit. Letztere hat in ihrer irischen Variante vier Doppelsaiten und ist auf der Rückseite abgeflacht. Mit der Folkwelle der 1960er-Jahre wurde auch die **Gitarre** als Begleitinstrument immer beliebter. Als Soloinstrument kommt sie in der traditionellen irischen Musik aber kaum vor.

In *sessions* wird man auch öfter **bones** (Knochen) oder **spoons** (Löffel) zu hören bekommen, die als Rhythmusinstrumente verwendet werden. Es handelt sich dabei um zwei flache, leicht gebogene Knochen oder Holzstücke bzw. um zwei kleine Löffel, die zum Spielen in einer Hand gehalten und im Takt der Musik geschüttelt werden, sodass ein rhythmisches Klappern entsteht, ähnlich dem von Kastagnetten. Manchmal werden auch die zweite Hand oder sogar das Knie zum Spielen mit eingesetzt. Besonders praktisch dabei ist, dass zumindest Löffel in den meisten Pubs leicht zu bekommen sind.

Traditionelle irische Vokalmusik

Obwohl auf modernen Aufnahmen und bei Auftritten von Bands Gesang oft durch Instrumente begleitet wird, ist irische Vokalmusik ursprünglich A-cappella-Musik, also **ohne Instrumentalbegleitung.** Der Rhythmus ist oft relativ frei und wird je nach Sänger verschieden interpretiert und häufig reich ornamentiert. Ähnlich der Instrumentalmusik haben die Interpreten viel persönliche Freiheit in der Ausgestaltung des Liedes. Die meisten überlieferten Stücke stammen aus dem 18. oder 19. Jahrhundert. Es werden aber kontinuierlich weitere Lieder komponiert, die, wenn sie auf lokaler Ebene eine gewisse Beliebtheit erlangt haben, auch weitere Verbreitung finden. Die meisten Stücke sind heute auf Englisch, aber es gibt auch ein großes, durchaus noch wachsendes Repertoire in irischer Sprache. Außerdem existieren sogenannte **macaronic songs,** die beide Sprachen mischen. Diese stammen oft aus dem 19. Jahrhundert, in dem Irland von einem rein irischsprachigen zu einem stark zweisprachigen Land wurde. Außer den in Irland entstandenen Liedern waren auch solche, die von Siedlern, Soldaten oder Arbeitsmigranten aus Schottland und England mitgebracht wurden, populär und gehören heute zum allgemeinen Repertoire.

Die Themen der Lieder variieren: So gibt es viele Liebeslieder, humoristische Stücke oder solche Songs, die eine Gegend oder Landschaft beschreiben. Diese haben meist keinen erzählenden Charakter. Besonders beliebt sind in Irland auch Balladen, die oft aus einem starken lokalen Bezug heraus entstanden. Deren Themen umfassen alles, was die Menschen bewegte: Auswanderung, Liebe, politische Ereignisse und Kriege, nationalistische Gefühle, Religion, aber auch lokale Unglücksfälle oder wichtige Ereignisse. Auch heute entstehen in ländlichen Regionen, in denen die Gesangstradition noch intensiv gepflegt wird, neue Lieder, nicht selten wieder mit Lokalbezug. Die Komponisten sind meistens bekannt. Findet ein Lied aber weitere Verbreitung, gerät dieser oft in Vergessenheit.

Der traditionelle Stil des unbegleiteten irischen Gesangs wird meist als **sean-nós** („alte Art") bezeichnet. Heute versteht man darunter aber häufig die spezifische Gesangstradition in den irischsprachigen Gebieten der Connemara. Hier ist das A-cappella-Singen noch weit verbreitet. Man könnte den Ursprung dieser reich ornamentierten Stücke leicht im arabischen Raum vermuten, mit dem sie aber nichts zu tun haben. Interessant ist hier die Aufführungspraxis: Die Stücke sind meist sehr lang und können ohne weiteres aus bis zu zwanzig Strophen bestehen. Oft schließen die Sänger während der Darbietung die Augen und werden von einer Person aus dem Publikum unterstützt, die ihnen einen Arm wie bei einer Kurbel dreht. Wahrscheinlich dient dies sowohl zur Unterstützung des Sängers

Extrainfo 9 (s. S. 8): Eine Aufnahme des Lehrers und Politikers Pádraig Ághas, wie er in einem Pub in Kerry in den 1960er-Jahren ein „sean-nós"-Lied singt

wie auch als Kontakt zu den Zuhörenden, die dem Vortragenden auch oft ermunternde Kommentare wie „gut", „guter Mann" oder Ähnliches zurufen.

Wegen der mündlichen Weitergabe der Lieder und der großen persönlichen Freiheit der Sänger kommt es häufig vor, dass es mehr als eine Melodie zu einem Text gibt, dass die Reihenfolge und Anzahl der Strophen variiert oder dass Textstellen, die nicht eindeutig einem ganz bestimmten Thema oder Ereignis zuzuordnen sind, „wandern" und in verschiedenen Liedern auftauchen.

Festivals und Sommerschulen

Irland ist das Land der Festivals. Besonders im Sommer wird man geradezu überwältigt von dem Angebot an Veranstaltungen, bei denen man Literatur, Theater, aber meistens auch Musik und Tanz aller Art erleben kann. Viele dieser Festivals werden bis heute auf nicht-kommerzieller Basis organisiert. Hinzu kommen noch die vielen Sommer- oder manchmal auch Winterschulen mit Kursen für Musik und Tanz, die oft einem Künstler oder einer Künstlerin gewidmet sind. Wollte man diese Möglichkeiten alle aufzählen, wäre die Liste seitenlang. Hier eine Auswahl:

Viele der Festivals wurden während des Folkbooms der späten 1960er- und 1970er-Jahre gegründet, so auch das **Ballyshannon Folk Festival.** Nachdem 1977 der „Fleadh Cheoil" (siehe unten) dort stattgefunden hatte, beschlossen die Organisatoren, ein regelmäßiges Folkfestival ins Leben zu rufen, was im Laufe der Jahre zu einer Institution wurde. Die Atmosphäre ist locker und viele Besucher übernachten im Zelt. Alljährlich ist der kleine Ort im August voll von Musik und oft kommt es zu spontanen musikalischen Zusammenkünften der Teilnehmer außerhalb der Konzerte.

Seit 1979 findet jedes Jahr im September das **Cork Folk Festival** statt. Hier liegt der Schwerpunkt eindeutig auf traditioneller Musik und Tanz mit starkem Bezug zu lokalen ländlichen Traditionen einerseits und internationalen Künstlern andererseits. In neuerer Zeit gibt es auch Veranstaltungen mit Stücken aus der städtischen Gesangs- und Erzählkultur von Cork. Jedes Jahr widmet sich das Festival in einem besonderen Konzert einem traditionellen Instrument wie dem Knopfakkordeon oder der Holzflöte. Ein zweiter Höhepunkt ist das Gesangskonzert, das jährlich von einem anderen Sänger traditioneller Musik gegeben wird.

Ein Jahr früher, 1978, fand das erste **Cork Jazz Festival** statt, Irlands größte und bekannteste Veranstaltung für diesen Musikstil. Seit seinem Bestehen haben es die Organisatoren immer wieder verstanden, internationale Größen des Jazz wie Ella Fitzgerald, Dizzie Gillespie oder Jan Gabarek für einen Auftritt zu gewinnen. Jeden Oktober wird Cork zum

Mekka für Jazzliebhaber und Konzerte finden über die ganze Stadt verteilt in Hotels, Clubs und Pubs statt.

Féile an Phobail („Volksfest", ausgesprochen „feele an fobbel") ist ein Festival, das ursprünglich im katholischen West-Belfast in der Falls-Road-Gegend stattfand und sich mittlerweile auf weitere Teile Belfasts ausgeweitet hat. Das erste Festival wurde 1988 als Reaktion auf die Unruhen in Nordirland organisiert: Man wollte zeigen, dass es auch noch eine andere, kreative Seite der Bevölkerung West Belfasts gibt. War die Feier im ersten Jahr noch recht bescheiden, so ist sie heute zu einem ganzen Bündel von Veranstaltungen herangewachsen, die über das Jahr verteilt stattfinden. Es gibt unter anderem ein Kinderkunstfest sowie Konzerte und Ausstellungen im März. Die wichtigste Veranstaltung aber ist das Festival im August, bei dem man eine Woche lang zwischen traditionellen oder Popkonzerten, Literaturlesungen, Theateraufführungen, Sportturnieren oder Diskussionsveranstaltungen und Vorträgen wählen kann. Einige dieser Veranstaltungen finden auch in irischer Sprache statt. Die Krönung der Woche ist die Parade am Sonntag mit geschmückten Wagen sowie Tanz und Musik entlang der Falls Road. Manchmal wird kritisiert, das Festival würde von der irisch-nationalistischen Partei „Sinn Féin" dominiert. Das ist nicht aus der Luft gegriffen, da es personelle Überschneidungen bei den Organisatoren der Veranstaltungen gibt und das Festival natürlich aus der nationalistisch gesinnten, katholischen Bevölkerung heraus organisiert wird. Man sollte zwar eine gewisse kritische Distanz bewahren, wird aber beim Besuch auf eine interessante und lebendige Mischung aus lokaler Kreativität und internationalen Künstlern treffen.

Der **Fleadh Cheoil Na hÉireann** (gesprochen „flaa chool na heeren") oder auch **All-Ireland Fleadh** ist eigentlich weniger ein Festival als ein nationaler Musikwettbewerb, bei dem aber auch Konzerte, Paraden und „sessions" stattfinden. Organisiert wird dieses Ereignis seit 1951 von der Organisation „Comhaltas Ceoltóirí Éireann" mit dem Ziel, irische traditionelle Musik zu etablieren und bekannter zu machen. Jedes Jahr ist ein anderer Ort in Irland Gastgeber, wobei es häufig vorkam, dass die Veranstaltung zwei- oder dreimal hintereinander am gleichen Ort stattfand. Die Wettbewerbe werden zuerst auf lokaler und regionaler Ebene ausgetragen, bevor die Gewinner dann zum nationalen Wettstreit antreten. Die Regeln für die Aufführungspraxis sind streng und alle Musiker müssen sich daran halten, um nicht disqualifiziert zu werden. Die Solokategorien umfassen die verschiedensten (mehr oder weniger) traditionellen Instrumente sowie Gesang auf Englisch und Irisch, aber auch Pfeifen und „lilting", das Singen nur mit lautmalerischen Silben. Außerdem gibt es auch Ensemble-Wettbewerbe.

135ir Foto: Gardiner Mitchel, Tourism Ireland

Eines der größten und bekanntesten Festivals in Irland ist das **Galway International Arts Festival.** Jeden Sommer im Juli oder August wird die kleine Stadt an der Westküste vom Festivalfieber erfasst und überall gibt es Musik, Straßenkunst oder Theater. Höhepunkt ist auch hier ein Umzug, der normalerweise von der lokalen Theater- und Performancegruppe „Macnas" organisiert wird. Es gab öfter Kritik, dass die Veranstaltung zu abgehoben und elitär geworden sei. Das führte dazu, dass es mittlerweile zur gleichen Zeit das **Galway Fringe Festival** gibt. Das alternative Fest soll als Forum auch für weniger bekannte Künstler und mit moderateren Preisen einem größeren Publikum zugänglich sein.

Die **Willie Clancy Summer School** ist eine der bekanntesten und größten Kursveranstaltungen. Sie ist dem Dudelsack, Flöten- und tin-whistle-Spieler Willie Clancy gewidmet, der 1973 im Alter von nur 54 Jahren starb. Seitdem findet die Sommerschule an jedem ersten Samstag in Miltown Malbay (Grafschaft Clare) statt. Man kann Kurse in traditioneller Musik und Tanz besuchen, das Angebot reicht von Dudelsack über Akkordeon und traditionellem Singen bis zu „set dancing" oder „step dancing". Außerdem werden Vorträge, Seminare, Konzerte und céilí-Tanzveranstaltungen angeboten.

^ Straßenkonzert während des Fleadh Cheoil Na hÉireann

Rince und damhsa – Tanzen in Irland

Geschichtlicher Hintergrund

Wie in vielen anderen Ländern gibt es auch in Irland vor dem 17. Jahrhundert kaum Informationen über das Tanzen. Tanz war wohl ein so selbstverständlicher Bestandteil sozialer Zusammenkünfte und Festivitäten, dass man genauere Beschreibungen nicht für notwendig hielt. Selbst solche Quellen, die **die irischen Wörter für „tanzen"** *(rince, damhsa)* enthalten, sagen nichts aus über die Art und Weise, wie genau getanzt wurde.

Erst ab etwa 1600 werden die Beschreibungen zahlreicher und detaillierter. Oft finden sie sich in Reiseberichten vor allem englischer Besucher in Irland. Diesen zufolge war das Tanzen ein regelmäßiges Sonn- und Feiertagsvergnügen. Ein beliebter Gruppentanz war der *rince fada* („langer Tanz"), der relativ häufig erwähnt wird. Interessant ist, dass sich die **Tanzleidenschaft** scheinbar durch **alle Klassen der Gesellschaft** zog.

Die Popularität des Tanzens hielt auch im 18. Jahrhundert weiter an. Besonders einflussreich und wichtig für die Verbreitung von Innovationen war **der neue Beruf des Tanzmeisters,** der ab der zweiten Hälfte des 18. Jahrhunderts immer mehr in Mode kam. Diese Männer - sehr selten auch Frauen - zogen von Dorf zu Dorf, blieben ein paar Wochen und brachten den Kindern und jungen Leuten gegen ein Entgelt Tänze und auch gutes Benehmen bei. Die Tanzmeister waren recht illustre Gestalten und auffällig mit Hut, Frack, Kniehosen, weißen Strümpfen, verzierten Schuhen und einem Stab ausgestattet. Sie waren beliebt und hoch angesehen. Bei der Ankunft in einem Dorf suchte der Tanzmeister zuerst Unterkunft und einen geeigneten Raum für den Unterricht bei einem Bauern, dessen Kinder dann oft als Gegenleistung umsonst an der Unterweisung teilnehmen konnten. Unterrichtet wurden Schritte zu *jig* (ein Dreier-Takt, meist 9/8, 6/8 oder 12/8) und *reel* (ein Vierer-Takt, 2/2 oder 4/4, bei dem die Betonung auf dem ersten und fünften Achtel eines Taktes liegt) und später auch der *hornpipe* (4/4-Takt, bei dem die erste und dritte Note betont und verlängert und die 2. und 4. gekürzt werden), den üblichen Rhythmen für Volkstänze, und für die Kinder reicherer Eltern manchmal auch Hoftänze. Die Tanzmeister wurden meist von einem Dudelsackspieler oder einem Fiedler begleitet und reisten in einem festen Umkreis von etwa 30 bis 40 Kilometern. Zwischen den Meistern, die oft ihre eigenen Tanzschritte entwickelten, gab es auch Rivalitäten: Man maß sein Können auf Jahrmärkten und es rief großen Unmut hervor, wenn man in das Territorium eines anderen Tanzmeisters eindrang und in fremden Dörfern unterrichtete.

Englischen Reisenden haben wir einen Großteil der Informationen zu verdanken, die bis heute überliefert sind. Die Tanzbegeisterung wurde jedoch nicht von allen Besuchern geteilt und ein Reisender berichtet von „groben und ungehobelten Tänzen zur Musik des Dudelsacks".

Die **Einführung von Quadrille-Tänzen** im 19. Jahrhundert brachte die wichtigste Veränderung für den Tanz in Irland und ist die Grundlage für das heute sehr beliebte **set dancing.** Die Quadrille war ein französischer Hoftanz, der sich im späten 18. Jahrhundert aus englischen ländlichen Gruppentänzen entwickelt hatte und dann im 19. Jahrhundert wieder nach England exportiert worden war. In Irland löste die Einführung der Quadrille in Verbindung mit den einheimischen Tänzen eine kreative Welle aus: Das Tanztempo wurde schneller, man verwendete bereits bekannte jig-, reel- und hornpipe-Rhythmen, kombinierte das Ganze mit komplizierteren, irischen Tanzschritten – statt der vorgesehenen marschähnlichen Schritte, die eher langsam waren – und fügte Figuren aus den bisher populären Tänzen hinzu. So entstanden im Laufe des 19. Jahrhunderts viele neue sogenannte **sets** (Figurenabfolgen). Vor allem die ältere Generation stand den neuen Tänzen skeptisch gegenüber, doch das konnte ihre rasante Verbreitung nicht aufhalten. Gegen Ende des 19. Jahrhunderts waren die *sets* in ganz Irland gebräuchlich. Daneben wurden bei Festivitäten dieser Zeit auch andere Tänze wie Walzer oder Schottische (der so im Englischen wie im Deutschen gebräuchliche Name eines ursprünglich böhmischen, polkaähnlichen Tanzes) getanzt.

Irischer Nationalismus und Tanz

Die 1893 gegründete *Gaelic League* oder **Conradh na Gaeilge** („Gälische Liga", s. S. 93) hatte ein sehr zwiespältiges Verhältnis zu den in Irland verbreiteten Tänzen. War in der frühen Zeit der Liga Tanz kein Thema, so wurde um die Jahrhundertwende (19./20. Jh.) die **Tanzfrage** zur Gewissensfrage und zur **Waffe im Kampf für den irischen Nationalismus.** Die Problematik der „echt irischen" Tänze tauchte zum ersten Mal 1897 auf, als der Londoner Zweig der Liga den ersten irischen *céilí* organisierte, einen Abend mit Musik und Tanz. Die meisten Teilnehmer waren in London arbeitende irische Journalisten, Ärzte oder Beamte, die kaum irische Tänze, sondern eher Quadrille und Walzer kannten. Daraufhin begann man nachzuforschen. Die auf der Quadrille basierenden *sets* und Tänze wie *Highland,* Walzer oder Schottische wurden trotz ihrer in Irland großen Beliebtheit als ausländisch und nicht irisch genug verbannt. Stattdessen versuchte man, Tänze „wiederzubeleben", die in Texten des 18. Jahrhunderts erwähnt wurden, von denen man aber nur ungenaue Beschreibungen hatte. So entstanden die heute bekannten **céilí dances.**

1929 wurde in Irland die **An Coimisiún le Rinncí Gaelacha** oder *Irish Dancing Commission* („Organisation für irische Tänze") gegründet. Man erstellte genaue Listen mit anerkannten Tänzen, erließ strenge Regeln für ihre Ausführung und verbot das Tanzen „fremder" Tänze. Tanzschulen und Wettbewerbe wurden organisiert und man verlangte, dass nur bei der Organisation registrierte Lehrer Tanzunterricht geben dürften. In den Tanzschulen wurde nicht nur **céilí dancing,** sondern vor allem auch **step dancing** unterrichtet, das ähnliche Schritte verwendet, aber meist von Einzeltänzern vorgeführt wird. Bis heute gibt es regionale, landesweite und weltweite Wettbewerbe, die nach den Regeln der *Coimisiún* durchgeführt werden. Allerdings waren die Bemühungen zur Vereinheitlichung des Tanzens nur bedingt erfolgreich, da sich einige Tanzschulen und -verbände weigerten, diese Bestimmungen anzuerkennen.

Der ursprünglich in London unter Exil-Iren ausgebrochene Streit um die „Echtheit" und Akzeptabilität verschiedener Tänze eskalierte vor allem Anfang des 20. Jahrhunderts und hielt bis in die 1950er-Jahre an.

Tanzen in Irland im 20. und 21. Jahrhundert

Die Beliebtheit des Tanzens ließ in Irland auch im 20. Jahrhundert nicht nach. Außer an Hochzeiten oder anderen Familienfesten fanden Tanzveranstaltungen oft am Wochenende nach dem Kirchenbesuch statt. In ländlichen Gebieten waren Wegkreuzungen außerhalb der Dörfer beliebt als Treffpunkte, aber oft wurde auch in Privathäusern in der Küche getanzt. Man hob eine Tür aus den Angeln oder legte ein paar Holzbretter auf den Boden, um eine geeignete Tanzfläche zu haben, und dann ging es los. *Reels, jigs* oder *hornpipes* wurden weitergespielt, aber Jazz aus Amerika wurde besonders unter jungen Leuten immer populärer. In den 1930er-Jahren geriet die Tanzbegeisterung in ein **Kreuzfeuer aus kirchlicher und moralischer Missbilligung, nationalen Restaurationsbemühungen und ökonomischen Zwängen.** Nach der Unabhängigkeit war *de Valeras* Irland in einen wirtschaftlichen Konflikt mit Großbritannien geraten und brauchte dringend finanzielle Mittel. Gleichzeitig wurde aber ein neuer Nationalismus beschworen, der einerseits die ökonomische Unabhängigkeit des Landes zum Ziel hatte und andererseits nationale, katholisch-konservative Werte in einem Irland der ländlichen Idylle stark propagierte. Jazz passte nicht ins Bild und wurde als „unirisch" abgelehnt. Private und „unbeaufsichtigte" Tanzveranstaltungen waren dem katholischen Klerus schon lange ein Dorn im Auge, da dort die Gefahr bestand, dass es zwischen den jungen Männern und Frauen nicht anständig zuging. Auch dass junge Leute durch verbesserte Transportmöglichkeiten Tanzveranstaltungen in einem größeren Umkreis besuchen konnten, stieß auf Missbilligung.

Der **Public Dance Hall Act,** der von der Regierung 1935 erlassen wurde, schlug zwei Fliegen mit einer Klappe: Fortan waren laut Gesetz alle Tanz- und Musikveranstaltungen außerhalb der von der Regierung lizenzierten Tanzhallen strikt verboten. Das galt für Jazzabende genauso wie für den sonntäglichen Tanz an der Wegkreuzung oder spontane Zusammenkünfte in Nachbars Küche. Die offiziellen Veranstaltungen standen nun unter der Aufsicht von Kirche und Polizei, die deren Vereinbarkeit mit der öffentlichen Moral überprüften. Außerdem musste ein Teil der Eintrittsgelder der genehmigten Geselligkeiten als Steuer an die Regierung abgeführt werden, was wiederum der finanziellen Misere etwas Abhilfe schaffen sollte. Das Gesetz hatte eine lange Reihe von Gerichtsverhandlungen zur Folge und Tanzveranstaltungen wurden von Polizisten oder Dorfpfarrern abrupt beendet, da die beliebten, informellen Treffen in Schulen oder Privathäusern auch weiterhin stattfanden, wenn auch in geringerer Zahl. Für viele ärmere Leute waren diese selbst organisierten Geselligkeiten, bei denen man ein geringes Eintrittsgeld zahlte, eine wichtige Einnahmequelle. Allerdings gerieten auch gänzlich private und nicht kommerzielle Lustbarkeiten wie beispielsweise ein Fest mit Tanz, das ein Landwirt für seine Erntehelfer organisierte, in die Mühlen der Obrigkeit.

Im Gegenzug dazu wurden – oft von der Kirche – Dorfhallen gebaut, in denen dann offiziell genehmigte Tanzveranstaltungen abgehalten wurden. Sogenannte *céilí bands,* die bei diesen Vergnügungen für die Musik sorgten, hatten Hochkonjunktur und wurden, wie zum Beispiel die *Kilfenora Céilí Band,* landesweit bekannt und beliebt.

Céilí dancing – der Name stammt übrigens aus den 1930er-Jahren – war besonders während des Zweiten Weltkrieges in Irland in Mode. 1939 gab *An Coimisiún le Rinncí Gaelacha* eine Sammlung von 30 céilí-Tänzen unter dem Namen „Ár Rinncidhe Foirne" („Unsere Gruppentänze") heraus. In den 1960er- und 1970er-Jahren verloren die céilí-Tänze immer mehr an Beliebtheit, was wohl einerseits an einem sich ändernden Freizeitverhalten liegen mochte, vor allem aber auch durch die zunehmende Popularität von *set dancing* in den 1980er- und 1990er-Jahren erklärt werden kann. Heute kommen die céilí-Tänze wieder mehr in Mode.

Set dancing war lange unpopulär, nicht zuletzt durch das strenge Regiment von *An Coimisiún Le Rinncí Gaelacha.* Seit dem Folk-Revival der 1970er-Jahre, bei dem sich die Musikszene von den Tanzhallen in die Pubs verlagerte, wurde dieser Stil aber zunehmend beliebter als die céilí-

⊡ Auf Step Dancing basierende Vorführung beim Walled City Tattoo in Derry 2014

136ir Foto: Gardiner Mitchell, Tourism Ireland

Tänze. Seit 1978 gibt es auch für diese Disziplin Wettbewerbe und 1982 wurde *set dancing* in die **Willie Clancy Summer School** aufgenommen. Vor allem in den Städten wurden Kurse eingerichtet, alte *sets* wurden wiederbelebt und mittlerweile gibt es in vielen Pubs set-dancing-Abende mit Livemusik. Dabei sind alle eingeladen mitzumachen, die Lust dazu haben und zumindest eine grobe Vorstellung von den verlangten Schritten und Figuren mitbringen. Der Spaß an der Sache steht bei diesen Veranstaltungen im Vordergrund. Die Teilnehmenden sind oft ein bunter Mix aller Altersklassen und auch der ein oder andere Tourist hat hier schon gewagt, das Tanzbein zu schwingen.

Step dancing ist wohl, nicht zuletzt durch den Einfluss der berühmten Tanzshow **„Riverdance“**, die weltweit bekannteste irische Tanzart. Sowohl in Amerika als auch in Europa oder Australien gibt es entsprechende Tanzschulen und Kursangebote. Im Gegensatz zum *set dancing,* bei dem die Füße relativ nah am Boden bleiben, finden sich beim *step dancing* auch Sprünge und ausladendere Beinbewegungen. Charakteristisch ist vor allem, dass die Arme meist bewegungslos neben dem Körper gehalten werden und der Oberkörper aufrecht und relativ starr bleibt. Das war nicht immer so. Die Regeln für *step dancing,* wie wir es kennen, wurden erst in den 1920er-Jahren festgelegt und sind vor allem an den Stil der Gegend von Munster angelehnt. Vorher gab es viele regionale Tanzstile, die durchaus auch ausdrucksvolle Armbewegungen mit einschlossen, wie beispielsweise der **sean-nós-Tanzstil** in der Connemara im Westen Irlands, der bis heute überlebt hat. Meistens wird zu *reels* getanzt – oft von Männern, aber ab und zu auch von Frauen. Kennzeichnend sind das häufige, laute Stampfen mit den Füßen im Takt der Musik *(battering)* und der stark individualistische Charakter der Darbietungen mit viel Improvisation. Auch die Art des „offiziellen" *step dancing* hat sich seit den 1920er-Jahren weiter verändert. So wurde am Anfang darauf Wert gelegt, auf möglichst kleiner Fläche zu tanzen. Als in den 1950er- und 1960er-Jahren die Tanzflächen größer wurden, wirkte sich das auch auf den Stil aus und sogenannte *travelling steps* („Wanderschritte"), bei denen die Tänzer nicht nur Schritte auf der Stelle, sondern auch Figuren über die Tanzfläche hinweg tanzen, wurden akzeptabel.

Irisches Tanzen jeder Art ist mittlerweile weltweit bekannt. Es wurde nicht nur zum Exportschlager, sondern ist Teil dessen, was viele Touristen in Irland suchen.

Ein Volk von Geschichtenerzählern

Der seanchaí

Das Erzählen von Märchen und Sagen überlebte in Irland in ländlichen Gemeinden teilweise noch bis weit ins 20. Jahrhundert. Die **Erzähler wurden als seanchaí bezeichnet.** Der deutsche Reiseschriftsteller *A. E. Johann* bereiste in den 1950er-Jahren Irland und traf dabei in den Bergen Donegals auf *Anna Nic a' Luain,* eine lokal bekannte Erzählerin. Nur mithilfe eines Übersetzers konnte er sich mit ihr unterhalten, denn sie sprach kein Englisch. *Johann* schreibt: „In dieser Hütte versammelten sich also beinahe jeden zweiten Abend Männer, Frauen und Kinder von vielen Meilen her im Umkreis aus den einsamen Bergtälern, um *Anna* erzählen zu hören. Und dass sie gut erzählen konnte, bezweifele ich bei der erstaunlichen Lebendigkeit ihrer Unterhaltung keinen Augenblick ... Und sicherlich wird sie immerfort an den Geschichten weiterweben und formen, denn manchmal wird sie merken, dass eine neue Wendung oder ein neuer Ausdruck, den sie einfügt, ihre Zuhörer noch stärker bewegt, noch heftiger spannt – und sie wird ihn für die Zukunft annehmen." Aber bereits in jenen Jahren war es abzusehen, dass *Anna* zur letzten Generation der *seanchaithe* gehörte: „Gegen das Kino oder Radio kommt natürlich ihre Kunst – denn es ist eine Kunst, eine gegebene Geschichte formvollendet zu erzählen – nicht an. Aber noch gibt es kein Kino und kaum ein Radio in diesen abgeschiedenen Gebieten ..."

Extrainfo 10 (s. S. 8): Kurzer Film von 1985, der einen „seanachaí" (Geschichtenerzähler) zeigt, der nur Irisch spricht

Bereits seit dem 19. Jahrhundert hatte man in Irland wie in ganz Europa das Aussterben der Erzähltradition befürchtet und deshalb **Geschichten gesammelt und dokumentiert.** Auch *Annas* Repertoire wurde so festgehalten: „Anderthalb Jahre lang hat ein einzelner jüngerer Ethnologe Tag für Tag mit ihr gearbeitet und sie hat sich nicht ein einziges Mal wiederholt. Der Aufnahmeapparat, der ihre Erzählungen oder Deklamationen festhielt, hat sie nicht im Geringsten gestört; sie bediente sich seiner durchaus souverän", schreibt *Johann.* Dieser Ethnologe war wie viele Kollegen in ganz Irland im Auftrag der 1926 gegründeten **Irish Folklore Commission** („Kommission für irische Volksüberlieferung") tätig. Allein 1937 erweiterte die Komission ihr Archiv um etwa eine halbe Million Manuskriptseiten, als die Grundschulen des Landes beauftragt wurden, Volkserzählungen, die die Kinder bei Eltern, Großeltern und Nachbarn gesammelt hatten, unter Anleitung der Lehrer im Unterricht aufschreiben zu lassen.

Das *University College Dublin* übernahm in den 1970er-Jahren dieses Archiv, das neben Manuskripten und Tonbandaufnahmen – darunter auch die von *Anna Nic a' Luain* – Fotos und Filmaufnahmen enthält. Es ist öffentlich zugänglich und nutzbar.

Der **Ursprung mancher Geschichten** reicht bis ins Mittelalter und weiter zurück. Zunächst schrieben Mönche Sagen, die erzählt wurden, in Handschriften auf. Später gab es professionelle Schreiber, die die Sagen in schriftlicher Form verliehen oder verkauften. Diese wurden dann einem größeren Kreis von Zuhörern vorgelesen und fanden so ihren Weg zurück ins mündliche Repertoire.

Durch die Massenmedien hat die Erzählkultur wie überall auch in Irland ihre Funktion verloren. Allerdings wird das Erzählen traditioneller Geschichten in einem **neuen Kontext** praktiziert. Auf **Festivals,** wie etwa dem „All-Ireland Fleadh Ceoil", dem „Mummers Festival" in New Inn in der Grafschaft Galway und beim halbjährlichen Festival irischsprachiger Kultur, der „Oireachtas na Gaeilge", tragen *seanchaithe* Geschichten nach traditioneller Art vor. Manche Erzähler, wie etwa *Eddie Lenihan,* geben auch CDs heraus, auf denen sie Märchen und Sagen vortragen.

Zwerge, Helden und Feen – irische Sagen und Märchen

Viele der früher erzählten und noch heute bekannten Sagen entstammen dem sogenannten **Ulster-Zyklus,** in dessen Mittelpunkt der Sagenheld **Cú Chulainn** steht. Der Name bedeutet „Hund des Culann". Als Kind hieß dieser Sagenheld *Setanta.* Als er eines Tages zu einer Feier des Schmiedes *Culann* eingeladen wird, kommt er zu spät und wird von *Culanns* berüchtigtem Wachhund angegriffen. *Setanta* tötet ihn im Kampf. Er bietet dem

137ir Foto: fk

entsetzten *Culann* deshalb an, so lange die Stelle des Hundes einzunehmen, bis der Schmied Ersatz gefunden hat. So kommt er zu seinem neuen Namen. Die zentrale Sage des Ulster-Zyklus ist die **Táin Bó Cuailgne,** die Geschichte um den Rinderraub von Cooley (s. S. 124).

Die meisten Iren haben von der Sagenfigur des *Cú Chulainn* zumindest schon einmal gehört. Populär war er unter jenen Nationalisten im frühen 20. Jahrhundert, die Großbritannien mit Gewalt aus Irland vertreiben wollten. Sie sahen in *Cú Chulainns* Mut und seinem Ehrbegriff – oder ihrer Deutung seines Ehrbegriffs – ein **Vorbild für irische Widerstandskämpfer.** Nicht umsonst steht eine Statue des sterbenden *Cú Chulainn* – der Sage um seinen Tod folgend mit einem Raben auf seinen Schultern – in der Dubliner Hauptpost, dem Hauptquartier der Rebellen des niedergeschlagenen Osteraufstandes von 1916. Allerdings zeigte sich, dass die Nationalisten keinen Exklusivanspruch auf den altirischen Helden beanspruchen können. Eine Organisation militanter nordirischer Protestanten ließ in Ost-

Belfast ein Wandgemälde anfertigen, auf dem *Cú Chulainn* zusammen mit einem Angehörigen der aus den 1960er- und 1970er-Jahren berüchtigten Polizeihilfstruppe *B-Specials* als **„historischer Verteidiger Ulsters gegen irische Angriffe"** gezeigt wird. Schließlich habe *Cú Chulainn* in der Sage vom Rinderraub von Cooley Ulster gegen die Armee der Königin von Connacht verteidigt, also gegen Iren aus dem Südteil der Insel. Dies zeige, so die Sichtweise der *Ulster Defence Association* (*UDA,* „Verteidigungsorganisation von Ulster"), dass Ulster sich schon immer vom Rest Irlands unterschieden habe. Dieses Motiv taucht in Nordirland übrigens immer wieder in loyalistischen Wandgemäden auf.

Aber auch abgesehen von solchen politisch aufgeladenen Interpretationen des Stoffes haben *Cú Chulainn* und die Geschichten aus dem Ulster-Zyklus ihren Platz in der Populärkultur gefunden. So gibt es moderne **Romanfassungen,** etwa „The Bull Raid" des irischen Autors *Carlo Gébler* (dem Sohn *Edna O'Briens,* s. S. 130). Die nordirische BBC produzierte eine **Zeichentrickserie** mit den Geschichten *Cú Chulainns* und von dem Schriftsteller *Colmán Ó Raghallaigh* und dem Zeichner *Barry Reynolds* stammt eine 2006 herausgegebene irischsprachige **Comicversion** der *Táin Bó Cuailgne.*

Ebenfalls auch heute noch oder wieder beliebt sind die Geschichten des **Finn-Zyklus,** die sich um den Helden **Fionn Mac Cumhail** (anglisiert oft *Finn Mac Cool*) und seine Kriegerschar, die *Fianna,* drehen. Um die Wende vom 19. zum 20. Jahrhundert nannten sich militante irische Nationalisten nach dieser Truppe *Fenians.* Der Begriff lebt heute vor allem als antikatholisches Schimpfwort in Nordirland weiter. Die vermutlich bekannteste Geschichte aus dem Finn-Zyklus handelt von *Fionns* Sohn **Oisín,** den eine Fee so sehr betört, dass er ihr nach **Tír na nÓg,** ins Land der ewigen Jugend folgt. Als er schließlich zurückkehrt, sind mehrere Jahrhunderte vergangen und sein Vater und dessen Krieger sind längst tot. *Oisín* trifft den *Heiligen Patrick,* wird noch rasch getauft, erzählt ihm die Abenteuer der Kriegerschar seines Vaters und stirbt. Die irischsprachige Popgruppe *Na Fírein* verarbeitete diese Geschichte zur **Popballade** „Tír na nÓg".

Ein bekanntes Motiv in Volkserzählungen sind die **Feen** (Irisch: *sidhe,* Englisch: *fairies*). Die irische Variante lebt unter der Erde, in vereinzelten Hügeln, in Höhlen, großen Steinen oder auch in Ruinen. Sie sind den Menschen oft nicht gerade wohlgesonnen. Viele Sagen berichten, dass

< Nationalistisches Wandgemälde mit Cú-Chulainn-Bild, Widerstandskämpfer und Liste Gefallener: „In Anerkennung der Helden von 1916"

Die Táin: Die Sage des Rinderraubs von Cooley

Die zentrale Sage des Ulster-Zyklus ist die ***Táin Bó Cuilgne*** *(„Der Rinderraub von Cooley"), oft einfach nur „Táin" (ausgesprochen „tojn") genannt. Die Charaktere und einige für die Geschichte wichtige Gegebenheiten, etwa wie Cú Chulainn zu seinem Namen kam, werden in acht Vorgeschichten geschildert. Die Táin beginnt mit einem Ehestreit:* ***Königin Médb*** *und* ***König Ailil*** *von Connacht diskutieren, wer von ihnen reicher sei. Bis auf einen mächtigen Stier namens Finnbhennach, der von Médb zu Ailil übergelaufen ist, weil er keiner Frau gehören wollte, haben sie gleichwertigen Besitz. Deshalb will sich Médb einen vergleichbaren Stier, mit Namen* ***Donn Cuailnge,*** *aus der Provinz Ulster ausleihen. Der Besitzer sagt zuerst zu, zieht das Angebot aber zurück, als die Boten Médbs beim Zechgelage prahlen, sie hätten Donn Cuailnge so oder so mitgenommen. Nun zieht die* ***Streitmacht*** *Connachts unter Führung von Médb und Ailil* ***gegen Ulster,*** *um sich den Stier mit Gewalt zu holen.*

Auf Ulster liegt ein in der Vorgeschichte „Das Wochenbett der Ulter" erklärter ***Fluch*** *(siehe Thurneysen: „Keltische Sagen aus dem alten Irland"), nach dem jeder Mann der Provinz in Zeiten der Not so schwach ist wie eine Frau im Wochenbett. In der Erzählung wird Macha, die schwangere Frau Crunnchus, vom König Ulsters gezwungen, gegen dessen zwei Schimmel um die Wette zu rennen. Zuvor hatte Crunnchu geprahlt, sie sei schneller. Macha gewinnt das Rennen, gebiert daraufhin unter Schmerzen einen Sohn und eine Tochter und spricht dann den Fluch aus.*

Ganz schutzlos ist Ulster beim Überfall aus Connacht indessen nicht: Der junge ***Cú Chulainn ist vom Fluch ausgenommen.*** *Warum das der Fall ist, wird nicht eindeutig erklärt. Vermutlich ist er als Teenager noch zu jung, um diesem Fluch zu erliegen oder er ist wegen seiner Herkunft von außerhalb Ulsters immun. Er bekämpft die feindliche Armee allein und nun findet täglich ein Zweikampf zwischen ihm und einem Krieger aus Connacht statt, aus dem Cú Chulainn stets siegreich hervorgeht und der mit dem Tod des Gegners endet. Ein dramatischer Höhepunkt der Sage ist ein mehrtägiger* ***Kampf Cú Chulainns gegen seinen Ziehbruder Ferdia,*** *den beide nicht wollen, zu dem sie aber ihrer Ehre wegen gezwungen sind. Am Ende werden die Krieger Ulsters nach und nach wieder kampffähig und die feindliche Armee flieht. Zwar gelingt Médb dennoch der Raub des Stiers Donn Cuailnge, doch kommt es in Connacht zu einem Zweikampf zwischen ihm und Finnbhennach, dem Stier Ailils, bei dem beide Tiere ums Leben kommen.*

Extrainfo 11 (s. S. 8): „Cú Chulainn": Zeichentrickserie der BBC Northern Ireland in sechs Episoden von je 5 Minuten. Episode 5 („The Great Challenge") ist eine Kurzversion des Epos Táin.

sie Sterbliche weglocken oder entführen, die dann nie wieder gesehen werden.

Andere bekannte Fabelwesen sind Zwerge, die **leprechauns.** In einer typischen Geschichte heißt es, ein Mann habe einen Zwerg mit seiner Hand gefangen. Er weiß, wenn er das Wesen im Blick behält, muss es ihm das Versteck seines Goldschatzes verraten. Der *leprechaun* warnt plötzlich vor einem angeblich herannahenden wilden Tier und als der Mann wieder hinsieht, ist der Zwerg verschwunden.

Irlandreisenden wird der *leprechaun* vor allem in **Souvenirläden** begegnen, in der Regel in der Landesfarbe Grün bekleidet und mit Hut. Diese Variante der Märchenfigur ist vermutlich in den USA entstanden und vor allem dort sehr beliebt. In Irland selbst werden *leprechauns* eher in **Karikaturen** über antimoderne Irlandvorstellungen benutzt. Auch manche nordirische Unionisten beziehen sich gelegentlich darauf, etwa wenn sie Irisch als *leprechaun language* (Sprache von *leprechauns*) verunglimpfen. Seit 2010 gibt es das National Leprechaun Museum in Dublin, in dem die Rolle des irischen Zwerges und anderer Sagenfiguren der Volks- und Populärkultur thematisiert wird.

Der Glaube an Feen heute

Bis heute besteht bei manchen Iren, vorwiegend in ländlichen Regionen, die Vorstellung, dass bestimmte Hügel oder alte Steinstrukturen, die in der Regel auf prähistorische Bauten zurückgehen, von Feen (Engl. „fairies“, Irisch: „sidhe“, ausgesprochen „schii“) bewohnt sind oder einen Zugang zu deren Reich darstellen. Sie werden als Feenburgen („fairy forts“) bezeichnet. Als 2011 der bis dahin reichste Mann Irlands, Seán Quinn, Konkurs anmelden musste, war laut einem Bericht der Zeitung The Irish Independent so manchem Bewohner des Dorfes Ballyconnell in der Grafschaft Cavan klar, woran das lag: Um einen Steinbruch zu vergrößern, hatte er das 4000 Jahre Keilgrab Aughrim Wedge Tomb, eine typische Feenburg, abbauen und vor dem ihm damals gehörenden Slieve Russell Hotel am anderen Ende des Dorfes wieder aufbauen lassen. „Ich bin ein großer Unterstützer von Seán Quinn, weil er viel für diese Gegend getan hat“, sagte Toirbhealach Lyons, der Besitzer des Molly Maguire's Pub. „Aber das Grabmal hätte nicht wegbewegt werden sollen. Es gibt viele Leute, die der Meinung sind, dass sein Glück vorbei war, nachdem er das uralte Grabmal verlegt hatte.“ In sozialen Medien machten sich viele über diese Äußerungen des Pubbesitzers lustig, so auch auf dem Online-Forum People's Republic of Cork. Ein Diskussionsteilnehmer mahnte aber zur Vorsicht: „Es gab eine Feenburg nicht weit von da, wo ich gewohnt habe, als ich jung war, und ein Steinbruch entstand in der Nähe. Die Firma versicherte den Einheimischen, dass sie die Feenburg nicht stören würde. Doch ein Jahr später brach sie ihr Versprechen und schickte trotz Warnung Maschinen dorthin. An jenem Tag wurden zwei Männer getötet, weil eine der Maschinen umfiel, und genau ein Jahr später starben abermals zwei Männer, als genau das Gleiche passierte. Eine wahre Geschichte, denn so habe ich es als Junge erlebt.“ (Golightly, 22.11.2011)

Dem Volkskundler *Seamus MacFlionn* von der Universität Ulster zufolge ist in der Grafschaft Cavan – gleiches könnte aber auch für andere ländliche Regionen Irlands gesagt werden – der Glaube, dass man Feenburgen nicht stören solle, weit verbreitet. „Die Leute glauben wirklich, dass das Unglück bringt. Das ist Bestandteil unserer uralten irischen Geschichte.“

Moderne Literatur in irischer Sprache

Als im 19. Jahrhundert das Interesse an der irischen Sprache erwachte, gab es keine gedruckten Bücher, keine Zeitungen und keine Zeitschriften. Wer des Lesens kundig war, konnte dies meist nur auf Englisch tun, auch wenn seine Muttersprache Irisch war. Es mangelte an Vorbildern für irischsprachige Literatur. Einige argumentierten, die Volkserzählungen der irischsprachigen Gaeltacht-Gebiete seien die ursprüngliche Literatur des Irischen gewesen, auf ihnen müsse die moderne Literatur aufbauen. Andere legten nahe, dass sich irischsprachige Schriftsteller an Vorbildern aus der Weltliteratur orientieren sollten.

Der bekannteste Vertreter der ersten Position war Pfarrer **Peader Ua Laoghaire.** Dessen Novelle *Séadna* aus den 1890er-Jahren, die zunächst als Fortsetzungsgeschichte in einer Zeitschrift erschien, beruht auf einer Volkserzählung und handelt von einem Schuster, der gegen Wohlstand seine Seele an den Teufel verkauft.

Pádraig Ó Conaire orientierte sich hingegen an den Formen und Themen anderer literarischer Traditionen. Ursprünglich aus Galway, lebte er in London und war dort bei der irischen Kulturorganisation *Conradh na Gaeilge* (s. S. 93) aktiv. Er schrieb Kurzgeschichten und 1910 erschien sein Roman *Deoraíocht* („Exil“), der teilweise realistisch, teilweise absurd vom Leben eines irischen Immigranten in London erzählt. Bei einem Verkehrsunfall verliert der Hauptakteur je einen Arm und ein Bein. Schließlich landet er bei einem Zirkus, wo er mit der Geschichte, er habe in Afrika mit einem Löwen gekämpft und diesen mit einem Messer getötet, dem Publikum präsentiert wird.

Nach der Gründung des irischen Staates dominierten Bücher von Autoren aus den ländlichen Gaeltacht-Gebieten die irischsprachige Literatur.

Später warfen Kritiker vor allem einer Reihe von Schriftstellern aus Donegal vor – der Bekannteste unter ihnen ist **Séamas Ó Grianna** –, eine sehr idealisierte Welt ohne Wandel darzustellen. Eine wahre Welle von Büchern kam von der heute unbewohnten Insel An Blascaoid Mór (The Great Blasket) vor der Küste der Grafschaft Kerry. Die Insel ist nur schwer zu erreichen und das Leben dort mutete sehr archaisch an. Dies lockte verschiedene Forscher und auch Sprachaktivisten an. Einer der Besucher war *Brian Ó Ceallaigh* aus Killarney. Er überredete den Fischer **Tomás Ó Criomhthain** *(Tomás O'Crohan),* seine Lebensgeschichte aufzuschreiben. Das war ein eindrucksvolles Unterfangen, da *Ó Criomhthain* nie gelernt hatte, in seiner Muttersprache zu schreiben. Er lernte es jetzt und seine Autobiografie *An tOileánach* („Der Inselbewohner"), in der er sein hartes, aber selbstgenügsames Leben auf der Insel schildert, erschien 1929. Sie wurde unter dem Titel *The Islandman* ins Englische übersetzt. Die englische Fassung diente als Grundlage für Übersetzungen in weitere Sprachen, darunter „Die Boote fahren nicht mehr aus" von *Annemarie* und *Heinrich Böll.* Zwei weitere Inselbewohner – **Muiris Ó Súilleabháin** *(Maurice O'Sullivan)* und **Peig Sayers** – schrieben ebenfalls über ihr Leben. Auch ihre Bücher wurden ins Englische und über diesen Umweg später ins Deutsche übersetzt.

Die Autobiografien von der Blasket-Insel zeigen eine traditionelle Gesellschaft, in der es keinen Materialismus gibt und die sich selbst versorgt. Die Schilderungen verkörpern somit das ideale Irland, wie es sich die Gründerväter des Staates einst vorgestellt hatten. Die Bücher wurden aber bald auch Gegenstand einer Parodie, als der Schriftsteller *Brian Ó Mualláin,* der unter dem Pseudonym **Myles na gCopaleen** schrieb, seine Satire „An Béal Bocht" (deutscher Titel: „Das Barmen") herausbrachte. Darin parodiert er vor allem die Blasket-Autobiografien, aber auch die Bücher aus Donegal. Auch Sprachaktivisten und die Sammler der *Irish Folklore Commission* blieben nicht ungeschoren. Übrigens schrieb *Myles na gCopaleen* unter dem Pseudonym **Flann O'Brien** auch auf Englisch.

Als einer der bedeutendsten irischen Schriftsteller gilt **Máirtín Ó Cadhain.** Er entstammte einer bekannten Familie von *seanchaí* (s. S. 120), war Lehrer und sammelte mündlich überlieferte Volkserzählungen. Seine frühen Kurzgeschichten sind von dieser mündlichen Tradition geprägt und idealisieren das ländliche Leben. Er entsprach damit der zu jener Zeit vorherrschenden Richtung in der irischsprachigen Literatur. Da er der *IRA* beitrat, wurde er von 1939 bis 1945 interniert. In der Haft las und schrieb er viel und sein Stil entwickelte sich weg von den Gepflogenheiten jener Zeit. Er wurde sprachlich wie literarisch experimenteller, schuf eigene Wörter und bediente sich dafür verschiedener Dialekte des Irischen und des Schottisch-Gälischen. Ebenso griff er auf eine große Bandbreite literarischer Stile zurück. 1949 entstand sein Roman „Cré na Cille" („Friedhofserde"). Es geht darin um einen Friedhof und die Verstorbenen, die sich miteinander unterhalten. Immer wenn jemand beerdigt wird, bringt er oder sie neue Nachrichten. Im Mittelpunkt steht *Caitríona Pháidín,* deren Leben sich dem Leser durch die Gespräche erschließt. Es wird bald deutlich, dass *Catríonas* Leben von der Feindschaft mit ihrer Schwester *Neil* dominiert war. Wie in den meisten irischen Romanen und Kurzgeschichten jener Zeit ging es in *Ó Cadhains* Werk um das Leben in der *Gaeltacht.* Allerdings wird es alles andere als idealisiert: Fehden, Engstirnigkeit und verbitterte Charaktere stehen im Vordergrund. Das Buch ist sehr amüsant und kam bei vielen Muttersprachlern gut an, wurde aber von einigen konservativen Sprachaktivisten kritisiert. Eine deutschsprachige Übersetzung dieses Werkes, angefertigt von der Keltologin *Gabriele Haefs,* erschien im Frühjahr 2017 unter dem Titel „Grabgeflüster". Ebenso auf Deutsch erhältlich ist die Übersetzung von *Ó Cadhains* kafkaesker Novelle „An Eochair" („Der Schlüssel", 2016).

In den 1960er-Jahren betraten neue Autoren, die **Irisch** meist **als Zweitsprache** gelernt hatten, die literarische Szene. Solche Literaten dominieren heute die irischsprachige Prosa. Der inhaltliche Fokus hat sich zudem vom Land in neue, städtische Erfahrungsräume verschoben.

Ein wichtiger irischsprachiger Lyriker der Gegenwart ist **Cathal Ó Searcaigh,** einer der wenigen hauptberuflichen irischsprachigen Dichter. Er ist Muttersprachler, stammt aus Donegal und knüpft sowohl an Traditionen der irischsprachigen Literatur als auch an internationale Einflüsse an. Mit seiner homoerotischen Liebeslyrik betrat er innerhalb der irischsprachigen Literatur Neuland.

Moderne Literatur in englischer Sprache

Mit der gälischen Vergangenheit Irlands und der Kultur der ländlichen Bevölkerung beschäftigte sich um 1900 auch eine Reihe von Autoren, die der protestantischen Oberschicht entstammten. Dem aufstrebenden katholischen Bürgertum standen sie misstrauisch gegenüber, in der katholischen Landbevölkerung sahen sie aber die Träger einer alten, authentischen und beinahe zeitlosen Tradition. **William Butler Yeats,** der 1923 den **Literaturnobelpreis** erhielt, verwendete in seinem frühen literarischen Werk einen der irischen Volksüberlieferung nachempfundenen Stil. Eine andere Autorin, **Lady Isabella Augusta Gregory,** mit der *Yeats* befreundet war, sammelte Volkserzählungen, vor allem in den Armenhäusern der Grafschaft Galway und erzählte diese im romantischen Stil der Zeit nach,

146ir Foto: fk

ebenso die Sagenzyklen der mittelalterlichen Literaturtradition. Weil sie auf Englisch schrieben, wurden die Werke dieser und späterer Autorengenerationen oft als **Anglo-Irische Literatur** bezeichnet. Wirklich irisch, so die Sichtweise, könne nur Literatur sein, die auch irischsprachig ist.

James Joyce, der von vielen als wichtigster irischer Schriftsteller des 20. Jahrhunderts gesehen wird, brach mit dem etwas verklärten Blick auf das ländliche Irland. Er verließ die Insel 1904 für immer, seine Romane und Kurzgeschichten spielten aber weiterhin in Dublin. Sein Roman „Ulysses"

James-Joyce-Statue in Dublin

(Englisch für *Odysseus,* fertiggestellt 1914, komplett erschienen 1922) beschreibt die Ereignisse eines einzigen Tages, des 16. Juni 1904, in Dublin. Wie der Titel nahelegt, orientiert sich der Roman an der „Odyssee", dem altgriechischen Epos *Homers.* Im Mittelpunkt der Handlung steht der Dubliner Jude *Leopold Bloom.* Viele Charaktere sind Figuren aus *Homers* Werk nachempfunden. Der 16. Juni wird von Literaturliebhabern seit den 1950er-Jahren als **Bloomsday** gefeiert. Heute wird dieser Tag in Dublin mehr und mehr als touristische Attraktion gestaltet. Unter anderem werden Stadtführungen zu den Orten der Romanhandlung durchgeführt.

Nach der Gründung des irischen Nationalstaats herrschte ein strenges, von katholischer Morallehre geprägtes Zensurregime und das dominierende Thema der Zeit war die Auseinandersetzung mit dem Irischsein. Autoren wie **Liam O'Flaherty, Seán O'Faoláin, Frank O'Connor** und **Patrick Kavanagh** schrieben vom Leben im ländlichen und kleinstädtischen Irland. Dabei waren sie durchaus gesellschaftskritisch und hinterfragten die Ideale *de Valeras.* Meist schrieben sie zunächst nur Kurzgeschichten, denn Romane waren für die meisten Autoren noch eine neue Ausdrucksform.

In den 1960er-Jahren begann sich die Thematik irischer Literatur allmählich auszuweiten. „Ich interessiere mich für Liebe und nicht dafür, was Irischsein bedeutet", sagte die 1930 geborene Schriftstellerin **Edna O'Brien** Mitte der 1990er-Jahre in einem Interview, „und ich schreibe über das Menschsein, nicht über Irland." Jedoch nicht ohne Widerstände: 1960 erschienen *Edna O'Briens* erstes Buch „The Country Girls" (Deutsch: „Die Fünfzehnjährigen") sowie 1962 und 1964 die beiden folgenden Romane „The Lonely Girl" (Deutsch: „Das Mädchen mit den grünen Augen") und „Girls in their Married Bliss" (Deutsch: „Mädchen im Eheglück"), die zusammen die Trilogie „The Country Girls" bilden. In den Büchern geht es vor allem um Frauen und ihre Probleme mit männlicher Dominanz. *Edna O'Briens* emanzipiertes Frauenbild und die in den Büchern dargestellte sexuelle Freizügigkeit wurden in der damaligen konservativen und streng katholischen irischen Gesellschaft nicht unbedingt positiv aufgenommen. „‚The Country Girls' und fünf andere meiner Romane wurden verboten. Man behandelte mich in meinem Heimatdorf in der Grafschaft Clare, wo der Pfarrer selbst einige Bücher verbot, wie eine Aussätzige." *O'Brien* fügte hinzu: „Aber heute hat sich alles geändert, ich werde bewundert und idealisiert."

Der Schriftsteller **John McGahern** verlor seine Anstellung als Lehrer, als sein zweiter Roman „The Dark" (deutscher Titel: „Das Dunkle") 1965 erschien. Darin geht es um das Erwachsenwerden eines Jugendlichen im ländlichen Nordwesten und dessen komplexe Beziehung zu seinem Vater. Der Autor ließ sich aber nicht vom Schreiben abhalten. Sein 1990 erschienener Roman „Amongst Women“ (deutscher Titel: „Unter Frauen“) erzählt von einem Veteranen der *IRA* im irischen Unabhängigkeitskrieg und dessen dominantem Verhältnis zu seiner Frau, den drei Töchtern und zwei Söhnen.

In den 1980er-Jahren entstand eine neue Schule von englischsprachigen Autoren, die die städtische Arbeiterschicht der Gegenwart thematisierten. Der international wohl bekannteste Schriftsteller dieser Richtung ist **Roddy Doyle,** der vor allem mit seiner Barrytown-Trilogie bekannt wurde. Bis 1993 unterrichtete *Doyle* an einer Schule im Dubliner Stadtteil Kilbarrack, der als Modell für das Barrytown seiner Bücher diente. Die drei Romane handeln von der Familie *Rabbitte.* Im Buch „The Commitments“ (deutscher Titel: „Die Commitments“) geht es um den Versuch, eine Soulband zu gründen, „The Snapper“ thematisiert die Erfahrung, als junge unverheiratete Frau ein Kind zu bekommen und in „The Van“ (deutscher Titel: „Fish & Chips“) geht es um die Bemühungen, sich mit einer fahrbaren Fish-und-Chips-Bude im Fastfood-Markt zu etablieren. Alle drei Romane wurden verfilmt.

Der aus einem kleinen Ort nordwestlich von Belfast stammende Lyriker **Seamus Heaney** beschäftigt sich in seinem umfangreichen Werk meist mit seiner unmittelbaren Umgebung, häufig Nordirland – kleine Alltagsstudien und Beobachtungen. Politisch werden seine Gedichte nur selten. Außer Gedichten verfasste *Seamus Heaney* auch zahlreiche Übersetzungen aus dem Irischen und eine des altenglischen Epos „Beowulf“. 1995 erhielt er den **Literaturnobelpreis.** 2013 verstarb er.

Jamie O'Neill ist einer der irischen Autoren, die im frühen 21. Jahrhundert von sich Reden machen. Sein Stil ist mit dem von *James Joyce* verglichen worden. *O'Neills* Roman „At Swim, Two Boys“ (deutscher Title: „Im Meer, zwei Jungen“) von 2001 erzählt die Liebesgeschichte zweier junger Männer im Dublin kurz vor und während des Osteraufstandes von 1916.

Das Werk der 2012 verstorbenen Journalistin und Autorin **Maeve Binchy** ist ein Beispiel für kommerziell erfolgreiche Literatur. In ihren Romanen und Kurzgeschichten geht es um Konflikte zwischen Stadt und Land, die Gegensätze zwischen England und Irland und den kulturellen Wandel. Insgesamt 16 Romane veröffentlichte sie zu Lebzeiten. Diese wurden auch ins Deutsche und zahlreiche andere Sprachen übersetzt. Ihre Romane „Circle of Friends“ („Im Kreis der Freunde“) und „Tara Road“ („Ein Haus in Irland“) wurden verfilmt. Ihr letzter Roman, „A Week in Winter“, erschien 2012 posthum und wurde bislang nicht ins Deutsche übersetzt. Darin wird das moderne Leben im Zeitalter von Smartphones und sozialen Medien mit dem traditionellen Leben an der Westküste Irlands kontrastiert.

Feste in Irland

St. Patrick's Day

St. Patrick's Day (17. März) ist das Fest zum Namenstag des heiligen *Patrick,* dem Schutzpatron Irlands (siehe den Exkurs „Der Heilige Patrick" ab Seite 26). Der Tag ist in Irland ein offizieller Feiertag: Schulen, Büros und die meisten Läden bleiben geschlossen. Viele Familien gehen morgens in die Kirche. Als Hauptereignis finden dann am Vormittag **festliche Umzüge** mit Blaskapellen (mit *tin whistles* und Dudelsack) und Tanzeinlagen statt. Ihren Ursprung haben die Paraden im Amerika des 18. Jahrhunderts. Man wollte mithilfe des Pomps und der Musik irische Einwanderer für die Armee rekrutieren. Im 19. Jahrhundert wurden die Märsche dann auch in Irland populär. Bis Ende des 20. Jahrhunderts fanden die Umzüge hauptsächlich in den Städten des Landes statt, mittlerweile haben aber auch viele kleinere Orte ihre eigenen Paraden, an denen ein Großteil der Einwohnerschaft teilnimmt. Die Schulkinder üben oft schon wochenlang für ihren Tanz- oder Musikauftritt auf den Festwagen. Sie tragen dafür bunte Kostüme und meistens wird irischer *step dance* aufgeführt. Die Iren stecken sich für *St. Patrick's Day* kleine Büschel aus **shamrock,** einer Kleesorte, an die Kleidung. Der Heilige soll an dieser dreiblättrigen Pflanze die christliche Dreieinigkeit erklärt haben. Den Klee kann man für wenig Geld an kleinen Ständen an der Straße kaufen. Nach dem Umzug geht man meist mit der Familie Mittagessen und danach ins Pub. Dabei werden auch oft die Kinder mitgenommen.

Die größten St.-Patrick's-Day-Paraden finden allerdings nicht in Irland, sondern in New York und Chicago statt. In beiden Städten gibt es einen beträchtlichen irischstämmigen Bevölkerungsanteil, aber an diesem Tag wird jeder zum Iren und man feiert groß in einer karnevalsähnlichen Veranstaltung. Für viele Iren mag das Ganze etwas befremdlich anmuten, da der Tag mit amerikanischem Überschwang begangen wird: Viele Leute tragen grüne Hüte oder bemalen sich die Gesichter mit den Farben der irischen Flagge. Man hat auch schon mal einen Fluss mit giftgrüner Farbe versetzt. In Irland selbst sind die Feiern etwas moderater.

Halloween

Halloween wird am 31. Oktober gefeiert, dem **Abend vor Allerheiligen.** Irische Einwanderer führten das Fest in Amerika ein und die von dort kommende Variante ist mittlerweile auch im deutschsprachigen Raum beliebt geworden. Halloween geht in seinem Ursprung vermutlich auf ein Fest

139ir Foto: Sinead McCarthy, Tourism Ireland

des vorchristlichen, irischen Kalenders zurück. Dieser war in Vierteljahresabschnitte eingeteilt, die am 1. Februar (*Imbolc,* ausgesprochen „imolk“), 1. Mai (*Bealtaine,* ausgesprochen „beltine“, auch die Bezeichnung für den Monat Mai), 1. August (*Lúnasa,* ausgesprochen „luuneßa“, auch die Bezeichnung für den Monat August) und am 1. November begannen und jeweils eine neue Jahreszeit einleiteten. Der Winterbeginn im November wurde am Vorabend mit dem Samhain-Fest (ausgesprochen „ßauen“) gefeiert. Das Wort *Samhain* ist in der irischen Sprache auch der Name des Monats November.

Die Kirche verband den Anlass mit dem christlichen Allerheiligenfest, aber viele ursprüngliche Vorstellungen zeigten sich lange in dem mit dem Fest verbundenen **Aberglauben** an Feen und das Übernatürliche, welches am Abend des letzten Oktobertages besonders sichtbar sein sollte. Beispielsweise sollte man sich nicht umdrehen, wenn man an Halloween Schritte hinter sich hört. Einem Aberglauben zufolge waren dies die Schritte der Toten, die an diesem Abend über die Erde wandelten und jeden mit sich nahmen, der sich umdrehte.

⌃ Ausgelassener Umzug am St. Patrick's Day in Dublin

140ir Foto: Tourism Ireland

Später nutzten die Kinder des Ortes das Fest als Gelegenheit, sich mit alten Kleidern zu kostümieren. Man höhlte Steckrüben aus, schnitt Gesichter hinein und beleuchtete sie mit einer Kerze. Die Kinder zogen dann von Haus zu Haus, um Süßigkeiten zu sammeln und kleine Streiche zu spielen. Außerdem waren Spiele mit Äpfeln beliebt. Man legte zum Beispiel einen Apfel in eine Schüssel Wasser oder band ihn an einen Strick. Die Teilnehmenden mussten nun versuchen, von dem Apfel abzubeißen, ohne ihre Hände zu benutzen.

Heute hat auch bei Halloween die **Kommerzialisierung** Einzug gehalten. Man verkleidet sich mittlerweile mit mehr oder weniger professionellen Kostümen, die eine bestimmte Figur darstellen, wie zum Beispiel eine Hexe oder ein Skelett. Statt der Steckrüben wird nun der aus Amerika eingeführte Kürbis verwendet und schon Wochen vor dem 1. November kann man in den Geschäften „gruselige“ Utensilien kaufen.

Viele irische Eltern haben heutzutage Angst, ihre Kinder allein von Haus zu Haus ziehen zu lassen. Die Lösung ist, dass ein oder zwei Erwachsene mit der Kindergruppe mitgehen, sich dann aber beim Anklopfen im Hintergrund halten.

Halloween-Karneval in Derry

Generell ist der Tag heute ein willkommener Anlass für ein bisschen Spaß und zum Partyfeiern. Es gibt auch die Tradition, für Halloween ein süßes Hefebrot mit Rosinen, **barmbrack** genannt, zu backen. In diesem Brot befindet sich ein Ring oder ein Geldstück. Wer beim Essen darauf stößt, erfährt etwas über seine Zukunft im nächsten Jahr – man heiratet oder es erfolgt ein Geldsegen. Je nach Belieben finden sich unterschiedliche Gegenstände in dem Rosinenbrot und die Deutungen variieren.

Weihnachten

Schon in der Vorweihnachtszeit beginnt ein geschäftiges Treiben. Die Iren feiern zwar den Advent nicht wie die Deutschen, aber man beginnt mit den Weihnachtsvorbereitungen und schmückt die Zimmer mit **Stechpalmen- und Mistelzweigen.** In letzter Zeit erfreut sich auch das Dekorieren der Häuser von außen mit bunten Lichterketten und -figuren immer größerer Beliebtheit. In der Vorweihnachtszeit finden überall **Weihnachtspartys** statt, die besonders bei Betriebsfeiern schon mal recht feucht-fröhlich verlaufen können. Meistens geht man zusammen essen – die Pubs und Restaurants richten die Feier aus, die meist schon lange im Voraus gebucht werden muss. Auf den Tischen liegen Weihnachtscracker, die man zu zweit öffnet: Jeder zieht an einem Ende und wer das längere Ende in der Hand behält, bekommt den Inhalt. Meistens sind das eine Papierkrone und eine kleine Plastikfigur. Die Krone setzt man auf und macht so lange weiter, bis alle einen solchen Kopfschmuck tragen.

Weihnachtszeit ist auch in Irland **Einkaufszeit.** Die Saison beginnt um den 8. Dezember herum. In der katholischen Kirche ist dieses Datum, der Tag der unbefleckten Empfängnis, ein hoher Gedenktag, an dem in Irland traditionell die katholischen Schulen – die Mehrheit im Land – geschlossen sind. Die Geschäfte haben aber geöffnet, und so wird der Tag zum Einkaufen genutzt und oft mit einer Fahrt nach Dublin verbunden.

Während der Weihnachtszeit fallen in Irland die vielen Gruppen auf, häufig sind es Schulkinder, die für einen guten Zweck Weihnachtslieder singen oder auf andere Art für Hilfsbedürftige sammeln. Oft bekommt man zum Zeichen, dass man Geld gespendet hat, einen Aufkleber oder einen kleinen Anstecker für den Mantel.

Den **Weihnachtsbaum** stellen die Iren schon Anfang Dezember auf. Echte Bäume sind noch beliebt, werden aber immer mehr durch künstliche Plastikbäume ersetzt. Der Baum wird im Haus aufgestellt, geschmückt und man legt nach und nach die verpackten Weihnachtsgeschenke für alle sichtbar darunter. Das erhöht die Spannung bis zum eigentlichen Fest um so mehr. Am 24. treffen sich vor allem die jungen Leute auf ein paar

138ir Foto: Tony Pleavin, Dublin regional tourism authority

Bier im Pub und wenn man sich vor den Weihnachtsferien von seinen Kollegen oder Bekannten verabschiedet, wird einem schon mal der fromme Wunsch „Don't get too drunk" („Betrink dich nicht zu sehr!") mitgegeben. Die Schulen und Universitäten schließen über Weihnachten für drei Wochen und auch viele Betriebe sind zwischen dem 24. Dezember und Neujahr geschlossen.

Am Abend des 24. stellen viele Iren eine Kerze oder ein elektrisches Licht ins Fenster. Das soll symbolisch Maria und Josef bei der Herbergssuche helfen und wurde früher auch als offene Einladung an reisende Fremde verstanden. Heute würden sich die Iren allerdings sehr wundern, wenn ein Vorbeikommender anklopfte. Die Kinder hängen vor dem Schlafengehen Strümpfe oder einen Sack an den Kamin, damit der Weihnachtsmann in der Nacht kleine Geschenke und Süßigkeiten hineinwerfen kann. Sie lassen auch oft einen kleinen Weihnachtskuchen und ein Glas Guinness als Verpflegung für *Santa Claus* und eine Karotte für sein Rentier dort stehen. Manche Leute gehen später zur Mitternachtsmesse, bevor am nächsten Tag die Familienfeierlichkeiten losgehen.

Einkaufstrubel in der weihnachtlich geschmückten Grafton Street, Dublin

Am **25. Dezember** morgens gehen die meisten Iren in die Kirche und danach werden die Weihnachtsgeschenke ausgepackt. Die ganze Familie kommt zusammen und es gibt ein **festliches Essen:** Truthahn mit Preiselbeer- oder Brotsoße, geröstete Kartoffeln, Kartoffelbrei und Gemüse, traditionellerweise Rosenkohl. Als Nachtisch wird meist ein heißer Weihnachtspudding aus getrockneten Früchten mit Vanillesoße oder ein Stück Weihnachtskuchen serviert, der ebenfalls Trockenfrüchte enthält. Danach macht man es sich mit der Familie gemütlich und trinkt vielleicht ein Glas Wein oder Bier.

Auch der 26. Dezember, **St. Stephen's Day** (Tag des heiligen *Stephan*), ist in Irland ein Feiertag. Heute finden an diesem Tag häufig Fußballspiele oder andere Sportveranstaltungen statt. In manchen Gegenden hat sich aber die Tradition der sogenannten **Wren Boys** („Zaunkönigsjungen") gehalten. Die Jungen des Ortes verkleiden sich mit Masken und Strohkostümen. Der Anführer hat einen – heute allerdings künstlichen – Zaunkönig an seinem Stock festgebunden. Sie haben Trommeln, Pfeifen und andere Instrumente dabei und gehen singend und spielend von Haus zu Haus, um Geld zu sammeln. Oft tragen sie auch Verse oder kleine Sketche vor. Die Legende besagt, dass der Zaunkönig durch sein Gezwitscher das Versteck des heiligen *Stephan* preisgegeben und ihn so ausgeliefert habe. Deshalb wird er an diesem Tag gejagt. Diese Tradition findet sich vor allem im Süden Irlands. In anderen Gebieten ist ein ähnlicher Brauch bekannt, bei dem eine Gruppe verkleideter junger Männer, die *mummers* (Begriff verwandt mit dem deutschen Wort „vermummen"), ebenfalls singend und spielend von Haus zu Haus geht – allerdings ohne Zaunkönig.

MODERN
Mum
Maternity Wear
Downstairs
Corbett Court
Eyre Sq. Shopping Centre
Elegant
Undies
LINGERIE BOUTIQUE
DOWNSTAIRS
CORBETT COURT
Fax & Photocopy
Phone Cards
Dublin Airport Bus Tickets
vodafone
NEW JERSEY
5
FIG 1389

Die irische Gesellschaft heute

◁ Berufsperspektive Werbeschildträger? (107ir Foto: fk)

Politik in der Republik Irland

Die Republik Irland ist eine **parlamentarische Demokratie.** Ihre Institutionen tragen in der Regel irische Namen, die nicht ins Englische übersetzt werden. Das Parlament heißt **Oireachtas** und besteht aus zwei Kammern: dem **Dáil,** das Zentrum politischer Entscheidungen und politischer Macht, und dem **Seanad** mit vor allem beratenden Funktionen. Er kann neue Gesetze verzögern, aber nicht verhindern.

Das Staatsoberhaupt, der Präsident bzw. die **Präsidentin,** hat eher repräsentative Aufgaben. Anders als in Deutschland wird man in dieses Amt für jeweils sieben Jahre direkt vom Volk gewählt. Der Premierminister, der Chef der Regierung, wird mit dem irischen Wort **Taoiseach** bezeichnet, sein Vertreter ist der **Tánaiste.** Präsident heißt auf Irisch übrigens *Uachtarán,* aber anders als beim Premierminister und dessen Stellvertreter benutzt man für das Staatsoberhaupt das normale englische Wort, also *president.*

Die irische **Innenpolitik** erschließt sich dem ausländischen Beobachter nicht auf den ersten Blick. Die großen, miteinander um die Macht konkurrierenden Parteien tragen irische Namen: *Fianna Fáil* („Soldaten Irlands") und *Fine Gael* („Sippe der Gälen"). Weder die Übersetzung ihrer Namen noch ein genaueres Studium der Parteiprogramme lässt erkennen, worin sich die beiden Parteien grundsätzlich unterscheiden. Man muss einen Blick in die Geschichte werfen, um den konkreten Unterschieden auf die Spur zu kommen. *Fianna Fáil* wie *Fine Gael* stammen von *Sinn Féin* ab, ebenso wie die heute unter diesem Namen agierende Partei.

Unter der Führung der alten Sinn-Féin-Partei wurde Irland 1922 unabhängig (s. das Kapitel „Die geteilte Insel (1920 bis heute)" ab S. 55). Über die Frage, ob man den Anglo-Irischen Vertrag, dem zufolge Irland ein britisches *Dominion* wie Kanada werden sollte, anerkennt oder den Unabhängigkeitskrieg weiterführt, kam es zu einem **Bürgerkrieg** zwischen den Vertragsbefürwortern, die nun die Regierung stellten, und den Gegnern. Der Bürgerkrieg bildet den **Ursprung der irischen Parteienlandschaft** heute.

Fine Gael geht auf die Befürworter des Vertrages mit Großbritannien zurück. Diese gründeten 1923 zunächst *Cumann na nGaedheal* („Vereinigung der Gälen"). 1933 fusionierte man mit zwei kleineren Parteien zu *Fine Gael.*

Die Gründung der Partei **Fianna Fáil** lässt sich auf Gegner des Anglo-Irischen Vertrages zurückführen. Unter *Eamon de Valera,* einer der führenden Persönlichkeiten von *Sinn Féin,* kämpften diejenigen Mitglieder von *Sinn Féin* und der *IRA,* die dem Vertrag nicht zustimmten, gegen die neuen Streitkräfte des Irischen Freistaats. Die Angehörigen dieser Seite

Stammbaum der Parteien

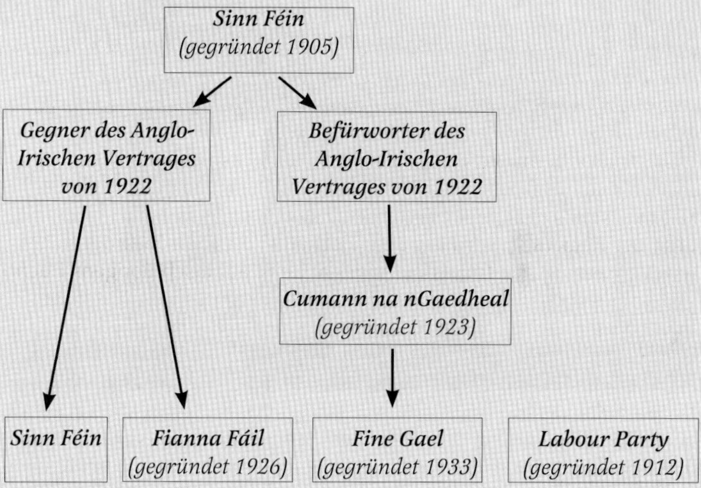

werden gewöhnlich als **Republikaner** bezeichnet, weil sie sich mit nichts anderem als einer unabhängigen Republik zufrieden geben wollten. Sie unterlagen und viele von ihnen wurden interniert, manche hingerichtet. 1926 entschied ein Teil der verbliebenen *Sinn Féin,* die eigenen Ziele im legalen Rahmen des Freistaates zu verfolgen, was zu einer erneuten Abspaltung von der Partei führte. Die Befürworter einer Beteiligung am Irischen Freistaat traten unter *Eamon de Valera* aus *Sinn Féin* aus und gründeten *Fianna Fáil.* Diese Partei gewann 1932 die Mehrheit bei den irischen Parlamentswahlen.

Fine Gael wie *Fianna Fáil* sind politisch im **Mitte-rechts-Spektrum** anzusiedeln und gewinnen kaum an Kontur durch ihre Positionen etwa in Wirtschaftsfragen. In der Regel unterscheiden sie sich weniger durch ihre Standpunkte an sich, als vielmehr durch die Reihenfolge der Prioritäten. Beide Parteien haben Wähler in **allen sozialen Schichten,** wobei *Fianna Fáil* erfolgreicher unter Arbeitern und Kleinbauern vertreten ist.

Wähler treffen ihre **Entscheidung** für eine der beiden großen Volksparteien aufgrund der Loyalitäten der Eltern, Großeltern und Urgroßeltern

im Bürgerkrieg, aufgrund der eigenen Einschätzung der Vertrauenswürdigkeit eines Kandidaten sowie eigener Vorteile durch die Wahl einer bestimmten Partei. Von 1932 bis 2011 war *Fianna Fáil* durchgehend die größte Partei im *Dáil* (dem Unterhaus bzw. der Abgeordnetenkammer des Parlaments). *Fine Gael* hingegen konnte nur in Koalitionen mit kleineren Parteien regieren. Bei den Wahlen von 2011 kam es aber zu einem dramatischen Ende dieses historischen Musters, als *Fianna Fáil* vom Wähler für die Wirtschaftskrise verantwortlich gemacht wurde und auf den Platz der drittgrößten Partei absank. Bei der Wahl von 2016 hat sich die Partei etwas erholt, aber nicht wieder zu ihrer alten Position zurückgefunden.

Die **Labour Party** („Arbeitspartei") ist traditionell meist die drittgrößte Partei der Republik Irland. Sie wurde 1912 gegründet und ist somit älter als ihre beiden großen Konkurrenten. Im Durchschnitt erreicht *Labour* 10 % der Stimmen und ist oft in Koalitionen – meist mit *Fine Gael,* aber auch mit *Fianna Fáil* – an der Regierung beteiligt. Sie ist weniger radikal und näher an der Mitte, als es bei sozialistischen und sozialdemokratischen Parteien traditionellerweise der Fall ist. Arbeiter in der Industrie wählen eher *Fianna Fáil* als *Labour.*

Seit 2002 hat **Sinn Féin,** die in der Kontinuität der 1905 gegründeten Partei steht, viele neue Wähler gewinnen können und kämpft mittlerweile

⌃ Sinn-Féin-Büro in Monaghan

mit der rechts von ihr stehenden *Labour Party* um die Position der drittstärksten Partei der Republik. *Sinn Féin* ist als irlandweite Partei organisiert und stellt sich sowohl Wahlen in der Republik als auch im Norden. Allerdings boykottieren sie das Londoner Parlament (mehr zu *Sinn Féin* im Kapitel „Die politische Landschaft in Nordirland" unten).

Typisch für die **politische Kultur Irlands** ist, dass die Abgeordneten enge Kontakte zu ihren Wahlkreisen und Wählern unterhalten. Sie sind dort oft in ein Netz von Abhängigkeiten eingebunden und beschäftigen sich in erster Linie mit den Problemen derer, mit denen sie am meisten zu tun haben. Wie überall sind aber auch in der Republik Irland die alten Gewissheiten ins Schwanken geraten. Neue politische Bewegungen wie das weit links stehende Bündnis „Anti-Austerity Alliance-People before Profit", das bei den Wahlen 2016 zur fünftstärksten Partei wurde, bringen spätestens seit 2011 das bisherige politische Gleichgewicht gehörig ins Schwanken. Populistische Parteien und Bewegungen am rechten Rand des politischen Spektrums, die derzeit in Europa an Einfluss gewinnen, gibt es in der Republik Irland aber (bislang) nicht.

Die politische Landschaft in Nordirland

Nordirland ist ein **Teil des Vereinigten Königreichs.** Königin *Elisabeth II.* ist somit das Staatsoberhaupt und die Provinz, wie Nordirland teilweise genannt wird, wird vom **britischen Parlament** in Westminster regiert. Ebenso wie Schottland und Wales hat Nordirland seit den späten 1990er-Jahren ein **eigenes Regionalparlament,** an das Westminster einige Kompetenzen abgetreten hat. Nordirland behielt immer eine Sonderstellung im Königreich. Anders als in Großbritannien (England, Schottland, Wales) haben die großen britischen Parteien, *Labour,* die Konservativen und die Liberaldemokraten, in Nordirland nie eine Rolle gespielt. Wegen der konfessionellen Spaltung in der nordirischen Gesellschaft hatte der anderswo übliche Unterschied zwischen Links- und Rechtsparteien hier keine Bedeutung.

Es gibt drei Arten von Parteien:

- **unionistische,** die den Bestand der Union zwischen Großbritannien und Nordirland bewahren wollen und meist von Protestanten gewählt werden,
- **nationalistische,** die ein vereintes Irland anstreben und ihre Wähler hauptsächlich unter den Katholiken finden,
- **sonstige,** die in Bezug auf die staatliche Zugehörigkeit Nordirlands neutral sind. Solche Parteien spielen nur eine untergeordnete Rolle.

Die traditionell stärkste unionistische Partei ist die 1905 gegründete **UUP** (*Ulster Unionist Party*, „Unionistische Partei Ulsters"), die bis Anfang der 1970er-Jahre Wähler in allen sozialen Schichten fand. Sie galt als der nordirische Zweig der Konservativen Partei in Großbritannien, bis man sich 1986, verärgert über *Margaret Thatchers* Zusammenarbeit mit der Republik Irland zur Lösung des Nordirlandkonflikts, von der Mutterpartei lossagte. Die **DUP** (*Democratic Unionist Party*, „Demokratische Unionistenpartei") spaltete sich 1971 unter *Ian Paisley* von der UUP ab. Diese Partei ist radikaler als die UUP und wird seither vor allem in ländlichen Regionen, in der städtischen Arbeiterschicht und auch von christlichen Fundamentalisten gewählt. Die UUP ist dadurch zur Partei der protestantischen Mittel- und Oberschicht geworden. In Wirtschaftsfragen ist die DUP linker als die UUP, andererseits ist die DUP wertkonservativer als die UUP. Verunsichert durch die langwierigen Verhandlungen im nordirischen Friedensprozess und misstrauisch gegenüber den Intentionen der britischen Regierung wechselten viele UUP-Wähler zur DUP, der mittlerweile stärksten Partei Nordirlands. Beide Organisationen lehnen Gewalt ab. Auch wenn *Paisley* vorgeworfen wird, durch seine Auftritte und seine Handlungen das Entstehen und Wachsen protestantischer bewaffneter Gruppen mitgefördert zu haben, steht seine Partei diesen nicht nahe. Die **Progressive Unionist Party** („Progressive Unionistenpartei") ist jedoch aus der paramilitärischen *Ulster Volunteer Force* („Freiwilligenverband von Ulster") hervorgegangen (s. auch den Exkurs „Paramilitärische Gruppen in Nordirland" ab Seite 62). Sie steht politisch links und ist durchaus mit *Sinn Féin* vergleichbar, hat aber nur wenige Wähler. Übrigens bezeichnen sich Protestanten, die den etablierten unionistischen Parteien fern stehen und traditionellerweise die paramilitärischen Gruppen unterstützten, als **Loyalisten.**

Auf der nationalistischen Seite vertrat bis in die 1990er-Jahre in erster Linie die **SDLP** (*Social Democratic and Labour Party*, „Sozialdemokratische Arbeitspartei") die Interessen der katholischen Bevölkerung. Bis zu ihrer Gründung 1970 hatten sich Nationalisten kaum systematisch und kontinuierlich an der politischen Gestaltung Nordirlands beteiligt. Die SDLP ist eine sozialdemokratische Partei. Sie strebt ein vereintes Irland an, lehnt aber Gewalt ab und erkennt den britischen Staat und seine Institutionen in Nordirland an. Auch wenn die SDLP sich als Arbeiterpartei versteht, wird sie vorwiegend von der **katholischen Mittelschicht** gewählt.

Sinn Féin geht auf jene Fraktion der Gegner des Anglo-Irischen Vertrages von 1922 zurück, die 1926 nicht *Eamon de Valera* folgten, als dessen neugegründete Fianna-Fáil-Partei den jungen irischen Staat aus strategischen Gründen anerkannte (siehe auch das Kapitel „Die geteilte Insel

142ir Foto: fk

(1920 bis heute)" ab Seite 55). Wie *Fianna Fáil* in der Republik Irland bezeichnen sich die Mitglieder und Wähler von *Sinn Féin* als Republikaner. Die spätere Sinn-Féin-Partei galt als **politischer Flügel der IRA,** beteiligte sich seit 1982 an Wahlen in Nordirland und in der Republik und verfolgte zunächst eine Doppelstrategie des bewaffneten Kampfes seitens der *IRA* und der politischen Arbeit als Partei (s. S. 65). Ihr Ziel ist die Gründung einer vereinten sozialistischen Republik Irland. Anders als die *SDLP* erkannte *Sinn Féin* die Institutionen des britischen Staates in Nordirland, wie beispielsweise die Polizei, bis ins frühe 21. Jahrhundert nicht an. Dem britischen Parlament spricht *Sinn Féin* bis heute das Recht ab, in Nordirland zu regieren, weshalb Abgeordnete der Partei ihre Sitze dort nicht einnehmen. *Sinn Féin* wird vor allem von der städtischen ka-

⌃ Eine Loge des Oranier-Ordens bei einer Parade in der Belfaster Innenstadt

tholischen Arbeiterschicht, aber auch auf dem Land gewählt. Vertreter unionistischer Parteien weigerten sich bis in die frühen 2000er-Jahre, in irgendeiner Form mit *Sinn Féin* zu kommunizieren. Der Friedensprozess, in dem Sinn-Féin-Parteichef *Gerry Adams* von der katholischen Bevölkerung als wichtiger Impulsgeber angesehen wurde, brachte einen Stimmenzugewinn zu Lasten der *SDLP*. Übrigens erreichte *Sinn Féin* auch in der Republik Irland neue Wähler und ist somit die einzige Partei, die in beiden Parlamenten der Insel vertreten ist. In Nordirland ist *Sinn Féin* seit 2006 nach der *DUP* die zweitstärkste Partei. Nach den Wahlen zur Nordirlandversammlung im März 2017 war der Vorsprung der DUP allerdings nur noch hauchdünn (s. S. 69). Nachdem die *IRA* 2005 ihr Waffenarsenal vernichtet hatte, dem bewaffneten Kampf dauerhaft abschwor und *Sinn Féin* im Januar 2007 die neue nordirische Polizei *(PSNI = Police Service of Northern Ireland)* anerkannte, nahmen die Unionisten sie im Mai 2007 in den Kreis legitimer politischer Parteien auf.

Nichtkonfessionelle Parteien, unter ihnen die nordirischen Grünen, spielen keine wichtige Rolle. Die einzige einigermaßen erfolgreiche Partei dieser Gruppe ist die **Alliance Party** („Allianzpartei"), eine 1970 gegründete liberale Partei mit dem expliziten Ziel, die konfessionelle Teilung der nordirischen Gesellschaft zu überwinden. In Bezug auf die staatliche Zugehörigkeit Nordirlands hat sie keine grundsätzliche Präferenz. Allerdings gelang es ihr nur in einigen wohlhabenden Orten an der Ostküste, eine dauerhafte Wählerbasis zu finden.

Das **nordirische Regionalparlament** *(Northern Ireland Assembly)* beruht auf dem Prinzip der Konkordanzdemokratie, die einen Konsens zwischen rivalisierenden Gruppen schaffen will. Alle Abgeordneten müssen ihre Zugehörigkeit zum Block der Unionisten oder Nationalisten oder sich als ungebunden erklären. Die stärkste Partei des stärksten Blocks stellt daraufhin den Regierungschef *(First Minister)*, die stärkste Partei des zweitstärksten Blocks den Stellvertreter *(Deputy First Minister)*, der aber prinzipiell die gleichen Befugnisse hat wie der Regierungschef. Zuständig ist das Belfaster Parlament u. a. für Bildung, Gesundheitswesen, Justiz und Polizei, Landwirtschaft, Kultur und Finanzen.

Viele Nordiren sagen, dass sie ihres ethnisch-konfessionellen Parteiensystems überdrüssig sind. Aber so recht schafft es niemand, effektive Alternativen aufzubauen. Im neuen Parlament werden Nationalisten und Unionisten aber zumindest gezwungen, **gemeinsam die Verantwortung für die Zukunft Nordirlands** zu übernehmen. Wenn es den beiden Regierungschefs einmal nicht gelingt, die gegenseitige Unterstützung aufrechtzuerhalten, fällt die Regierungsgewalt über Nordirland wieder vollständig an das britische Parlament in London. Dies war schon mehrmals der Fall.

Kirche und Gesellschaft

Bei den meisten Iren ist anzunehmen, dass sie in einem katholischen Krankenhaus zur Welt kamen, in einer katholischen Schule erzogen und von einem katholischen Pfarrer getraut wurden und später auch nach katholischem Ritus beerdigt werden.

Die bedeutenden Wallfahrtsorte der Insel werden alljährlich von vielen Iren besucht (siehe den Exkurs „Irische Wallfahrtsorte" ab Seite 148) Aber die **Religiosität** der Iren folgt gegenwärtig in einem deutlichen Abwärtstrend: Besuchten 1990 noch 81 % aller Iren und 85 % der Katholiken regelmäßig einen Gottesdienst, waren es 2008 nur noch 40 % der Gesamtbevölkerung und 43 % der Katholiken. Unter den 18 bis 24-Jährigen gehen nur noch 18 % regelmäßig in die Kirche *(International Social Survey Programme).*

Traditionell spielt der **Katholizismus** eine wichtige Rollen im irischen Selbstverständnis: Im Unabhängigkeitskrieg der 1920er-Jahre konnten sich die Aufständischen der stillen Unterstützung der katholischen Kirche sicher sein. Im irischen Staat wurde die Kirche dann zu einem entscheidenden **Machtfaktor.** Wie schon vor der Unabhängigkeit betrieb sie die meisten Schulen, vom Staat lediglich finanziert. Was die Kirche im irischen Staat als **Bedrohung der Moral** ansah, wurde daraufhin von der Regierung kontrolliert oder verboten: Kinofilme, „verdächtige" englische Zeitungen und Zeitschriften, moderne Jazz- und Jive-Tänze, zu freizügige Frauenmode. Die schwarze Liste verbotener Bücher enthielt Autoren wie *Hemingway, Steinbeck* und *Graham Greene* und wurde so weit ausgeweitet, dass sie in den Worten des irischen Historikers *David Fitzpatrick* „einen umfassenden Index offizieller Ängste und ebenso einen praktischen Überblick über die moderne Literatur" darstellte. Ehescheidung war nicht möglich und Verhütungsmittel waren verboten.

Nachdem mit *Fianna Fáil* die vormals exkommunizierten Gegner des Anglo-Irischen Vertrages in die Politik eingetreten waren und 1932 die Regierungsgewalt übernommen hatten (siehe das Kapitel „Der Unabhängigkeitskrieg und der Bürgerkrieg" ab Seite 53), änderte sich daran wenig. Ganz im Gegenteil: Premierminister *Eamon de Valera* integrierte in der neuen **Verfassung von 1937** in den Artikeln zur Familie, zum Privatbesitz und zu den Beziehungen zwischen Kirche und Staat Elemente **katholischer Soziallehre.**

Bei Konflikten zwischen Staat und Kirche gab der Staat in der Regel nach, so etwa 1951, als der Gesundheitsminister *Noel Brown* die kostenlose medizinische Versorgung von schwangeren Frauen und von Kindern einführen wollte. Die katholische Kirche hielt dies für ein unangemessenes

Irische Wallfahrtsorte

Obwohl der Einfluss der katholischen Kirche in Irland heute lange nicht mehr so stark ist wie früher, sind Wallfahrten immer noch sehr beliebt. Es gibt in Irland unzählige Marienschreine und viele andere heilige Stätten, die vor allem den Heiligen Patrick oder Columba gewidmet sind. Auch aus dem Ausland reißt der jährliche Strom an Pilgerreisenden nicht ab. Viele Menschen suchen durch eine solche Reise Besinnung und Ruhe vom hektischen Alltag, manche kommen aber auch mit ganz konkreten Anliegen, um die sie bitten oder für die sie danken wollen. Die drei wichtigsten Wallfahrtsorte in Irland sind Knock, Loch Derg und Croagh Patrick, alle im Nordwesten der Insel gelegen.

Seit im Jahre 1879 fünfzehn Bewohner des Dorfes ***Knock*** *in Mayo eine Erscheinung Marias, Josephs, des Evangelisten Johannes und der Engel im Südflügel der Pfarrkirche gesehen haben wollen, hat sich der Ort zur wichtigsten Stätte der Marienverehrung in Irland entwickelt. Heute kommen jährlich etwa 1,5 Millionen Pilger zu dem* ***Marienschrein*** *im „Lourdes des Nordens". Eine große Anzahl von ihnen sind Iren. Mit dem Papstbesuch zum hundertjährigen Jubiläum im Jahr 1979, zu dem eigens eine große, neue Kirche gebaut wurde, erhielt der Ort auch den Segen aus Rom. Mittlerweile sind die Wallfahrten zu einem wichtigen Wirtschaftszweig in der Region geworden und man kann Weihwasser und die verschiedensten Andachtsgegenstände käuflich erwerben.*

1991 wurde noch einmal eine neue Kirche gebaut, in der fünfzig Priester gleichzeitig die Beichte abnehmen können. Obwohl das Beichten generell eher rückläufig ist, kommen viele Menschen zu diesem Zweck nach Knock – vielleicht weil sie dort anonymer sind. Eine interessante Geschichte ist die um Pfarrer Horan und die Entstehung des örtlichen Flughafens. Viele hielten den Gemeindepfarrer und seine Idee, einen ***Flughafen*** *für die Pilgerreisenden und zur Verbesserung der Infrastruktur im ganzen Nordwesten zu bauen, für verrückt. In dem angespannten wirtschaftlichen Klima der 1980er-Jahre waren längst nicht alle Einwohner von diesem Plan begeistert. Außerdem kritisierten viele die Kommerzialisierung der Religion und die Veränderungen in Knock, das sich von einem kleinen, verschlafenen Dorf zu einem Zentrum der Pilgerindustrie entwickelte. Die Stimmen der Kritiker fasste der irische Sänger* ***Christy Moore*** *treffend in seinem Lied* ***The Knock Song*** *zusammen.*

Nach dem Papstbesuch 1979 gelang es Horan, die damalige Regierung unter Charles Haughey von seinem Projekt zu überzeugen. Zuerst war nur ein kleiner Sportflughafen geplant, aber Horan kam mit seinen Plänen für einen Flughafen mittlerer Größe durch, auf dem auch Jets landen konnten. Bald begannen die Bauarbeiten. Als aber 1982 durch einen Regierungswechsel die finanziellen Mittel plötzlich versiegten, startete der findige Pfarrer eine Kampagne, um Sponsoren für das Projekt aufzutreiben. Er stieß besonders bei irischen Emigranten in Amerika auf offene Ohren, ging aber auch mit seinem Akkordeon durch die Kneipen und sammelte. Schließlich hatte er zwei Millionen irische Pfund zusammen und die Arbeit konnte weitergehen. Der Flughafen wurde 1986 eröffnet, nun sogar groß genug für Jumbojets. Horan starb wenige Monate später und konnte nicht mehr erleben, wie „sein" Flughafen zum Erfolg wurde: Heute werden von hier vor allem britische und spanische Flughäfen angeflogen.

Die Pilgerreise nach ***Loch Derg,*** *einem See mit zwei kleinen Inseln in Donegal, wird jedes Jahr von Zehntausenden Menschen unternommen und ist vergleichsweise hart. Sie dauert drei Tage und findet in der Zeit von Juni bis Mitte August statt. Die Pilger beginnen um Mitternacht des Ankunftstages zu fasten und nehmen während der Wallfahrt nur einmal am Tag etwas trockenes Toast- oder Haferbrot mit einer Tasse Kaffee oder Tee zu sich. Ab 10 Uhr am ersten Tag bleiben die Pilger mindestens 24 Stunden wach. Für die Gebete werden sie zu einer der Inseln, Station Island, hinübergefahren. Der Legende nach soll der heilige Patrick in der Höhle auf der Insel übernachtet haben. Es gibt eine lange christliche Tradition an diesem Ort und Pilgerreisen sind seit über tausend Jahren belegt. Auf der Insel bestehen die Gebetsübungen aus neun sogenannten Stationen, vergleichbar mit einem Kreuzweg. Die Pilger gehen barfuß und an jeder Station finden Gebete statt, begleitet von ritualisierten Bewegungen.*

Ebenfalls dem heiligen Patrick gewidmet ist der 765 m hohe ***Croagh Patrick,*** *ein Berg in der Grafschaft Mayo in der Nähe von Westport. Abgesehen von den vielen Wanderern und Archäologen, die ihn jedes Jahr besteigen, machen sich am letzten Sonntag im Juli, dem* ***Reek Sunday,*** *etwa 40.000 zum Teil barfüßige Pilger auf den Weg zum Gipfel. Auch hier gibt es drei Stationen, an denen man mehrere Male die dort stehenden Monumente umrundet und dabei bestimmte Gebete rezitiert. Die Wallfahrt erinnert an die 40 Tage der Buße und des Fastens, die der heilige Patrick hier im Jahr 441 verbracht haben soll. Der Gipfel des Croagh Patrick ist flach und oben steht eine kleine Kapelle. Am „Reek Sunday" findet dort eine Messe statt, bei der die Gläubigen auf Felsen und Geröll knien.*

staatliches Eindringen in die Privatsphäre der Familie. *Noel Brown* trat daraufhin zurück.

In den 1960er-Jahren begann ein **allmählicher Rückgang des Einflusses** der katholischen Kirche in der irischen Gesellschaft. Dies lag zum einen daran, dass das Zweite Vatikanische Konzil in dieser Zeit zu einer Liberalisierung und größeren Offenheit der katholischen Kirche weltweit führte und den Gläubigen neue Entfaltungsmöglichkeiten eröffnete. Zum anderen ging es in den 1960er-Jahren nach langer Stagnation mit der irischen Wirtschaft endlich aufwärts, wodurch auch Konsum und Materialismus in der Gesellschaft Einzug hielten. Hinzu kam das 1961 eingeführte Fernsehen, das Diskussionen gesellschaftlicher und politischer Tabuthemen in die Haushalte brachte (siehe auch das Kapitel „Die Rolle der Medien in Irland" ab Seite 152).

Nichtsdestotrotz blieb Irland ein sehr katholisches Land. 1969 hatten 80 % der Abgänger von Sekundarschulen in Erwägung gezogen, Priester zu werden oder als Mönch oder Nonne einem Orden beizutreten, 1974 waren es immerhin noch 46 %. Als Papst *Johannes Paul II.* 1979 Irland besuchte, kamen zwei Millionen Menschen, um ihn zu sehen. Die 1980er-Jahre waren geprägt von Aktivitäten **rechtskonservativer katholischer Organisationen:** Obwohl Abtreibung bereits verboten war, entstand zu Beginn des Jahrzehnts eine Initiative, den Schutz des ungeborenen Lebens in der irischen Verfassung festzuschreiben und somit eine spätere Legalisierung des Schwangerschaftsabbruchs unmöglich zu machen. Dies resultierte 1983 in einer Volksabstimmung, bei der zwei Drittel der Wähler für diesen Verfassungszusatz stimmten. 1986 votierten wieder zwei Drittel der Wähler für die Beibehaltung des Scheidungsverbotes.

In den 1990er-Jahren ging die Gläubigkeit der Iren und ihr Vertrauen in die Institution Kirche enorm zurück: Einerseits erlebte die Republik nach den krisenreichen 1980er-Jahren einen Wirtschaftsaufschwung noch nicht da gewesenen Ausmaßes, was den schon begonnenen **Prozess der Säkularisierung** der Gesellschaft beschleunigte. Andererseits erlitt die Kirche durch eine Reihe von **Skandalen** einen gewaltigen Vertrauenseinbruch und verlor ihre moralische Autorität.

Die Skandale begannen im Mai 1992 mit der Enthüllung, dass *Eamonn Casey,* der populäre Bischof von Galway, in den frühen 1970er-Jahren eine **Affäre** mit der Amerikanerin *Annie Murphey* gehabt hatte. Aus dieser Beziehung war ein Sohn hervorgegangen. *Annie Murphy* wurde im irischen Fernsehen zur besten Sendezeit interviewt. Bischof *Casey* verließ daraufhin Irland und ging nach Ecuador.

Ein anderer Vorfall betraf einen Dubliner Priester, Pfarrer *Liam Cosgrave,* der im November 1994 in einer **Dubliner Homosexuellen-Sauna** an einem Herzinfarkt starb. Einer von zwei ebenfalls anwesenden katholischen Priestern erteilte ihm die letzten Riten.

143 Foto: fk

Es gab auch eine dunklere Seite: Mehr und mehr Fälle von **Kindesmissbrauch** durch pädophile Priester kamen in den 1990er-Jahren ans Licht. Der erste bekannte und auch spektakulärste Fall betraf Pater *Brendan Smyth*. Die nordirischen Behörden ersuchten 1993 um seine Auslieferung wegen Sexualvergehen an Minderjährigen, die bis in die 1960er-Jahre zurückreichten. Das Gesuch blieb sieben Monate lang unbeantwortet, was die Vorurteile mancher nordirischer Protestanten über die „Papistenrepublik" im Süden zu bestätigen schien. Wie sich allerdings später herausstellte, war die lange Bearbeitungsdauer wohl eher auf schlechte Organisation der entsprechenden Stelle zurückzuführen als auf absichtliche Verschleppung. *Brendan Smyth* stellte sich schließlich selbst den nordirischen Behörden. Während man dem irischen Staat wohl keine oder nur bedingt Vorwürfe wegen dieser Vorfälle machen kann, fanden Journalisten des nordirischen Fernsehsenders UTV heraus, dass der katholischen Kirche die pädophilen Neigungen von *Smyth* schon seit Längerem bekannt gewesen waren. Anstatt ihn aber den Behörden auszuliefern oder seinem Treiben effektiv ein Ende zu setzen, wurde er von Pfarrei zu Pfarrei versetzt, in der Hoffnung, dass er sich beim nächsten Mal ändern werde.

Neben den Verfehlungen Einzelner und dem Umgang der katholischen Kirche mit ihnen, geriet auch die Kirche als Institution in die Kritik. Die Ausbeutung und schlechte Behandlung unverheirateter Schwangerer und Mütter in den sogenannten **Magdalenenwäschereien** und die äußerst problematischen Zustände in **katholischen Waisenhäusern** in der Vergangenheit wurden durch die Medien aufgedeckt und in der irischen Gesellschaft diskutiert (siehe den Exkurs „‚Gefallene Mädchen' – die

⌃ „Zurzeit Andacht – jeder ist willkommen"

Magdalene Laundries“ ab Seite 188). Dem Staat wurde vorgeworfen, dem Treiben der Kirche tatenlos zugesehen zu haben. Im Mai 1999 entschuldigte sich Premierminister *Bertie Ahern* im Namen des Staates und der Bürger bei den Opfern dieser kirchlichen Einrichtungen.

Die Iren sind nach wie vor eine der gläubigsten und katholischsten Nationen Europas. Doch hat die Kirche ihre herausragende moralische Stellung und auch ihre Heiligkeit verloren. Sie ist nach Ansicht vieler Iren nunmehr **eine von vielen Institutionen im Staat,** die öffentlicher Kontrolle bedarf. Die bedingungslose Übereinstimmung mit der katholischen Kirche weicht zunehmend dem persönlichen Gewissen. Unter dem Eindruck der AIDS-Krise wurden 1992 die Gesetze bezüglich Verhütungsmitteln liberalisiert, Kondomautomaten tauchten überall auf. Gegen einen nur noch geringen Widerstand wurde 1993 die **Homosexualität entkriminalisiert.** In einer Volksabstimmung 1995 sprachen sich 50,3 % der Wähler dafür aus, dass die Ehescheidung in Irland möglich sein soll. 2015 schließlich stimmten 62,07 % der Iren für das Recht gleichgeschlechtlicher Paare zu heiraten. Die katholische Kirche hatte intensiv für ein „Nein“ geworben.

Die Rolle der Medien in Irland

Zeitungen

Die Iren sind begeisterte Zeitungsleser: Laut einer Studie des irischen *Joint National Readership Survey* von 2006 lesen 91 % von ihnen regelmäßig eine Zeitung. Die Leser können zwischen drei seriösen Zeitungen aus Irland und weiteren aus Großbritannien auswählen. Daneben gibt es meist wöchentlich erscheinende Lokalzeitungen und Boulevard-Zeitungen.

Das meistgelesene Blatt in der Republik Irland ist **The Irish Independent,** oft auch einfach als „Indo“ bezeichnet. Er entstand Ende des 19. Jahrhunderts als Organ der *Irish Parliamentary Party* (siehe auch das Kapitel „Katholische Nationalisten (ca. 1800–1922) “ ab Seite 44) und vertritt heute konservative Positionen in der Mitte des politischen Spektrums. Die Zeitung gehört der 1904 vom damaligen Herausgeber des „Irish Independent“, *William Martin Murphy,* gegründeten **Independent News and Media Group** („Unabhängige Nachrichten- und Mediengruppe“), die auch die irischen Boulevardzeitungen „Evening Herold“ und „Sunday World“ sowie mehrere Lokalzeitungen besitzt und den irischen Zeitungsmarkt dominiert.

Die Tageszeitung **The Irish Times** entstand im 19. Jahrhundert als Zeitung der anglikanischen Elite: die Stimme des Unionismus im Süden der

Insel. Nach der Unabhängigkeit des irischen Staates in den 1920er-Jahren entwickelte sich die „Irish Times" zum Sprachrohr des liberalen Irlands und zur ersten Wahl der irischen Intellektuellen. Die internationale Berichterstattung ist ausführlicher und dank vieler eigener Korrespondenten besser als bei den irischen Konkurrenzblättern. Seit 1974 ist die „Irish Times" im Besitz einer Stiftung, die die Aufgabe hat, die Unabhängigkeit der Zeitung von kommerziellen und politischen Interessen zu sichern.

145ir Foto: fk

Eine Dubliner Zeitung mit landesweiter Leserschaft ist der **Evening Herald,** der trotz seines Namens schon vormittags erhältlich ist. Außerdem gibt es die eher konservative Zeitung **The Irish Examiner,** deren Leser vor allen in und um Cork leben.

In Irland ist das Lesen einer **Sonntagszeitung** recht verbreitet: Da gibt es „The Sunday Independent" (die Sonntagsausgabe des „Irish Independent"), „Ireland on Sunday", „The Sunday Tribune", „The Sunday Business Post" und die Boulevardzeitung „The Sunday World". Die irischen Sonntagszeitungen können es allerdings in Qualität und Umfang nicht mit den in Irland ebenfalls recht verbreiteten britischen Sonntagszeitungen aufnehmen. Die viel gelesene konservative britische „Sunday Times" veröffentlicht in ihrer in beiden Teilen der Insel vertriebenen Auflage stets auch einige Irland betreffende Artikel.

Die erhältlichen **Boulevardzeitungen** stammen meist aus Großbritannien, sie haben aber oft irische Ausgaben, etwa „The Irish Sun". Anders als in der britischen Boulevardpresse ist das Privatleben von Politikern in der irischen Presse tabu.

Die **wichtigsten nordirischen Zeitungen** sind der unionistische „Newsletter", die gemäßigt nationalistische Zeitung „The Irish News" und der eher unionistische „Belfast Telegraph", der Dank „leichter Kost" sowohl

Typischer Zeitungsstand

Irischsprachige Medien

Eines der Ziele irischer ***Kulturpolitik*** *war von Anfang an, der irischen Sprache neues Leben einzuhauchen. Angesichts der geringen Zahl von Irischsprechern, die zudem alle sehr gut Englisch verstanden, mussten sich Irischsprecher und Irischlerner in den ersten 40 Jahren des irischen Staates mit nur gelegentlichen Radiosendungen in ihrer Sprache begnügen. Es waren dann Sprachaktivisten, die 1968 den Piratensender „Saorraidió Chonamara" („Freies Radio der Connemara") betrieben und damit den Anstoß zur Gründung von* ***Raidió na Gaeltachta*** *(„Radio der Gaeltacht"), dem irischsprachigen Dienst von RTÉ, im Jahr 1972 gaben. RnaG, wie der Sender auch abgekürzt wird, sendet aus Studios in allen Gaeltacht-Gebieten, jeweils mit Lokalbezug und im irischen Dialekt der Region.*

Bis 2005 herrschte bei „Radió na Gaeltachta" ein strenges ***Verbot, Lieder mit englischen Texten zu*** *spielen. Junge Leute in den Gaeltacht-Gebieten konnte man so nicht gewinnen. Der Trick, in Jugendsendungen Instrumentalversionen von U2-Songs, Abba auf Schwedisch und japanische Rockmusik zu senden, half auch nicht dauerhaft weiter. Dass junge Leute in irischsprachigen Gebieten Medien in ihrer Muttersprache nutzen, ist aber von beinahe nationalem Interesse – wenn diese nicht attraktiv genug sind, ist die Wahrscheinlichkeit noch größer, dass die Jugendlichen untereinander Englisch sprechen. Tomás Mac Con Iomaire, der Direktor des Senders, erklärte 2005: „Wir haben junge Leute gefragt, was sie hören wollen. Die Antwort war einstimmig: Wenn wir ein auf sie zugeschnittenes Programm mit Musik und einer Sendung ausstrahlen, an der sie sich mit SMS oder Telefonanrufen beteiligen können, würden sie einschalten. Das machen wir jetzt." Und zwar zwischen 21.00 Uhr und 1.00 Uhr nachts. Allerdings nicht unter dem Namen „Raidió na Gaeltachta" sondern als* ***Anocht FM*** *(„Heute-Abend-FM").*

Zudem gibt es drei unabhängige Radiosender von Irischsprechern für Gleichgesinnte: in Dublin seit 1993 ***Raidió na Life,*** *in Belfast seit 2007* ***Raidió Fáilte*** *(„Radio Willkommen") und seit 2008* ***Raidió Rí-Rá*** *(„Radio Tumult"), das aktuelle Musik aus den Charts spielt und in Dublin, Waterford und Cork über DAB digital ausgestrahlt wird. Alle drei Sender können auch über das Internet gehört werden.*

Ohne den sprachlichen Puritanismus von Raidió na Gaeltachta begann ein ***irischsprachiger Fernsehsender,*** *Teilifís na Gaelige („Fernsehen des Irischen"), 1996 mit seinem Sendebetrieb. Interviews auf Englisch werden in Anerkennung der linguistischen Realität ohne Untertitel oder irischen Off-Text ausgestrahlt. Natürlich spricht man am liebsten mit Leuten, die Irisch sprechen. Nicht selten kramen Interviewpartner ihr Schulirisch hervor und*

Extrainfo 12 (s. S. 8): „Hat die irische Sprache noch eine Chance?": Bericht der Journalistin Christina Röder zur irischen Sprache und der Rolle moderner Medien bei ihrer Bewahrung

wirken deshalb auch etwas holprig. Der Sender wurde 1999 in ***TG4*** *(Aussprache „tii dschii keher") umbenannt, wohl um die Zuschauer dazu zu bewegen, den Kanal in Anbetracht des immer größer werdenden Senderangebots hinter den drei anderen nationalen, von eins bis drei nummerierten Fernsehsendern zu speichern.*

144ir Foto: tg4

TG4 zeigt heute - als Lockangebot - einige populäre US-Serien im Original, bevor sie anderswo im britischen oder irischen Fernsehen ausgestrahlt werden und auf Irisch moderierte Sportveranstaltungen wie etwa die „Tour de France". Eigene, und somit irischsprachige Programme beinhalten Comedy-Serien, Dokumentarfilme, die Seifenoper „Ros na Rún", Kinderprogramme, Quizshows, Nachrichten und Magazinsendungen. Etwa zweieinhalb Stunden des täglichen Programms bestehen aus irischsprachigen Erstausstrahlungen, weitere zweieinhalb Stunden aus Wiederholungen irischsprachiger Produktionen. Der Rest ist auf Englisch, wobei alle Sendungen von Fernsehansagern auf Irisch eingeführt werden. Allerdings sind die meisten Werbespots, die die Programme unterbrechen, auf Englisch. Nachts werden die englischsprachigen Programme des Nachrichtensenders France 24 übernommen.

Bei den ***Printmedien*** *sieht es folgendermaßen aus: Während heute mehr irischsprachige Bücher denn je gedruckt werden - in der Regel mit Auflagen von mehreren Hundert Exemplaren (siehe das Kapitel „Moderne Literatur in irischer Sprache" ab Seite 126) - tun sich Publikationen auf dem Zeitungs- und Zeitschriftenmarkt schwerer. Zwar gibt es drei sehr langlebige, eher literarisch ausgerichtete Zeitschriften, nämlich „An tUltach" (seit 1924), „Comhar" (seit 1942) und „Feasta" (seit 1948). Diese haben aber einen nicht allzu großen Leserkreis. Ansonsten überleben moderne irischsprachige Publikationen in der Regel nur wenige Jahre. Kolumnen oder Beilagen in der Sprache gibt es darüber hinaus in Tageszeitungen wie der Irish Times und dem Irish Independent, teils mit Vokabular für Leser, die des Irischen noch nicht so mächtig sind.*

„Heute bei TG4": Das Porträt des 87-jährigen Dudelsackspielers Kevin Henry

bei Katholiken als auch bei Protestanten die meistgelesene Zeitung ist. Er wird ebenfalls von der irischen Independent-News-and-Media-Gruppe herausgegeben. Britische Zeitungen und teilweise auch Zeitungen aus der Republik Irland sind in der Regel in Zeitschriftenläden in Nordirland gut erhältlich.

Radio

Aufgabe des Radios im irischen Staat war, nach dessen Gründung in den 1920er-Jahren, die **Re-Gälisierung** Irlands zu unterstützen. Es wurden einige Programme auf Irisch, irische Volksmusik und gälische Sportveranstaltungen (siehe das Kapitel „Sport" ab Seite 208) ausgestrahlt. 1939 verfügte (nimmt man die Zahl derer, die Rundfunkgebühr zahlten als Indikator) ein Viertel der Haushalte im irischen Staat und die Hälfte der nordirischen Haushalte über ein Radiogerät.

Der irische Rundfunk, der auch das Fernsehen umfasst, entstand in seiner heutigen Form 1966 und trägt den irischen Namen RTÉ (*Raidió Teilifís Éireann,* „Radio und Fernsehen Irlands"). Die Rundfunkanstalt betreibt mehrere republikweit ausgestrahlte Radiosender, deren Programme durch Werbung unterbrochen werden und mittlerweile gebührenfrei sind.

Die ausführlichsten Nachrichten und Magazinprogramme sind bei **RTÉ Radio One** zu hören. Daneben gibt es abends Hörspiele und Vorträge sowie spezielle Musiksendungen aller Art (Folk, Country, Weltmusik etc.). Morgens dominieren Sendungen mit Hörerbeteiligung per Telefon, in denen aktuelle Themen und Alltägliches diskutiert werden. Diese sind recht gut geeignet, um den Puls des Landes zu fühlen. Die Popmusik, die tagsüber ausgestrahlt wird, richtet sich vor allem an Hörer der Altersgruppe ab Mitte 20.

2FM ist die Popwelle von RTÉ, auf der morgens ebenfalls Phone-in-Sendungen gesendet werden, die aber leichter (oder auch seichter) als auf *Radio One* sind. Der Sender richtet sich an Teenager und Hörer in den frühen Zwanzigern.

Seit Mitte der 1990er-Jahre gibt es **Lyric FM,** den Klassiksender von RTÉ, der seinen Sitz in Limerick hat. Neben Klassik wird gelegentlich auch Jazz oder Weltmusik gesendet. Das Programm ähnelt in Gestaltung und Musikauswahl dem deutschen Privatsender *Klassik Radio.*

In den 1980er-Jahren boomten lokale kommerzielle **Piratensender,** die vorwiegend Popmusik oder die in Irland sehr beliebte Countrymusik ausstrahlten. Es gab Tausende und sie wurden überwiegend toleriert. Seit der Legalisierung des Privatfunks 1988 werden Lizenzen vergeben. Die **kommerziellen Lokalsender** haben mittlerweile zusammengenommen einen etwas größeren Hörerkreis als die Sender von RTÉ. Der einzige wirklich landesweit ausstrahlende Privatsender ist **Today FM.** Tagsüber wird meist aktuelle Popmusik aus den Charts gespielt, abends kommt eine recht interessante Talkshow über das aktuelle Tagesgeschehen. Es folgen dann spezielle Musiksendungen. Fast überall in der Republik ist seit 2006 der Dubliner Sender **Newstalk** zu hören. Die Sendungen bestehen aus (halbstündig ausgestrahlten) Nachrichten und aktuellen Magazinsendungen mit Interviews und Hörerbeteiligung.

In Nordirland werden wie in Großbritannien die nationalen Radioprogramme der BBC ausgestrahlt sowie die hörenswerten und informativen Programme des Regionalsenders **BBC Radio Ulster.** Neben kommerziellen Sendern gibt es zudem in Derry den Lokalsender **BBC Radio Foyle.**

Fernsehen

Mitte der 1950er-Jahre begann die BBC in Großbritannien und Nordirland mit der Ausstrahlung von Fernsehprogrammen. Für viele Haushalte in der Republik Irland – an der Ostküste und in der Nähe der inneririschen Grenze – war dies der Eintritt ins Fernsehzeitalter. 1961 nahm das irische Fernsehen seinen Sendebetrieb auf. Es wurde zu einem der wesentlichen Faktoren des gesellschaftlichen Wandels im Land.

Zu einer Institution entwickelte sich die **Late Late Show:** Erstmals 1962 ausgestrahlt, ist sie die älteste Talkshow der Welt. Viele gesellschaftliche und politische Tabuthemen wie Empfängnisverhütung oder Scheidung wurden hier erstmals öffentlich diskutiert. Bis 1999 präsentierte **Gay Byrne,** auch unter dem Spitznamen *Gaybo* bekannt, die Sendung. Es wird kaum Iren geben, die *Gaybo* nicht kennen, abgelöst wurde er von dem ebenfalls aus dem Radio bekannten **Pat Kenny.** Das Format der „Late Late Show" hat sich seit 1962 kaum geändert: In der live ausgestrahlten zweistündigen Sendung diskutiert der Moderator mit prominenten Gästen Themen von mehr oder weniger allgemeinem Interesse. Das anwesende Publikum kann sich mit Fragen und Wortbeiträgen beteiligen, zwischendurch gibt es Musikeinlagen: Bekannte irische Popmusiker wie *U2* oder *Sinéad O'Connor* hatten hier ihren ersten Fernsehauftritt.

Durch politische Magazinsendungen wie das bis in die 1970er-Jahre ausgestrahlte Programm **Seven Days** kam der kritische und enthüllende Journalismus nach Irland. Dies führte schon in der Anfangszeit der Sendung 1966 zu Konflikten mit der damaligen Fianna-Fáil-Regierung, die darauf beharrte, dass RTÉ „ein Instrument der Politik" sei. Nach dem Ausbruch von Unruhen in Nordirland schränkte die irische Regierung 1971 die **Pressefreiheit** ein: Paramilitärische Gruppen durften nicht mehr direkt zu Wort kommen. Als RTÉ 1972 im Fernsehen ein Interview mit einem Sprecher der *IRA* ausstrahlte, wurde die gesamte Führungsspitze des Senders ihrer Position enthoben. Übrigens dauerte diese Zensur bis zur Erklärung des Waffenstillstands der *IRA* 1994 an. Britischen Radio- und Fernsehsendern war hingegen lediglich die direkte Ausstrahlung sprachlicher Äußerungen paramilitärischer Organisationen verboten. Sprecher solcher Gruppen wurden nach wie vor von der BBC interviewt und dann wortgetreu synchronisiert, um so das Verbot zu umgehen.

Der **Anteil von in Irland produzierten Sendungen** ging im irischen Fernsehen im Lauf der Zeit beständig zurück. Kamen in der Anfangszeit noch zwei Drittel der Programme von der Insel, schrumpfte der Anteil bis in die 1980er-Jahre auf 30 %. In den 1990er-Jahren wurde die irische Fernsehlandschaft um den Privatsender **TV3** und den irischsprachigen Kanal **TG4** (siehe auch den Exkurs „Irischsprachige Medien" ab Seite 154) erweitert.

Heute empfangen die meisten irischen Haushalte eine große Auswahl an Fernsehkanälen, die meisten davon aus Großbritannien. Sowohl RTÉ als auch TV3 betreiben einige weitere Kanäle, etwa den Nachrichtensender **RTÉ News Now,** den Kindersender **RTÉjnr** oder **be3,** das sich seit Januar 2017 an ein vorwiegend weibliches Publikum richtet. 38 in- und ausländische Sender kämpfen derzeit um den irischen Werbemarkt. Einheimische Kanäle schalteten 2013 nur noch 45 % der Zuschauer in der Republik Irland ein.

In Nordirland besteht die Grundversorgung wie im ganzen Vereinigten Königreich aus fünf Programmen: **BBC1** mit einigen Regionalprogrammen für Nordirland, **BBC2,** der nordirische Privatsender **UTV** *(Ulster Television),* der seit 2015 dem britischen *ITV-Network* gehört, der öffentlich-rechtliche, aber werbefinanzierte britische Sender **Channel 4** und der Privatsender **Five.** Lange Zeit wurde RTÉ aus lizenzrechtlichen Gründen weder in die nordirischen Kabelnetze eingespeist noch über Pay-TV-Systeme verbreitet. Seit 2005 ist der Empfang von RTÉ über Kabel oder Satellit überall in Nordirland möglich und seit 2012 werden die Programme sogar terrestrisch ausgestrahlt. Allerdings werden einige Sendungen (z. B. manche Sportveranstaltungen) aus lizenzrechtlichen Gründen blockiert.

⌃ Investruine im Dubliner Hafenviertel – eine Folge der Krise von 2008

147ir Foto: kw

Boom and Bust – Irlands Wirtschaft

Einst das Armenhaus Europas, hatte sich die Republik in der Mitte der 1990er-Jahre zur am schnellsten wachsenden Wirtschaft der Welt gewandelt. Kommentatoren bezeichneten das „Wirtschaftswunderirland" bald als „Keltischen Tiger".

Das sah in den ersten Jahrzehnten nach der Unabhängigkeit noch ganz anders aus. Bis in die 1950er-Jahre hinein war das Ziel der Regierung, ein **idyllisches, bäuerliches Irland** zu schaffen. Industrielle Weiterentwicklungen störten da eher. Ansonsten zeigte vor allem die Fianna-Fáil-Regierung unter *de Valera* wenig Sachverstand in wirtschaftlichen Fragen: Die Landwirtschaft versuchte man durch Subventionen anzukurbeln, die aber im Folgenden eher zu ihrer Stagnation führten. Um Irland zu einem sich weitgehend selbstversorgenden Land zu machen, baute man durch hohe Zölle Handelsgrenzen auf. Natürlich war dieses Ziel unrealistisch.

Auch gegenüber seinem einzigen nennenswerten Handelspartner, dem mächtigen Vereinigten Königreich von Großbritannien und Nordirland, bewies man wenig Fingerspitzengefühl. Initiiert durch den Streit um Pachtleistungen an britische Großgrundbesitzer, die trotz Unabhängigkeit immer noch zu zahlen waren, begann ein **Wirtschaftskrieg,** der von 1932 bis 1938 dauerte. Premierminister *de Valera* beschloss, die Pachtzahlungen einzufrieren, worauf die britische Regierung Strafzölle auf irische Exporte (Vieh und Milchprodukte) erhob. Irland reagierte seinerseits mit Zöllen auf britische Kohle, Maschinen sowie Stahl- und Eisengüter. Im Jahr 1938 wurde der Konflikt durch eine Vereinbarung beigelegt, die unter anderem vorsah, die ausstehenden Pachtzahlungen mit einer Einmahlzahlung der Regierung abzugelten und die gegenseitigen Strafzölle größtenteils aufzuheben. Man kann also sagen, dass Irland vom Prinzip her aus diesem Streit als Sieger hervorging und das Vereinigte Königreich in vielen Punkten einlenkte. Allerdings war der irische Staat auch gleichzeitig der Verlierer, da die sowieso schon bestehende Rezession im Land durch den Wirtschaftskrieg um ein Vielfaches verschlimmert worden war. Der eigentliche **Gewinner war Nordirland,** das während dieser Zeit der Auseinandersetzungen zum Hauptexporteur landwirtschaftlicher Erzeugnisse von Irland auf die britische Insel wurde.

Bis Ende der 1950er-Jahre blieb die Republik Irland ein sehr **armes und wirtschaftlich rückständiges Land.** Die Wirtschaft war seit der Unabhängigkeit kaum gewachsen und ein großer Teil der Bevölkerung lebte in Armut. Der Lebensstandard fiel sogar noch und in den 1950er-Jahren wanderten etwa 400.000 Menschen aus (siehe das Kapitel „Aus- und Einwanderungsland Irland“ ab Seite 166). Im Gegensatz dazu erlebte ein Großteil der westlichen Welt zu dieser Zeit einen wirtschaftlichen Aufschwung.

Erst in den 1960er-Jahren erklärte eine neue Politikergeneration die wirtschaftliche Entwicklung zum Hauptziel ihrer Bemühungen. Premierminister *Seán Lemass* beendete die Politik der hohen Einfuhrzölle und schuf Anreize für **ausländische Investoren.** Die Wirtschaft wuchs nun ein Jahrzehnt lang um jährlich 7 %. Waren 1956 noch 43.000 Iren ausgewandert, zog es 1966 nur noch 11.000 Menschen in die Ferne. Viele Auswanderer kehrten sogar zurück. Bis 1973 war ein Drittel der Arbeiter im produzierenden Sektor bei ausländischen Firmen angestellt. Eine Folge der Wirtschaftsexpansion war die Aufhebung der bisherigen Dominanz der Landwirtschaft. Der **Tourismus** entwickelte sich zu einem aufstrebenden Wirtschaftszweig: Die Besucherzahlen stiegen auf das Vierfache an und die Einnahmen verdoppelten sich. Bis heute ist der Tourismus einer der wichtigsten Pfeiler der irischen Wirtschaft.

1973 trat Irland zeitgleich mit dem Vereinigten Königreich der Europäischen Union (EU) bei, die damals noch Europäische Wirtschaftsgemeinschaft (EWG) hieß. Dies wurde in Irland nur wenig diskutiert und die Labour-Partei war als einzige dagegen. Eine Hauptmotivation zum Beitritt dürfte gewesen sein, dass man zum wichtigsten Handelspartner Großbritannien keine neue Wirtschaftsgrenze entstehen lassen wollte.

Ende 1979 musste wegen des Beitritts Irlands zum Europäischen Währungssystem die **Gleichstellung des irischen Pfunds zum britischen Pfund** (Sterling) aufgegeben werden. Bis dahin waren beide Währungen miteinander gekoppelt gewesen, was zur Folge hatte, dass britisches Geld in Irland zirkulierte und sich mit der irischen Währung in den Geldbeuteln vermischte. Zwischen 1979 und 1999 hatte die irische Währung einen eigenen Wechselkurs. Dann wurden die Wechselkurse der Währungen aller zukünftigen Euroländer an den zu diesem Zeitpunkt nur als Buchgeld existierenden Euro gekoppelt.

Die guten Jahre sollten keinen Bestand haben. Vor allem infolge des Anstiegs der Ölpreise 1973 und der dadurch ausgelösten weltweiten Wirtschaftskrise kam es zu einem jahrelangen **wirtschaftlichen Stillstand,** der bis Anfang der 1990er-Jahre andauerte. Die Arbeitslosigkeit stieg zwischen 1979 und 1985 von 7,5 % auf 18,2 % an. Ein Drittel der irischen Bevölkerung lebte in Armut, was innerhalb der Europäischen Union nur von Spanien, Griechenland und Portugal übertroffen wurde. 1985 lebten 26 % der irischen Bevölkerung unterhalb der Armutsgrenze, die bei 40 % des EU-Durchschnittseinkommens lag. In der gesamten EU lebten 16 % der Bevölkerung in einer so definierten Armut. Irland war wieder zum Armenhaus Europas geworden, die Iren wurden in der britischen Zeitschrift „The Economist" 1988 im Titelthema zu den „Ärmsten der Reichen" erklärt, verbunden mit dem Foto eines Bettlers auf der Titelseite.

Mitte der 1990er-Jahre fand ein dramatischer Umschwung in Irland statt. Nach Jahrzehnten der Unterentwicklung und Stagnation begann ein rasanter Aufschwung. Die Grundlagen dafür waren schon Mitte der 1980er-Jahre gelegt worden, als der Staat verstärkt in das Bildungswesen investierte und steuerliche Anreize für ausländische Investoren schuf. Daneben führte die Regierung eine Sozialpartnerschaft zwischen Staat und Gewerkschaften ein, in der diese gegen garantierten Lohnanstieg auf Streiks verzichteten. Diese Politik führte Mitte der 1990er-Jahre zu einem bis dahin nie dagewesenen **Wirtschaftsboom.** Viele internationale Firmen ließen sich in Irland, das niedrige Löhne und eine gut ausgebildete, junge englischsprachige Bevölkerung und zudem viele Steuervorteile zu bieten hatte, nieder. In Anlehnung an die sogenannten Tigerstaaten Hongkong, Taiwan, Singapur und Südkorea wurde das Wirtschaftswunder Irland schnell als **keltischer Tiger** bezeichnet.

Die **Arbeitslosigkeit** fiel von 15,6 % auf 7,4 %. Die Zahl der Iren, die unter der Armutsgrenze lebten, sank von 15 % auf 5 %. Die Massenauswanderung fand ein Ende und erneut kehrten Emigranten zuhauf zurück. Es blieb aber nicht bei diesen Rückkehrern: Erstmals in der irischen Geschichte kamen **ausländische Arbeitsmigranten** in großer Zahl ins Land (siehe auch das Kapitel „Aus und Einwanderungsland Irland“ ab Seite 166). Noch Anfang der 1990er-Jahre, so schreibt der irische Journalist *Fintan O'Toole,* hätte der Gedanke an Einwanderer, die zum Arbeiten nach Irland kommen, so gewirkt wie der von Winterurlaubern, die zum Skifahren in die Sahara fahren.

Im Jahr 2000 verlangsamte sich das Wirtschaftswachstum und angesichts des stark anwachsenden Lohnniveaus büßte Irland an Wettbewerbsvorteilen ein. Wirtschaftswissenschaftler sprechen vom Ende der ersten Phase des keltischen Tigers. Die nun beginnende zweite Phase beruhte vor allem auf dem irischen **Immobilienhandel.** Anders als etwa in Deutschland leben die Iren vorwiegend in den eigenen vier Wänden und kaufen, wenn sie können, auch dann ein Haus, wenn sie nur begrenzte Zeit irgendwo leben. Die Zinsen auf Hypotheken sanken in der zweiten Phase nun immer weiter, die Überprüfung der Kreditwürdigkeit wurde immer laxer und der notwendige Eigenanteil immer geringer, bis auch 100 % des Hauspreises geliehen werden konnten. Die Nachfrage explodierte und Häuser wurden auch als **Spekulationsobjekte** gekauft, in dem Wissen, dass sie schon nach kurzer Zeit im Wert steigen würden. Andererseits hatten viele Iren das Gefühl, dass sie sich beeilen müssten, um noch auf den fahrenden Zug aufzuspringen, bevor Hauspreise unerschwinglich würden. Im Jahr 2000 kostete ein Wohnhaus in Irland im Durchschnitt 143.508 Euro, 2006 hatte man einen Höchststand von 310.831 Euro erreicht. Zusätzlich hing der irische Staat von Steuereinnahmen durch Immobilienhandel ab: Sie machten ein Fünftel der Staatseinnahmen aus.

Irlands Banken befanden sich in einem wahren **Goldrausch** und liehen ihrerseits Geld auf den internationalen Finanzmärkten, vor allem aber zu niedrigen Zinsen in der Eurozone. Deutsche Banken beteiligten sich in hohem Maße an dem lukrativen Geschäft und verliehen mehr Geld nach Irland als jedes andere Land: Nach einem Bericht des Internationalen Währungsfonds von 2010 gaben sie irischen Banken insgesamt 113 Millarden Euro an Krediten.

Die **weltweite Wirtschaftskrise** ab 2008, ausgelöst durch eine Immobilienblase in den USA und die Pleite der amerikanischen Investmentbank Lehman Brothers, traf Irland besonders hart. Irlands Banken wurden auf den internationalen Finanzmärkten nun wegen ihrer Abhängigkeit vom Immobilienmarkt als besonders unsichere Kreditnehmer gesehen und die Geldströme versiegten. Bei einem bis spät in die Nacht andauernden Treffen am 30. September 2008 zwischen den Vorständen wichtiger Banken einerseits und Premierminister *Brian Cowen* und Finanzmister *Brian Lenihan* andererseits erklärten die Minister sich bereit, die **Schulden der Banken** zu übernehmen – ohne allerdings das Ausmaß zu kennen. Diese beliefen sich auf etwa **50 Milliarden Euro** und hängen noch heute, in den Worten des Historikers *John Dorney,* wie ein Mühlstein um den Hals der irischen Wirtschaft. Die Banker kamen mit dem Schrecken – und gewaltigen Boni – davon.

So erlebte das irische Wirtschaftswunder ein jähes Ende. Der irische Staat konnte seine öffentlichen Ausgaben nicht mehr aufrechterhalten und kein Geld zu realistischen Konditionen auf dem freien Markt leihen. Deshalb schnürten die EU und der Internationale Währungsfond (IWF) 2010 ein **Rettungspaket** von 85 Milliarden Euro, das an **strenge Sparmaßnahmen** geknüpft war. Öffentliche Ausgaben wurden gekürzt und Steuern erhöht. Die Arbeitslosigkeit stieg stark an und viele Iren konnten ihre Hypotheken plötzlich nicht mehr bezahlen oder ein Umziehen war und ist ihnen bis heute unmöglich, weil sie ihr Haus nicht verkaufen können. Der Durchschnittspreis eines Hauses lag Anfang 2013 bei 164.000 Euro. Viele Besitzer haben aber beim Kauf doppelt so viel gezahlt, weshalb ihre Schulden wesentlich höher sind als der aktuelle Wert des Hauses.

Eine neue Generation von Iren packt nun wieder die Koffer und sucht das Wohl in der Fremde. Es gibt aber Licht am Ende des Tunnels: Die Hauspreise steigen wieder und lagen Anfang 2016 bei 204.000 Euro – vor einer erneuten Immobilienblase wird aber schon gewarnt. Der Premierminster *Enda Kenny* verkündete im Oktober 2013, dass Irland im Dezember aus dem EU-IWF-Rettungspacket aussteigen und **an die Kapitalmärkte zurückkehren** werde. Allerdings sei die Zeit der Sparmaßnahmen noch lange nicht vorbei und Irland stehe weiterhin ein langer und beschwerlicher Weg bevor.

Übrigens ging es mit dem Ende des bewaffneten Kampfes der *IRA* auch in **Nordirland** wirtschaftlich aufwärts, wenn auch mit Unterbrechungen. Der Großraum Belfast war eines der Zentren der Industriellen Revolution im Vereinigten Königreich und traditionell spielten im Nordosten Irlands Schiffbau, Seilmacherei und die Textilindustrie eine wichtige Rolle. Nach der Teilung Anfang der 1920er-Jahre war Nordirland eng in die britische Wirtschaft eingebunden. Handel mit dem irischen Staat blieb hingegen unterentwickelt. Durch die bürgerkriegsähnlichen Zustände seit 1969 wurde Nordirland zum ärmsten Teil des Vereinigten Königreichs.

Das Ende der bürgerkriegsähnlichen Zustände und der Wirtschaftsboom in der Republik sowie im Vereinigten Königreich ab Mitte der 1990er-Jahre wirkten sich auch auf die nordirische Wirtschaft positiv aus. Doch ebenso litt Nordirland ab 2008 unter der weltweiten Wirtschaftskrise. Es bleibt abzuwarten, welche wirtschaftlichen Folgen der geplante Austritt des Vereinigten Königreichs aus der EU für beide Teile der Insel haben wird (siehe auch „Die irische Grenze und der Brexit“ ab Seite 70).

Einkommensverhältnisse und Sozialsysteme

Steuern

Eigentlich müsste man **Künstler** sein, wenn man in Irland lebt. Diese genießen nämlich - einmalig in der EU - auf ihr Einkommen aus dieser Tätigkeit **Steuerfreiheit.** Einbegriffen sind hier sowohl Musiker, Maler oder Bildhauer als auch Schriftsteller. Für Einkommen bis 33.800 Euro zahlen **Alleinstehende** 20%; für alles, was sie darüber hinaus verdienen, werden 40% fällig. Sie bekommen eine Steuergutschrift *(tax credit)* von 1650 Euro. **Verheiratete** mit einem Einkommen können bis zu 42.800 Euro oder bei zwei Einkommen gemeinsam bis zu 67.600 Euro verdienen, bevor sie in die höhere Steuerklasse rutschen. Ihre Steuergutschrift liegt bei 3300 Euro pro Person.

Die **Mehrwertsteuer** für die meisten Produkte liegt bei 23%. Kinderkleidung, Bücher, Produkte und Dienstleistungen im Bildungssektor sind steuerfrei, während es niedrigere Mehrwertsteuersätze u.a. für landwirtschaftliches Nutzvieh, touristische Unterkünfte und zubereitete Nahrungsmittel in Restaurants und Schnellimbissen gibt.

Das irische Gesundheitswesen

Wenn man als Einwohner in Irland krank wird, sollte man schon etwas Geld auf der hohen Kante haben. Die absolute Notversorgung wird zwar aus dem Sozialversicherungsbeitrag (PRSI) finanziert, den fast alle Arbeitnehmer zahlen und der niedriger ist als Krankenversicherungsbeiträge in Deutschland, aber es entstehen normalerweise noch Kosten darüber hinaus: So muss man 100 Euro Bearbeitungsgebühr für eine Notfallbehandlung im Krankenhaus entrichten. Falls man für einige Zeit stationär aufgenommen wird, schlägt das mit 75 Euro pro Tag zu Buche - bis zu einem Maximum von 750 Euro im Jahr. Besuche in der Hausarztpraxis (Hausarzt = *General Practitioner,* GP) kosten generell eine Gebühr, die bei ca. 50 Euro beginnt. Medikamente zahlt man bis zu einem Betrag von 144 Euro im Monat selbst und auch Zahnersatz, Brillen oder andere gesundheitliche Hilfsmittel sind teuer. Nur Sozialhilfeempfänger und Personen mit niedrigem Einkommen oder chronischen Krankheiten bekommen eine sogenannte **medical card,** die zur kostenlosen Behandlung und Versorgung mit Medikamenten berechtigt (ca. 32% der Bevölkerung).

[>] Auf bettelnde Jugendliche trifft man in Dublin leider nicht selten

Seit 2015 können die meisten Allgemeinmediziner Personen unter 6 oder über 70 Jahren kostenlos behandeln. Viele Menschen in Irland sind in Anbetracht der hohen Lebenshaltungskosten kaum in der Lage, etwas zur Vorsorge zu sparen oder gar eine zusätzliche private Krankenversicherung zu bezahlen. Viele können sich den **Arzt- oder Zahnarztbesuch schlichtweg nicht leisten** und schieben ihn solange hinaus, bis der Fall akut geworden ist und kein Weg mehr daran vorbeiführt. Daher kann man an der Qualität – bzw. am Fehlen – des Gebisses feststellen, wie es um den Geldbeutel der jeweiligen Person bestellt ist.

148i Foto: fk

Manchmal werden die Beiträge für eine Zusatzversicherung ganz oder teilweise vom Arbeitgeber übernommen. Es gibt eine halbstaatliche und mehrere private zusätzliche Krankenversicherungen, die einen unterschiedlichen Leistungsumfang anbieten. Bei den meisten bleibt dennoch eine hohe Selbstbeteiligung.

Das irische Gesundheitssystem steckt in einer viel diskutierten **Krise** und hat auch im eigenen Land nicht den besten Ruf. Das größte Problem ist das der **geografischen Verteilung.** Findet man in Dublin und Umgebung eine recht gute medizinische Infrastruktur vor, so sieht die Versorgungslage im Westen des Landes, vor allem in den abgelegeneren ländlichen Regionen, ziemlich düster aus. Eine Autostunde Fahrt oder mehr bis zum nächsten Krankenhaus ist keine Seltenheit. Die Hausärzte, die meist keine 24-stündige Notfallversorgung anbieten, verfügen selten über eine gute Ausstattung mit Diagnosegeräten. Ein Verdacht auf Blinddarmentzündung kann da schon mal zur Odyssee ausarten.

Auch die **Qualität und der Service** sind oft alles andere als optimal. Sicher ist eine überwiegende Mehrheit der in Irland arbeitenden Ärzte und Pfleger hervorragend ausgebildet und tut ihr Bestes. Allerdings sind auch sie Teil eines dringend reformbedürftigen Systems. Wartezeiten für einen Behandlungstermin über mehrere Monate, teilweise über Jahre, kommen vor – auch schon mal bei Schmerzpatienten. In der Krankenhausnotaufnahme kann es durchaus Stunden dauern, bis man einen Arzt zu Gesicht bekommt. Findet man sich dann als stationärer Patient wieder, teilt man das Zimmer mit knapp zwei Dutzend anderen Kranken in sogenannten *wards* (Stationszimmern), nur durch einen Vorhang voneinander abgetrennt. Die **lange Wartezeit** und die beschriebene Unterbringungssituation lassen sich nur durch eine Zusatzversicherung verhindern und auch dann gibt es meistens Mehrbettzimmer – und in manchen Gegenden ist es nur schwer möglich, überhaupt Arzttermine zu bekommen.

Dass etwas getan werden muss, ist allen klar – Bürgern wie Regierung. Bei der Frage, wie man das Ganze aber am besten angehen soll, herrscht Uneinigkeit.

Zumindest mit ihrem Gesundheitssystem kann die Republik Irland nicht mit **Nordirland** konkurrieren. Dort, wie im gesamten Vereinigten Königreich, wird die komplette Gesundheitsversorgung vom **staatlichen Gesundheitsdienst** (*Health and Social Care in Northern Ireland,* HSC) abgedeckt. Hausarztbesuche sowie Spezialisten- und Krankenhausversorgung sind für alle Einwohner kostenlos und nur für Medikamente muss man eine kleine Zuzahlung leisten. Allerdings können auch hier die Wartezeiten für die notwendige Behandlung beträchtlich sein.

Aus- und Einwanderungsland Irland

Auswanderung

In seinem autobiografischen Roman „Die Asche meiner Mutter" („Angela's Ashes") beschreibt der in New York geborene *Frank McCourt,* wie er 1934 im Alter von vier Jahren nach dem Tod seiner Schwester zusammen mit Eltern und Geschwistern ins irische Limerick zur Familie seiner Mutter zurückkehrt. Er meint, dass sie wohl die einzige Familie seien, die jemals von Amerika nach Irland gezogen ist. In Irland läuft es für die *McCourts* nicht sonderlich gut und *Frank* beschreibt Armut, Alkoholismus, soziale Enge und Intoleranz. Älter geworden versucht er, in die USA zurückzugehen. Am Schluss hat er das Geld für die Überfahrt zusammengespart und beendet das Buch mit der Frage, ob es in den USA besser sei. „'Tis" ist dann der Originaltitel des Fortsetzungsbuches, kurz für „It is", also eine Bejahung der Frage am Ende des ersten Romans. (Der deutsche Titel lautet „Ein rundherum tolles Land".)

Viele Iren empfanden es jedoch als Unglück, dass sie auswandern mussten und unzählige irische Volkslieder haben das Leid der Emigration zum Thema. Noch in der zweiten Hälfte der 1980er-Jahre blieben mancherorts nur der älteste Sohn und die älteste Tochter im Land, alle anderen Kinder einer Familie wanderten aus.

Die **Massenauswanderung** begann im frühen 19. Jahrhundert, zunächst vor allem nach Kanada. Mit der Hungersnot in den 1840er-Jahren nahm die Emigration noch einmal stark zu. Die **USA** wurden nun zum bevorzugten Ziel und blieben es bis in die Jahre nach dem Ersten Weltkrieg. Daneben wanderten Iren nach Großbritannien, Australien, Neuseeland und in andere Teile der Welt aus. Bereits in den 1850er-Jahren waren 26 % der Einwohner New Yorks irischer Herkunft. Als Katholiken blieben sie im protestantischen Amerika eine bis heute erkennbare ethnische Gruppe. Bis in die 1920er-Jahre waren etwa zehnmal so viele Iren in die USA ausgewandert wie nach Großbritannien. Nach der Weltwirtschaftskrise in den 1920er- und 1930er-Jahren drehte sich dieses Verhältnis quasi um, da es Einwanderungsbeschränkungen in den USA gab, das Tor nach **Großbritannien** hingegen offen blieb. Eine Mehrheit der Emigranten war sehr jung, zwischen 15 und 24 Jahre. Im Gegensatz zur Situation in anderen Auswanderungsländern wanderten aus Irland mehr Frauen als Männer aus.

Diese Massenauswanderung war natürlich nicht ohne Folgen für die Daheimgebliebenen. 1911 blieben 27% der Männer und 25% der Frauen unverheiratet. *Jeremiah Murphy* beschreibt in der Schilderung seiner Jugend in Kerry um die Jahrhundertwende („When Youth was Mine: A Memoir of Kerry", „Als die Jugend mir gehörte: eine Erinnerung aus Kerry"): „Menschen, die aus Irland in die USA, nach England oder Australien ausgewandert waren, schickten häufig Geld an ihre betagten Eltern und es war interessant zu hören, wie diese mit den Geschenken angaben. Natürlich hatten die den meisten Grund zu prahlen, die die meisten Familienmitglieder in Amerika hatten ... viele von diesen sparten etwas Geld und kamen auf einen Besuch zurück oder wollten sich auf einem Bauernhof in ihrem Geburtsland niederlassen. Vor allem die jungen Frauen [unter den Rückkehrern] standen bei jungen Bauern, die heiraten wollten, hoch im Kurs und stellten eine fast unfaire Konkurrenz zu den anderen heiratsfähigen jungen Frauen dar. Sie sahen fesch aus, waren gut angezogen und ihr gutes Benehmen und ihre Art zu sprechen waren besondere Vorzüge. Wenn man sie allerdings fragte, ob sie den Bauern heiraten würden, erwiderten einige schroff: ‚Ich glaube, dafür bin ich zu klug.'"

Bis in die frühen 1960er-Jahre wuchsen die Iren zur größten Einwanderergruppe in London an und es gab große irische Gemeinden in den englischen West Midlands. In Irland wurde die Massenauswanderung junger Leute und vieler Frauen zum Teil kritisch beäugt. 1951 gab die katholische Kirche Irlands eine **Untersuchung** zur Situation irischer Einwanderer in Birmingham (England) in Auftrag. Man sprach weniger mit Betroffenen als vor allem mit Vertretern katholischer Organisationen und fand so unter

149ir Foto: kw

den Emigranten neben äußerst schlechten Wohnverhältnissen auch „moralischen Verfall und die Unterminierung katholischer Werte". Die Studie veranlasste den irischen Premierminister *Eamon de Valera* dazu, die Auswanderer zur Heimkehr aufzufordern. Daraufhin erreichten ihn zahlreiche Telegramme von verärgerten Emigranten und viele verfassten Leserbriefe in irischen Zeitungen, in denen sie die irische Regierung aufforderten, entweder Arbeitsplätze zu schaffen oder „uns in Ruhe zu lassen und es uns hier nicht noch schwieriger und peinlicher zu machen".

Nach dem wirtschaftlichen Aufschwung der 1960er-Jahre sank die Zahl der Auswanderer stark, viele von ihnen kehrten sogar zurück in die Heimat. Bis in die 1970er-Jahre hinein waren es etwa 12.000 **Rückwanderer** pro Jahr. In den 1980er-Jahren stieg die Auswanderung wegen der wirtschaftlich schlechten Situation aber wieder stark an. Eine andere Gruppe zog es nun in die Ferne: Hatten in den 1950er-Jahren 75 % der Auswanderer einen ländlichen Hintergrund, kamen Mitte der 1980er-Jahre die meisten irischen Auswanderer aus den Städten Irlands. Anders als frühere Auswanderergenerationen, die **ohne besondere Qualifikationen** in die Fremde gegangen waren und sich meist mit niedrigen, unqualifizierten Arbeiten begnügen mussten, waren es nun **die gut ausgebildeten Iren,** die der Insel den Rücken kehrten. Über ein Drittel derer, die 1987 und 1988 in Irland studierten, verließen das Land. Praktisch jeder, der in den 1980er-Jahren am *University College Dublin* ein Architekturstudium abschloss, ging danach nach London. 800.000 Menschen hatten Irland allein in den Jahren zwischen 1949 und 1989 verlassen. 2008 löste die Wirtschaftskrise eine neue Auswanderungswelle aus, die auch nach dem neuerlichen Aufschwung andauert. Die Situation ist heute sehr komplex und Irland ist gleichzeitig ein Einwanderungs- wie auch ein Auswanderungsland. Die heutige Auswanderergeneration ist jung, überdurchschnittlich gut ausgebildet und geht nicht nur aus wirtschaftlichen Gründen in die Fremde. Die meisten zieht es ins nahegelegene Großbritannien, gefolgt von weiteren EU-Ländern. Die USA liegen, wenn man die EU ohne Großbritannien als eine Region nimmt, in der Gunst der Emigranten an dritter Stelle. Zu den neueren Zielen gehören die Golfstaaten.

Iren in den USA

Von der Hungersnot der 1840er-Jahre an bis zur Wirtschaftskrise im Amerika der späten 1920er- und 1930er-Jahre waren die USA das Hauptziel irischer Auswanderer. Wie in Irland trafen sie dort auf eine protestantische Oberschicht und waren oftmals Opfer anti-irischer und anti-katholischer **Diskriminierung.** In New York, wo die meisten Auswanderer ankamen und wo auch viele blieben, gab es im 19. Jahrhundert häufig **Auseinandersetzungen** zwischen Einheimischen und zugewanderten Iren, was *Martin Scorsese* in seinem Film „Gangs of New York" von 2002 thematisiert. Oft waren Stellenanzeigen mit dem Zusatz „No Irish need apply" („Iren brauchen sich nicht zu bewerben") versehen. Nichtsdestotrotz gelang den Iren, die sich um katholische Kirchengemeinden organisierten, der soziale Aufstieg in den USA viel leichter als in Großbritannien. Einen guten Eindruck von der Erfahrung irischer Auswanderer in den 1950er-Jahren bekommt man in *Colm Tóibíns* Roman „Brooklyn" und in dessen Verfilmung von 2015 (deutscher Filmtitel: „Brooklyn – Eine Liebe zwischen zwei Welten"). Darin geht es um die junge Irin *Eilis Lacey* aus der Grafschaft Wexford, die nach New York auswandert. Ein typisch irischer Beruf war in den Vereinigten Staaten der des Polizisten und einige Nachfahren irischer Einwanderer machten in der Politik Karriere, vorwiegend in der Demokratischen Partei. Das bekannteste Beispiel dafür ist wohl der US-Präsident **John F. Kennedy,** dessen Bild in den 1960er-Jahren in vielen irischen Haushalten neben dem des Papstes hing. In der amerikanischen Volkszählung von 2000 gaben 34 Millionen Amerikaner an, irischer Herkunft zu sein. Das sind 12 % der Bevölkerung der USA und

◁ In Dublin liegt die Nachbildung der Jeanie Johnston vor Anker. Das Originalschiff beförderte in der Mitte des 19. Jh. zahlreiche Auswanderer nach Amerika.

Ohne Papiere – illegale irische Einwanderer in den USA

Etwa 50.000 Iren leben illegal in den USA, da die legalen Möglichkeiten, dort zu arbeiten, sehr begrenzt sind: Man kann sich durch seinen zukünftigen amerikanischen Arbeitgeber sponsern lassen, insofern man einen Uniabschluss hat, in einer offiziellen Lotterie eine Greencard gewinnen, die dem Inhaber eine unbefristete Arbeitserlaubnis für die USA erteilt, oder vor der Auswanderung einen amerikanischen Staatsbürger heiraten.

Viele Iren reisen deshalb mit einem Touristenvisum ein und bleiben illegal im Land. Nicht alle müssen sich dabei konstant verstecken: Im Oktober 2016 interviewte ein Reporter der amerikanischen Radiokette NPR den 40-jährigen Maurer Gerry aus der Grafschaft Tipperary, der mit einem falschen Führerschein über Kanada eingereist war und schon 21 Jahre in Chicago lebte, einer Stadt, die sich zu einer „sanctuary city" erklärte und deren Polizei somit keine Informationen über illegale Einwanderer mit den Bundesbehörden austauscht. Der amerikanische Traum hat sich für ihn erfüllt: Gerry ist inzwischen verheiratet, hat einen fünfjährigen Sohn, ein Haus und sogar einen Maurerbetrieb. Einer seiner Angestellten ist ein Mexikaner, der ebenso illegal in den USA lebt wie Gerry. Allerdings versucht Gerry immer unauffällig zu bleiben. Urlaube zu Hause sind nicht möglich, denn werden die Illegalen bei ihrer Rückkehr entdeckt, steht ihnen ein zehnjähriges Einreiseverbot für die USA bevor – eine schlimme Aussicht, wenn man dort seinen Lebensmittelpunkt hat. Als Gerrys Großvater starb, konnte er nur über Skype an der Beerdigung teilnehmen.

Andere illegal in den USA lebende Iren wagen nur, gegen Bargeld zu arbeiten. Viele der Männer sind im Baugewerbe tätig und die Frauen in der Alten- und Kinderpflege oder sie arbeiten als Putzfrauen und im Gastgewerbe.

damit knapp **zehnmal so viele irische Amerikaner wie es Einwohner in Irland** gibt. Die „Irish Americans" sind die zweitgrößte ethnische Gruppe der USA. Nur die viel weniger präsenten Deutschamerikaner (43 Millionen) sind zahlenmäßig noch stärker.

Wenig konstruktiv für die Situation in Nordirland war die Initiative einiger irischstämmiger amerikanischer Geschäftsleute, deren Organisation **Northern Aid** *(NORAID)* unter irischen Amerikanern Geld sammelte und damit den bewaffneten Kampf der *IRA* unterstützte.

Der **St. Patrick's Day** ist übrigens einer der wichtigsten Festtage in den USA und wird dort von fast allen Einwohnern gefeiert (siehe das Kapitel „Feste in Irland" ab Seite 132).

Angesichts des irischen Wirtschaftsbooms der 1990er-Jahre (siehe auch „Irlands Wirtschaft" ab Seite 159) fiel die Zahl der in Irland geborenen Einwohner dort zwischen 1990 und 2010 um 29 % (Migrationsbericht der Vereinten Nationen 2013). Die „Irish Times" berichtete im Oktober 2005, dass irische Enklaven in New York, wie etwa Woodlawn, quasi ausstarben. Viele der 30 irischen Pubs dort waren meistens leer, ebenso wie Cafés und kleine Läden. Irische Vereine kämpften ums Überleben. Vier GAA-Sportvereine (siehe das Kapitel „Sport" ab Seite 208) mussten sich mangels Spielern auflösen. Dies änderte sich aber 2013 wieder. Die 20-jährige Dublinerin *Megan,* die ihrem Freund nach New York gefolgt war und dort in einem irischen Café Arbeit gefunden hatte, erzählte dem Journalisten *Aiden Lewis* von der BBC: „Es hat mich irgendwie überrascht. Wenn ich hier in der Gegend abends herumlaufe, fühlt es sich noch nicht einmal wie Amerika an. Es fühlt sich eigentlich so an, als ob ich wieder zu Hause bin, denn hier gibt es so viele Iren." Zwischen 2010 und 2013 war die irischstämmige Bevölkerung laut dem Migrationsbericht der Vereinten Nationen von 2013 um 3,6 % angestiegen.

Viele Iren orientieren sich eher nach Amerika und fühlen sich den USA näher als Europa. Der Autor und Irlandkenner *John Ardagh* schrieb 1994: „Irland und Amerika sind vielleicht sehr verschieden und trotzdem sind es die Iren, mehr als die meisten Völker, die Amerika zu dem gemacht haben, was es ist; vielleicht gibt das Land ihnen die Möglichkeit, eine andere Seite ihrer Natur auszudrücken, die sich in Irland selbst nicht so leicht entwickeln kann."

Iren in Großbritannien

Für ein halbes Jahrhundert – von 1951 bis 2001 – waren die Iren die größte Einwanderergruppe in Großbritannien. Zwischen 2001 und 2011 fiel ihr Anteil an der Gesamtbevölkerung deutlich, während die der in Indien, Polen und Pakistan geborenen Bewohner Großbritanniens wuchs und die Iren auf den vierten Platz verdrängte.

Das Leben in Großbritannien war für die irischen Einwanderer oft **schwieriger als für ihre Landsleute in den USA.** Und das, obwohl Iren quasi die gleichen Rechte wie britische Staatsbürger haben. Viele ließen sich im Londoner Ortsteil Kilburn oder in den West Midlands nieder, vor allem in den Städten Coventry und Birmingham, wo viele Iren während der 1960er- und 1970er-Jahre in der Autoindustrie arbeiteten. Wie in den USA entstanden irische Immigrantengemeinden, die um katholische Kir-

Moira – eine irische Emigrantin in London

Im Dezember 2004 unternahm die Journalistin Roisín Ingle von der Irish Times eine Reise in den Norden Londons, wo sie sich ein Bild von den Lebensverhältnissen irischer Auswanderer verschaffen wollte. Über den Sozialarbeiter Brian Boylan, der am „London Irish Centre" arbeitete, lernte sie Moira kennen. Brian war auf sie aufmerksam geworden, als sie zu ihm kam, um sich wegen ihrer zukünftigen Beerdigung beraten zu lassen. „Sie wollte niemandem zur Last fallen, wenn sie stirbt", erklärt Brian.

Moira war 1942 mit 14 Jahren aus Waterford ins London der Kriegsjahre gekommen. Sie tauschte ein Bett, das sie mit ihren zwei Schwestern teilte, gegen ein Einzelbett und arbeitete in einer Fabrik für Make-up. Das meiste Geld, das sie verdiente, schickte sie an ihre Familie in Irland. Den Rest gab sie für Süßigkeiten und Kinobesuche aus. Im Kino begegnete sie ihrem mittlerweile verstorbenen Ehemann, den sie mit 16 Jahren heiratete. Der jedoch trank und misshandelte sie. Ein Junge, ein Mädchen und ein Zwillingspaar starben bei der Geburt, zwei Kinder hat sie heute.

chengemeinden strukturiert waren. Die Iren bilden die größte nationale Gruppe von katholischen Priestern in Großbritannien und der Klerus in den oberen Rängen sowohl der britischen als auch der amerikanischen katholischen Kirche ist vorwiegend irischstämmig.

Der **Nordirlandkonflikt,** der zu Anschlägen auch in Großbritannien führte, hatte ein eher negatives Irenbild der Briten zur Folge. Sondergesetze zur Verhinderung von Terrorismus, die unter dem Eindruck des Nordirlandkonflikts 1974 erlassen wurden und bis 1989 galten, trafen fast ausschließlich Iren – aus beiden Teilen der Insel. „Innocent until proven Irish" – „unschuldig bis bewiesen wird, dass man Ire ist" wurde die rechtliche Situation jener Zeit von vielen beschrieben.

Mit einem **Durchschnittsalter** von 61,7 Jahren sind die Iren in Großbritannien laut einer Studie von 2014 (Clinton Institute, University College Dublin) heute die älteste Immigrantengruppe. Einer von drei Iren in Großbritannien ist über 65, verglichen mit einem von sechs in der Gesamtbevölkerung. Auch bezeichneten sich in der Volkszählung von 2011 fast 28 % der Iren in Großbritannien als „nicht bei guter Gesundheit", was nur von den fast 29 % der irischen Fahrenden (siehe auch das Kapitel „Irlands Fahrende – die ‚travellers'" ab Seite 180), die in Großbritannien 2011 erstmals als eigene ethnische Gruppe gezählt wurden, übertroffen wird. Die meisten Gesundheitsprobleme gibt es bei den 50- bis 64-Jährigen, die

Extrainfo 13 (s. S. 8): „The forgotten Irish": Dokumentation des irischen Fernsehsenders TV3 über die Auswanderung von Iren nach Großbritannien in den 1950er-Jahren (Englisch)

„Es war ein einsames Leben“, erzählt sie. „Ich half meiner Familie in Irland, wenn sie etwas brauchte, und ich schickte Pakete und Geld, als sie nichts hatten, aber niemand erinnert sich daran oder spricht darüber. Es ist so, als ob es nie geschehen wäre.“ Als Roisín Ingle im Jahr 2004 mit Moira sprach, war sie sechs Jahre nicht in Irland gewesen. Ginge sie nach Waterford, so würde sie in einem „Bed and Breakfast“ übernachten, obwohl sie dort noch Familie hat. Sie erzählt: „Wenn ich zurückgehe, komme ich mir nicht gut genug vor. In Bezug auf Geld und die Kleider, die ich trage, bin ich anders. Das letzte Mal, als ich hingefahren bin, hatte ich das Gefühl, dass ich nicht willkommen war und ich glaube, ich werde nicht mehr zurückfahren. Das Irland, das ich kenne, gibt es nicht mehr … Es ist schön zu sehen, dass all die Leute Geld ausgeben und dass es so viel Erfolg und Wohlstand in Irland gibt. Für mich kam das aber zu spät.“

Brian Boylan, der Sozialarbeiter, organisierte, dass Moira einen Kristallpokal bekam, in dem ihr Name eingraviert ist – als Anerkennung für das, was sie in ihrem Leben geleistet hat. Der steht jetzt an zentraler Stelle in ihrer Vitrine.

in den 1980er-Jahren kamen. Zahlreiche Studien zeigen in dieser Gruppe ausgeprägte Probleme mit Depressionen und Alkoholmissbrauch auf. Eine nicht unerhebliche Zahl der irischen Einwanderer sind **verarmt,** weil sie unter der Voraussicht, nur für begrenzte Zeit in Großbritannien zu leben, nie Sozialversicherungsbeiträge gezahlt haben. Nun sind sie dort alt geworden und fühlen sich immer noch als Fremde, während sie kaum noch Kontakte nach Irland haben. Im schlimmsten Fall sind sie **obdachlos.** Sehr treffend werden diese negative Folgen der Auswanderung in *Tom Collins* zweisprachigem Film „Kings“ dargestellt. Darin geht es um sechs junge Männer, die in den 1970er-Jahren aus der Connemara-Gaeltacht nach England gegangen sind und sich 30 Jahre später in London zum Begräbnis ihres jüngsten Freundes treffen.

In den letzten Jahren fördert der **irische Staat** verstärkt Projekte zur Verbesserung der Lebensbedingungen von Auswanderern, die schließlich in schlechteren Zeiten regelmäßig Geld in das bitterarme Irland überwiesen haben. Großbritannien ist in Anbetracht der geografischen Nähe und der Visumsfreiheit nach wie vor das populärste Ziel irischer Emigranten. Viele, die heute kommen, sind jung und gut ausgebildet, manche pendeln zwischen Irland und ihrem Arbeitsplatz. Eine große Zahl von ihnen geht nicht nach Großbritannien, um der Arbeitslosigkeit zu entfliehen, sondern um ihrer beruflichen Laufbahn neue Impulse zu geben. Allerdings kommen im

Vergleich etwa zu den USA auch mehr gering qualifizierte und finanziell schlecht ausgestattete Iren, da die Hürden auf der Nachbarinsel für sie wesentlich niedriger liegen. Nur selten beteiligen sich die neuen Zuwanderer am Kulturleben der alteingesessenen und schrumpfenden irischen Gemeinden. Für sie spielen soziale Medien und berufliche Netzwerke eine wesentlich wichtigere Rolle, um Kontakte mit anderen Menschen in vergleichbarer Situation zu pflegen.

Die Rückkehrer

Mittlerweile kommen viele irische Emigranten zurück auf die Insel. Das *University College Cork, Queen's University of Belfast* und andere Institutionen in der Republik Irland und in Nordirland unternahmen zwischen 2004 und 2008 eine gemeinsame Studie, in der Sozialwissenschaftler mit Rückkehrern in beiden Teilen Irlands sprachen. Die Interviewpartner hatten ihre Heimat in den 1980er- und 1990er-Jahren verlassen.

Der Wirtschaftsboom der späten 1990er und frühen 2000er-Jahre ermöglichte vielen die Rückkehr, war aber nicht deren Grund, so lautet eines der Untersuchungsergebnisse. Vor allem die Frauen wollten wieder nahe **bei ihren Familien** wohnen und ihre Kinder sollten **im gleichen Land aufwachsen** wie sie selbst. Mehr Frauen als Männer kehrten zurück und die meisten von ihnen hatten eine gute Berufsausbildung.

Vielen fällt es aber **schwerer, sich einzugewöhnen, als erwartet.** Zum einen haben die Auswanderer in der Fremde andere Erfahrungen gemacht als die Daheimgebliebenen. Zum anderen hat sich in Irland enorm viel verändert. Der „Irish Independent" (05.04.2000) berichtete in einem Artikel über den Auswanderer *Donal O'Leary* aus der Grafschaft Kerry. 1985 war er in die USA gegangen und nach 14 Jahren kehrte er zurück. „Als ich meine jüngeren Brüder und Schwestern hörte, wie sie die Preise von Aktien diskutierten, habe ich gemerkt, wie sehr sich Irland verändert hat." Als er an einem Samstagabend um neun Uhr eine Telefon-Hotline anrufen konnte, war er gänzlich verwundert: „Vor 15 Jahren war es unmöglich, außerhalb der allgemeinen Öffnungszeiten irgendjemanden zu erreichen."

Gemma Kiernan, die lediglich zwei Jahre in Kanada lebte, erzählte in einem Interview mit der *Irish Times* im August 2015, wie sehr sie sich in der Fremde verändert hatte: „Ohne es zu bemerken, habe ich mir die nordamerikanische Gewohnheit zu eigen gemacht, nicht zu viel nachzufragen oder über mich zu erzählen. Kürzlich war ich in einer Bank und als ich [beim Smalltalk] zu so vielen Einzelheiten über mein Leben in den letzten zwei Jahren gefragt wurde, fand ich das recht aufdringlich. Ja, es ist nett zu plaudern, Frau Bankangestellte, aber sollten Sie nicht die neun

Extrainfo 14 (s. S. 8): Euronews-Bericht
„Ruf der grünen Insel: Iren kehren nach Irland zurück"

Kunden hinter mir bedienen, statt mich zu fragen, wie viel Miete ich in Toronto gezahlt habe?" Eine Folge der Rückkehr scheint zu sein, dass **Ehen und Beziehungen** viel eher in die Brüche gehen (15,9 %), als dies im Allgemeinen in der irischen Gesellschaft vorkommt (8,4 %). Dies mag zum einen dadurch zu erklären sein, dass sich einige Emigranten schon vor der Rückkehr getrennt hatten und vielleicht sogar deshalb nach Irland zurückkamen. Ein anderer Grund könnte in dem unerwarteten Stress des Wiedereinlebens in Irland liegen.

Zwischen Mai 2015 und April 2016 kehrten 21.100 Auswanderer nach Irland zurück, 74 % mehr als im Vorjahr. Im gleichen Zeitraum emigrierten 31.800 Iren ins Ausland *(Central Statistics Office)*.

Die irische Diaspora

In den 1990er-Jahren hat es sich unter dem Einfluss von *Mary Robinson*, Präsidentin der Republik Irland von 1990 bis 1997, mehr und mehr eingebürgert, von der „irischen Diaspora" zu sprechen. Ursprünglich stand das Wort *Diaspora* für die in alle Welt verstreute Gemeinschaft der Juden. Angesichts von **70 Millionen Menschen irischer Herkunft in aller Welt**, so *Mary Robinsons* Schätzung, sei es durchaus angemessen, diesen Begriff auch zu übernehmen. Zum Vergleich: 2012 lag die Bevölkerung beider Teile Irlands zusammen bei knapp sechseinhalb Millionen. Immerhin etwa drei Millionen Menschen, die außerhalb Irlands leben, haben das Anrecht auf einen irischen Pass. Dafür muss man entweder selbst in Irland geboren sein oder zumindest in Irland geborene Eltern oder Großeltern nachweisen können. In der irischen Verfassung werden aber auch jene erwähnt, die kein Anrecht auf einen irischen Pass haben. Im Artikel 2 heißt es seit 1998: „... die irische Nation wertschätzt ihre besondere Verbindung mit Menschen irischer Herkunft im Ausland, die ihre kulturelle Identität und ihr kulturelles Erbe teilen."

Die neue Einwanderung nach Irland

Wenn man heute Urlaub in Irland macht, kann es einem passieren, dass man das Frühstück von einem Polen serviert bekommt, die Zimmer von einer Chinesin aufgeräumt werden und der Cappuccino im Café von einem Filipino oder einer Litauerin zubereitet wird. Innerhalb von vier bis fünf Jahren hat sich Irland von einem klassischen Auswanderungsland zu einer **multikulturellen Gesellschaft** gewandelt. Dies bringt natürlich nicht nur Chancen und Bereicherungen, sondern auch Probleme und gesellschaftliche Herausforderungen mit sich, die für die Iren noch recht ungewohnt sind.

Asylsuchende und EU-Neubürger

Mit dem wirtschaftlichen Aufschwung der 1990er-Jahre erreichten die ersten **Asylsuchenden** Irland. Da bisher nur eine unzureichende Gesetzgebung existiert hatte, erließ die irische Regierung 1996 ein sogenanntes Flüchtlingsgesetz, das anerkannten Flüchtlingen weitreichende Rechte wie Reisefreiheit, das Recht auf Arbeitssuche und -ausübung und auf den Empfang von Sozialleistungen garantierte. Antragsteller durften zwar noch nicht sofort arbeiten, bekamen aber Wohnraum und volle Sozialleistungen. Die Neuankömmlinge waren für viele Iren ungewohnt und stießen mancherorts auf Vorurteile oder Ablehnung. Nachdem 2002 12.000 Asylbewerber ins Land gekommen waren, wurde es in der Folgezeit schwerer, in der Republik **als asylberechtigt anerkannt** zu werden. 2016 wurden 90% der Anträge abgelehnt, weitaus mehr als in den meisten anderen EU-Staaten. Im Zuge der europäischen Flüchtlingskrise verpflichtete sich die Republik Irland 2015 zur Aufnahme von 4000 Syrern bis 2017, was laut einer Umfrage des Radiosenders *Newstalk* vom Februar 2016 von 67% der Bevölkerung unterstützt wird. Anfang 2017 hatte das Land aber allem Anschein nach noch keine 100 Flüchtlinge aufgenommen.

Die größte gesellschaftliche Umwälzung ist zu beobachten, seit 2004 zehn neue Länder der EU beitraten. Neben dem Vereinigten Königreich und Schweden war Irland das einzige Land, das den **EU-Neubürgern sofort völlige Niederlassungs- und Arbeitsfreiheit** gewährte. Es kamen vor allem Polen, aber auch Litauer, Slowaken und Letten ins Land. In den Medien fand eine erregte Debatte über die Vor- und Nachteile dieser Einwanderungswelle und ihre möglichen Auswirkungen auf die irische Gesellschaft statt. Die Presse schürte teilweise die Angst vor einer „Invasion". Das Problem war, dass in den ersten Jahren nur Zahlen für die Antragsteller von Sozialversicherungsnummern existierten, die mit etwa 200.000 sehr hoch, aber doch auch recht aufgeblasen waren. Viele der Antragsteller waren Saisonkräfte, die bereits nach kurzer Zeit wieder in ihr Heimatland zurückkehrten oder trotz Antrag gar keine Arbeit in Irland aufgenommen hatten. Der Volkszählung von 2011 zufolge lebten zu der Zeit rund 123.000 Polen in Irland. Sie stellten somit die größte Immigrantengruppe, gefolgt von etwa 112.000 Briten, von denen aber vermutlich viele irischstämmig sind. Zudem gab es viele Litauer und Letten. Etwa 13% der Bewohner Irlands hatten 2011 einen nicht-irischen Pass.

⊡ Polnischer Supermarkt in Dublin

150ir Foto: rk

Polnische Immigranten

Heute sind **fast 3 % der Bevölkerung** der Republik Irland Polen. Sie sind so zahlreich, dass politische Parteien aus Polen 2007 hier Wahlkampf machten und in Dublin, Cork und Limerick Wahllokale eingerichtet wurden. Angesichts der großen Zahl von Landsleuten erkannten *Adrian Rezmerita* und *Alina Danylyuk* das Potential eines polnischen Lebensmittelladens. So entstand 2004 in Naas (Grafschaft Kildare) der **Supermarkt „Polonez“,** der bis 2017 zu einer Kette mit 29 Filialen in der Republik und einer in Nordirland anwuchs. Dem Journalisten *Graham Clifford* vom *Irish Independent* erzählte *Michal Dziegielewski,* der Vertriebsleiter der Ladenkette, im März 2015: „Wir finden, dass irische Lebensmittel etwas süßer sind als unsere ... Ihr habt eigentlich kein geräuchertes Fleisch in eurer Kultur. Zu Hause ist das äußerst beliebt und jetzt ist das eines der beliebtesten Produkte in unseren Läden in Irland.“ Das Fleisch kommt aus Irland und wird von der irischen Firma *Elita Meats* in Dunshaughlin (Grafschaft Meath) verarbeitet. Die Ladenkette hat insgesamt 180 Angestellte, einige von ihnen sind Iren. Die Läden sind Treffpunkte für Polen in Irland und auf schwarzen Brettern findet man Stellen- und Verkaufsangebote sowie Kaufgesuche und Veranstaltungshinweise. *Agnieszka Wesolowska,* die Verkaufsleiterin der Filiale in der Mary Street in Dublin, sagte: „Unsere Lebensmittel sind sehr anders als die irischen, gaube ich. Aber wir hoffen,

Extrainfo 15 (s. S. 8): „The Irish-Polish Connection“: Méabh McMahon führte 2009 Interviews mit Iren und Polen in Dublin (Englisch)

dass mehr Leute aus Irland in unseren Laden kommen und einige unserer Produkte probieren. Wer weiß, sie könnten etwas neues finden, was sie wirklich sehr mögen." 75 % der Kunden sind nach eigenen Angaben Polen, die restlichen 25% setzen sich aus anderen Osteuropäern und Iren zusammen.

Chinesen in Irland

Nach dem Ende des Zweiten Weltkriegs begann die **chinesische Küche** auch in Irland einen Siegeszug. Restaurants und Take-Aways wurden vorwiegend von Chinesen aus der damals britischen Kronkolonie **Hongkong** betrieben, die meist zwischen 1950 und 1970 über Großbritannien nach Irland kamen, sowie in den 1980er-Jahren aus Malaysia. 1986 lebten etwa 1000 Chinesen in Irland, heute sind es schätzungsweise zwischen 40.000 und 70.000. In großer Zahl zog es Chinesen erst zu Beginn des 21. Jahrhunderts ins Land. Die Chinesen, die heute nach Irland kommen, stammen aus der Volksrepublik China und sprechen, anders als die schon lang hier ansässigen und meist kantonesischsprachigen Chinesen und deren Kinder, Mandarin. Sie sind jung und kommen nach Irland, um Englisch zu lernen und zu studieren. Häufig haben ihre Familien Schulden aufgenommen, um den **Bildungsaufenthalt** zu ermöglichen, weshalb die höchste Priorität nach der Ankunft ist, möglichst viel zu verdienen, um die Schulden abzuzahlen.

Im Norden der Dubliner Innenstadt, in der Parnell Street und in der Moore Street, ist ein **chinesisches Viertel** mit Restaurants, Supermärkten, Internetcafés und einem Friseur entstanden, das oft inoffiziell als „China Town" bezeichnet wird. Immerhin zwei chinesische Zeitungen entstehen hier und auch Traditionsbetriebe wie die Metzgerei FX Buckley passen sich an die neue Kundschaft an, sei es durch chinesische Aufschriften, besondere Angebote z. B. zum chinesischen Neujahr oder bislang eher unübliche Fleischstücke (Schweineohren, Schweinemägen, Hühnerhälse, Hühnerfüße). Es wird immer wieder die Frage aufgeworfen, ob das Viertel offiziell als **„China Town"** bezeichnet werden und einen chinesischen Torbogen bekommen soll, wie er typisch für viele Viertel dieser Art in aller Welt ist. Nicht alle Anwohner und ansässigen Betriebe halten aber viel von dieser Idee: „In dieser Straße gab es viele afrikanische Läden, bevor die Chinesen gekommen sind", erzählte der Händler *Punk Ojukwu* einer Reporterin der *Irish Times* (28.01.2017). „Wenn die Gegend China Town genannt würde, käme niemand her, um Haarverlängerungen zu kaufen."

▷ Oft bleiben für Immigranten nur schlecht bezahlte Jobs übrig

Extrainfo 16 (s. S. 8): Bericht des irischen Fernsehens zur China Town von Dublin

Gesellschaftliche Herausforderungen

Die Veränderungen durch die Immigranten hatten bisher einen **positiven Einfluss auf die irische Wirtschaft.** Da die Einwanderer zum größten Teil im arbeitsfähigen Alter sind, die irische Bevölkerung aber zu einem hohen Prozentsatz aus Minderjährigen oder Rentnern besteht, bringt das die Wirtschaft in Schwung. Auf die niedrige Arbeitslosenrate haben sich die Neuankömmlinge bisher auch nicht negativ ausgewirkt.

Allerdings stellt die neue Situation die irische Gesellschaft vor eine große Aufgabe. Zwischen 2012 und 2014 wurden 12 % der Erwachsenen nach eigenem Empfinden aufgrund solcher Faktoren wie Geschlecht, Alter oder wegen einer Behinderung diskriminiert. Am höchsten war die **Diskriminierung** aufgrund einer anderen Hautfarbe (28 %), gefolgt von unangebrachter Behandlung in Bezug auf Nationalität (Central Statistics Office, 2015). Es gibt aber auch positive Beispiele. So wurde in Portlaoise, einer kleinen Stadt westlich von Dublin, mit *Rotimi Adebari* zum ersten Mal ein Bürgermeister nigerianischer Abstammung gewählt. Er war von 2007 bis 2014 im Amt.

150ir Foto: kw

In **Nordirland** scheint das **Problem noch dringender** zu sein. Amnesty International erklärte im August 2016, dass die Zahl **rassistisch motivierter Gewalttaten** besorgniserregend sei: Mit 1333 Vorfällen und 785 Straftaten gibt es etwa ebenso viele rassistisch motivierte Gewalttaten wie solche gegen Angehörige der jeweils andersgläubigen (katholischen/protestantischen) Bevölkerungssgruppe. Nur etwa 19 % dieser Straftaten konnten aufgeklärt werden. Gleichzeitig wird die nordirische Gesellschaft aber auch weltoffener. So wurde der Wahlbezirk Belfast-Süden im nordirischen Parlament zwischen 2007 und 2016 von der in Hongkong geborenen Sozialarbeiterin *Anna Lo* von der *Alliance Party* vertreten, die als **erste Person chinesischer Herkunft** in ein **europäisches Parlament** berufen wurde. **Rassismus** scheint besonders in ärmeren protestantischen Wohngebieten aufzutreten. Im Gegensatz zu Katholiken, die meistens ihr Leben lang an einem Ort wohnen bleiben, verlassen Protestanten ihre Wohngebiete, wenn sie sozial aufsteigen. Das hat zur Folge, dass Immigranten genau dort freien Wohnraum finden und oft zur Zielscheibe von Aggressionen werden. Sozialwissenschaftler vermuten, dies liege daran, dass vor allem Protestanten in solchen Stadtteilen das Gefühl haben, durch den Friedensprozess gegenüber den Katholiken an Boden verloren zu haben. Mit der neuen Einwanderungswelle entstanden dann oft eine feindliche Haltung und Vorurteile den Immigranten gegenüber und viele Nordiren aus benachteiligten Sozialschichten glauben fälschlicherweise, die Einwanderer würden ihnen Arbeitsplätze und Sozialleistungen wegnehmen. Jahrzehntelang entluden sich Probleme in dieser Bevölkerungsschicht mit Gewalt gegen die jeweils andere Konfessionsgruppe – ein Umdenken ist für manch einen schwierig.

Irlands Fahrende – die „travellers"

Die irischen Fahrenden pflegen wie anderswo beispielsweise Sinti und Roma traditionell eine **nomadische Lebensweise.** Als Tourist begegnet man ihnen häufig, denn noch etwa die Hälfte von ihnen lebt in Wohnwagen, die oft auf Grünstreifen und Parkplätzen an den Hauptverkehrsstraßen stehen.

Es gibt etwa 23.000 Fahrende in der Republik Irland, 1500 in Nordirland und einige in den USA und in Großbritannien. Sie werden traditionell als **tinkers** bezeichnet, ein Begriff, der auf ihr ehemaliges Betätigungsfeld als Kesselflicker (*tin* heißt „Blech") hinweist. Allerdings ist dieser Name mittlerweile verpönt und wird als abwertend angesehen. **Travellers,** also Fahrende, ist die heute übliche Bezeichnung. Die Fahrenden selbst nennen sich teilweise auch **Pavee.** Ihr Ursprung ist ungewiss. Anders als bei den Sinti und Roma haben sich ihre Vorfahren scheinbar aus der Mehrheitsbevölkerung heraus entwickelt. Urkundlich erwähnt sind Fahrende seit dem Mittelalter. In *Shakespeares* Werk „Der Widerspenstigen Zähmung" von 1594 ist eine der Hauptfiguren ein irischer Fahrender: *Tinker Sly* („Kesselflicker Schlau").

Die *travellers* leben von der *settled community* (sesshafte Bevölkerung) getrennt, auch diejenigen, die mittlerweile selbst sesshaft sind. Sie heiraten meist untereinander und leben in **patriarchalen Großfamilien.** Neben dem Reparieren und der Herstellung von Blechgegenständen reinigten sie früher Schornsteine und waren als Landarbeiter tätig. Vor dem Einzug von Autos, Bussen und modernen Massenmedien wanderten Nachrichten, Lieder und Volkserzählungen mit ihnen von Ort zu Ort. Die Fahrenden haben eine eigene Geheimsprache, das **Shelta,** das vor allem irische

Wörter enthält, deren Silben meistens verdreht werden. Außerdem gibt es im *Shelta* auch einige Wörter aus dem *Romanes*, der Sprache der Roma, mit denen die irischen Fahrenden viele Aspekte ihrer Lebensweise, nicht aber ihre Herkunft, teilen. Grammatik und Wortstellung des *Shelta* sind größtenteils wie im Englischen. Verwendet wird die Sprache nur, um miteinander Informationen auszutauschen, ohne dass Sesshafte es verstehen können. Die Kenntnis und Verwendung dieser Geheimsprache stirbt aber allmählich aus.

Mit dem Aufkommen von Plastikwaren in Massenherstellung und der Mechanisierung der Landwirtschaft verloren die *travellers* ihren ursprünglichen Erwerbszweig. Viele sind heute von staatlicher Unterstützung abhängig – die Arbeitslosigkeit der Fahrenden liegt bei 70 %. Sowohl die Kindersterblichkeit unter ihnen als auch der Analphabetismus sind hoch. *Travellers* sterben im Durchschnitt neun Jahre früher als Angehörige der sesshaften Bevölkerung, Frauen sogar durchschnittlich zwölf Jahre früher. Die Hälfte der Fahrenden in Irland hat keinen Zugang zu Toiletten, Elektrizität, Müllabfuhr oder fließendem Wasser. Sie sind außerdem zahlreichen Diskriminierungen ausgesetzt: Oft wird ihnen etwa in Pubs die Bestellung verwehrt.

Zunehmend setzt sich unter den Fahrenden die Erkenntnis durch, dass sie selbst etwas an ihrem Los verbessern müssen. Das **Traveller Movement** („Fahrenden-Bewegung“) ist ein Verband, dem zahlreiche Selbsthilfeorganisationen angehören. Vor allem die **blutigen Fehden,** zu denen es zwischen einzelnen Familien immer wieder kommt, sind ein großes Problem. Auch wenn nur eine Minderheit daran beteiligt ist, so leidet doch die ganze Gruppe, nicht zuletzt wegen des negativen Bildes in der Öffentlichkeit. Zu gewalttätigen Auseinandersetzungen kommt es häufig bei größeren Zusammenkünften wie bei Beerdigungen. Im schlimmsten Fall wird das Leben einer ganzen Kleinstadt lahmgelegt. 2009 erklärte *Julie Mongan,* die Direktorin des *Traveller Movement* in der Grafschaft Longford, der „Irish Times“: „Wenn es in einer Gegend zu einer Fehde zwischen zwei Fahrenden-Familien kommt, kann das Gesetz nicht so vorgehen wie bei Sesshaften. Das ist so, weil Fahrende einen anderen Hintergrund haben, eine andere Kultur, andere Traditionen, einen anderen Glauben, sie leben anders.“ Deshalb, so *Mongan,* müssen Polizisten ein Bewusstsein für die kulturellen Unterschiede entwickeln. Die irische Polizei sollte für den Umgang mit Fahrenden ausgebildet werden.

Als man sich im Zuge der in den 1960er-Jahren beginnenden Modernisierung des irischen Staates auch mit den Fahrenden als unterprivilegierter Gruppe auseinandersetzte, schien die Sesshaftigkeit das Allheilmittel zu sein. Diese Strategie hat die Probleme jedoch nicht lösen können.

Extrainfo 17 (s. S. 8): „Romeo und Julia in Not – Eine irische Liebesgeschichte mit Hindernissen“: Die Phoenix-Dokumentation nimmt das Milieu der irischen Fahrenden in den Blick.

Fahrende werden bisher als „gescheiterte Sesshafte“ angesehen. Politische Aktivisten aus den Reihen der *travellers* fordern nun die Anerkennung als **eigene Volksgruppe.** Ihr nomadisierender Lebensstil sollte akzeptiert werden und die immer neue Gesetzgebung, die diesen kriminalisiert, zurückgenommen werden.

Die öffentlich gezeigte Ablehnung gegenüber den *travellers* hat im modernen multikulturellen Irland einen neuen Höhepunkt erreicht. Es scheint an der Zeit, dass die irische Gesellschaft lernt, auch mit ihrer alteingesessenen Minderheit zu leben.

Sicherheit und Kriminalität

Wenn man an Irland denkt, fällt einem sicherlich nicht in erster Linie Kriminalität ein. Die mit dem irischen Wort **Gardaí** bezeichnete Polizei (manchmal auch anglisiert als *Guards*) ist normalerweise **unbewaffnet** und es herrscht die weit verbreitete Vorstellung, dass in Irland jeder sein Haus und Auto unverschlossen lassen kann. In kleinen Dorfgemeinschaften, in denen jeder jeden kennt, war und ist dies auch heute noch zutreffend. Im Zuge der Entwicklung Irlands von einem der ärmsten EU-Mitgliedstaaten zu einem der reichsten Länder der Welt, wird die **Schere zwischen Arm und Reich immer größer** und die Kriminalitätsrate hat sich der Lage angeglichen. Vor allem in den Städten, insbesondere in manchen Gegenden von Dublin, gibt es eine außerordentlich hohe Kriminalitätsrate. Die Opfer von Kriminalität sind meist Angehörige der Mittelschicht. Die Straftaten werden vorwiegend von Menschen aus der Arbeiterschicht begangen, die kaum Zukunftsperspektiven haben.

Oft handelt es sich um **Drogenbeschaffungskriminalität:** Irland hat den dritthöchsten Kokainverbrauch in Europa. Seit 2000 ist die beschlagnahmte Menge dieser Droge um 800 % angestiegen. Teilweise werfen auch die paramilitärischen Strukturen Nordirlands ihre Schatten in die Republik: Oftmals beschafften sich beide Seiten die finanziellen Mittel für ihren bewaffneten Kampf durch Bankraub und ähnliche Machenschaften im Süden. So mussten zum Beispiel Dubliner Kriminelle Schutzgelder an die *IRA* entrichten. Einer der berüchtigtsten Gangster Dublins, *Martin Cahill* (bekannt als **„der General“**), wurde 1994 von der *IRA* erschossen, weil er mit einer protestantischen paramilitärischen Gruppe Geschäfte gemacht hatte. Landesweite Aufmerksamkeit erregte 1996 auch der Fall des Polizisten *Jerry McCabe,* der bei einem versuchten Überfall auf ein mobiles Postamt in Adare im Westen Irlands erschossen wurde. Die gefundenen Patronen wurden zu jener Zeit in Irland ausschließlich von der *IRA* verwendet. Deren Führung verkündete, an dem Überfall nicht beteiligt gewesen zu sein. Später setzte sich jedoch *Sinn Féin,* der politische Flügel der *IRA,* für eine frühzeitige Entlassung der mutmaßlichen Täter aus dem Gefängnis ein.

Die **Methoden der Paramilitärs** werden mittlerweile auch von Dubliner Drogenbossen und kriminellen Banden angewendet. So prangerte *Joan Burton,* eine Abgeordnete für den Dubliner Bezirk Blanchardstown, Ende 2005 an, dass Dubliner Gangsterbosse die Menschen in ihren eigenen Vierteln unterdrücken und kontrollieren. Und wer sich nicht an die von ihnen aufgestellten Regeln halte, würde mit Beinschüssen oder Ähnlichem bestraft, wie man es bisher nur von nordirischen Paramilitärs kannte.

Wie stark die Kriminalität in Irland denn nun im Unterschied zu anderen Ländern sei, darüber gibt es unterschiedliche Auffassungen. Bevölkerung und irische Medien beklagen eine Zunahme der Straftaten. Die staatlichen Statistiken zeichnen ein anderes Bild: Irland ist demnach immer noch weniger als andere Länder der westlichen Welt von Kriminalität betroffen. Gewaltverbrechen betragen hier nur ein Drittel des EU-Durchschnitts. Dies wurde jedoch durch die schon erwähnte, von der EU in Auftrag gegebene Studie infrage gestellt: Nach dieser hat die Republik Irland wie auch das Vereinigte Königreich, Estland, die Niederlande und Dänemark eine Kriminalitätsrate, die 30 % höher liegt als der EU-Durchschnitt. 2016 verglich die Tageszeitung „The Irish Independent" die Statistiken zu **Tötungsdelikten** auf den britischen Inseln und kam zu dem erschreckenden Schluss, dass die Wahrscheinlichkeit, in der Republik Irland erschossen zu werden, sechsmal höher ist als in England und Wales und immerhin doppelt so hoch wie in Nordirland. Allerdings ist in allen vier untersuchten Regionen die Zahl der Morde im Vergleich zu den vorangegangenen zehn Jahren zurückgegangen.

Für Touristen ist Irland nicht gefährlicher als andere europäische Länder. In Dublin (und Belfast) sollte man, wie in jeder anderen Großstadt auch, gut auf seine Habseligkeiten achten, abends bestimmte Viertel meiden und sein Auto stets gut abschließen. Zumal das Verbrechen, das die Touristen am ehesten trifft, der Diebstahl von Mietwagen oder von Gegenständen daraus ist.

ANGLERS' WELCOME
APPROVED

Geschlechter-rollen und Familie

☒ Unterkunft mit Familienanschluss im Gort na Mona B&B, Ardara
(108ir Foto: Brian Morrison, Tourism Ireland)

Kinder, Küche, Kirche? – Frauen in Irland

Im heutigen Irland unterscheidet sich die Rolle von Frauen in der Gesellschaft nicht mehr wesentlich von der in anderen europäischen Ländern. Allerdings war der Weg dorthin steinig und ein **Blick in die Verfassung** von 1937 zeigt, mit welchen Problemen und Hürden man es zu tun hatte. Dort heißt es bis heute in Artikel 41:

„... Im Besonderen erkennt der Staat an, dass die Frau durch ihr Leben innerhalb des Haushalts den Staat in einem Maße unterstützt, ohne das das Allgemeinwohl nicht sichergestellt werden kann.

... Der Staat muss daher gewährleisten, dass Mütter nicht durch wirtschaftliche Notwendigkeit in die Erwerbstätigkeit gezwungen werden und dadurch ihre häuslichen Pflichten vernachlässigen."

Also: **Frauen sind Mütter und die gehören hinter den Herd!** Die Gründerväter des gerade unabhängig gewordenen irischen Staates hatten ein ländliches, stark von katholischen Moralvorstellungen geprägtes Irland im Sinn, in dem Patriotismus und Katholizismus untrennbar verbunden waren. Das beinhaltete ein Bild der Frau als Ehefrau und Mutter mit sehr begrenzten Rechten.

Bis in die späten 1960er-Jahre änderte sich an dieser Situation auch nicht viel: Verheiratete Frauen galten offiziell als **ökonomisch abhängig von ihren Ehemännern,** d. h., sie konnten ihre Steuern nicht separat bezahlen und hatten kein Recht auf eigene Sozialleistungen wie Arbeitslosengeld oder Rente. Mutterschaftsurlaub war unbekannt und es gab bei den Arbeitgebern unterschiedliche Gehaltstabellen für Frauen und Männer. Auch das Vermögensrecht benachteiligte vor allem Verheiratete: Ehefrauen benötigten für finanzielle Transaktionen die Zustimmung ihres Mannes, was umgekehrt aber nicht der Fall war. Es konnte also durchaus vorkommen, dass ein Mann das Haus der Familie mitsamt Inhalt verkaufte, ohne dass seine Frau etwas davon wusste.

Empfängnisverhütung war generell illegal und die hohe Kinderzahl schuf Tatsachen – die meisten Frauen waren zwangsweise Vollzeitmütter. Ein anderes Problem war der sogenannte **Marriage Bar,** eine Richtlinie, nach der Frauen, die im öffentlichen Dienst oder in bestimmten anderen Berufen arbeiteten (z. B. als Lehrerin), mit der Heirat automatisch entlassen wurden. Der einzige Ausweg aus dieser Situation war, nicht zu heiraten und als alte Jungfer zu sterben oder ins Kloster zu gehen.

Auch die **Bildungschancen** waren für Jungen und Mädchen sehr unterschiedlich. Bis heute sind die meisten Schulen in Irland nach Geschlechtern getrennt und werden von der Kirche geführt. Fächer wie Chemie oder Physik wurden an vielen Mädchenschulen gar nicht unterrichtet.

Man ging wie selbstverständlich davon aus, dass Mädchen ja sowieso nach dem Schulabschluss heiraten würden und Fächer wie Hauswirtschaft und Handarbeit daher viel nützlicher seien. Noch im Lehrplan von 1985 heißt es:

„In der Entwicklungsförderung können für Jungen und Mädchen unterschiedliche Regelungen gelten. Jungen können Fertigkeiten und Techniken lernen, Mädchen entwickeln oft eher ein Gespür für Stil und Anmut ... Während eine große Zahl von Liedern für Jungen geeignet ist, z. B. Märsche oder fröhliche, lustige und rhythmische Melodien, sind andere eher für Mädchen angemessen, z. B. Wiegenlieder, Spinnlieder, Lieder, die in Inhalt und Ausdruck eher zart sind."

Vor allem Mädchen aus armen Familien, die in der langen Geschwisterreihe zu den älteren gehörten, mussten oft schon mit 13 oder 14 Jahren die Schule verlassen und zu Hause der Mutter helfen oder auswärts arbeiten gehen. Oft blieb die Bildung dabei auf der Strecke.

Generell waren alleinstehende Frauen mit etwas weniger Problemen konfrontiert als Verheiratete, da sie nicht von den Arbeitsbeschränkungen für Ehefrauen betroffen waren und als gesetzlich eigenständige Personen frei über ihre Finanzen verfügen konnten. Die Schwierigkeiten fingen an, wenn eine **unverheiratete Frau schwanger** wurde. Wohlhabende Familien konnten die Tatsache noch vertuschen und, da Abtreibungen in Irland illegal waren, eine solche im Ausland vornehmen lassen oder ganz das Land verlassen. Frauen aus ärmeren Familien blieb oft nichts anderes übrig, als in Schande von zu Hause auszuziehen und in ein Heim für „gefallene Mädchen" zu gehen, in denen meist katastrophale Zustände herrschten (siehe den Exkurs „Gefallene Mädchen – die Magdalene Laundries" ab Seite 188). Auf jeden Fall war sowohl die Schwangere wie auch, wenn die Vertuschung misslang, deren Familie gesellschaftlich geächtet. Noch 1984 wurde *Eileen Flynn,* Lehrerin an einer von Nonnen geführten Schule, entlassen, weil sie als unverheiratete Frau ein Kind von ihrem Lebenspartner erwartete. Das „Problem" war weniger, dass sie schwanger war, sondern dass sie nichts verheimlichte und die Sache öffentlich wurde.

Ein langsamer **Wandel** begann jedoch bereits in den 1960er- und 1970er-Jahren durch den Wirtschaftsaufschwung in Irland (siehe auch das Kapitel „Boom and Bust – Irlands Wirtschaft" ab Seite 159) Außerdem trugen die von Amerika und dann von Nordirland herüberschwappende Bürgerrechtsbewegung (siehe das Kapitel „Die geteilte Insel (1920 bis heute)" ab Seite 55) und das Vorbild der Emanzipationsbewegung in Großbritannien und den USA zu einem **neuen Selbstbewusstsein** vieler Frauen bei. Anfang der 1970er-Jahre wurde in Dublin die erste Frauenrechtsgruppe gegründet. Eine Regierungskommission gab 1972 die erste

„Gefallene Mädchen" – die Magdalene Laundries

Als 1993 ein Grundstück, das dem Orden der „Sisters of Charitiy" in Dublin gehörte, an den irischen Staat verkauft wurde, entdeckte man 133 ***nicht gekennzeichnete Gräber*** *auf dem dazugehörenden Friedhof. Das waren die Grabstellen von Frauen, die ihr ganzes Leben* ***mit harter körperlicher Arbeit in der Wäscherei*** *des Konvents verbracht hatten. Dort hatten die Nonnen sogenannte „gefallene Mädchen" beherbergt - versteckt vor der Öffentlichkeit. Nach ihrem Tod waren die Mädchen und Frauen anonym begraben worden, ohne eventuell noch existierende Familienangehörige zu informieren.*

Als diese Entdeckung publik wurde, ging ein Aufschrei durch die irische Öffentlichkeit und Familienangehörige meldeten sich, die in den Verstorbenen ihre lange verlorenen Töchter, Schwestern, Mütter oder Großmütter vermuteten. Oft waren die Identifizierungsbemühungen aber ohne Erfolg und die anonymen Leichname sollten schon eingeäschert werden, als plötzlich 22 weitere Gräber auftauchten. Die dort gefundenen sterblichen Überreste wurden schließlich zusammen mit den anderen eingeäschert. Auch in Irland ist es illegal, Tote ohne Sterbeurkunde zu beerdigen, für viele dieser Verstorbenen existierten aber keine Papiere. Das warf die Frage auf, was die katholische Kirche zu verbergen hatte, als die Frauen starben.

Die sogenannten „Magdalene Laundries" („Magdalenenwäschereien"), benannt nach der geläuterten biblischen Sünderin Maria Magdalena, existierten seit Mitte des 19. Jahrhunderts in Irland und Großbritannien. Sie waren ursprünglich, in Anbetracht fehlender staatlicher Sozialleistungen, als ***Hilfsorganisation für Prostituierte*** *gedacht. In den Häusern fanden die Frauen Zuflucht und Arbeit (meist in Wäschereien), konnten aber auch jederzeit wieder aus freien Stücken gehen. Diese anfängliche Aufgabe geriet jedoch allmählich in den Hintergrund, da man die Frauen wegen ihrer Vergangenheit als Sünderinnen ansah, die Buße tun mussten. Je mehr die Magdaleneneinrichtungen sich von ihrem Ursprung entfernten, desto eher glichen sie Gefängnissen. Mittlerweile wurden* ***auch unverheiratete Mütter, missbrauchte oder geistig behinderte Frauen*** *und teilweise sogar Mädchen, die ein zu großes Interesse am anderen Geschlecht zeigten, von ihren Familien, dem Gemeindepfarrer und der Gesellschaft dorthin abgeschoben. Kinder, die in diesen Institutionen von unverheirateten Müttern geboren wurden, gab man normalerweise nach kurzer Zeit zur Adoption frei. Ohne die Fürsprache eines Familienmitglieds konnten viele Mädchen und Frauen die Anstalten nicht mehr verlassen und mussten dort bis zu ihrem Lebensende harte Arbeit verrichten. Das Klima zwischen den Nonnen und den Insassen war oft von* ***Kälte und Verachtung*** *geprägt. Bis in die 1970er-Jahre mussten die „gefallenen Frauen", ungeachtet ihres oft fortge-*

schrittenen Alters, die Nonnen mit „Mutter“ anreden und wurden selbst als „Kinder“ bezeichnet. Körperliche Bestrafung und schlechte Ernährung waren an der Tagesordnung. Die Öffentlichkeit nahm von diesen Einrichtungen wenig Notiz und akzeptierte sie lange als adäquates Mittel zur Bewältigung sozialer Probleme. Erst in der zweiten Hälfte des 20. Jahrhunderts nahm die Zahl dieser Wäschereien allmählich ab. Böse Zungen führen an, dass dies nicht nur an der **Liberalisierung der Gesellschaft,** *sondern auch an der zunehmenden Verbreitung der Waschmaschinen gelegen hätte. Die letzte „Magdalene Laundry“ schloss erst im September 1996 ihre Tore.*

Das Thema riss eine tiefe Wunde in der irischen Gesellschaft auf, zumal ähnliche Zustände von Missbrauch und Elend nun auch aus den bis ins 20. Jahrhundert in Irland verbreiteten „industrial schools“, einer Art Waisenhäuser, bekannt wurden. Viele Augenzeugen traten an die Öffentlichkeit und man begann sich zu fragen, wie solche Zustände so lange unbehindert hatten existieren können. Zusätzlich zu den Fällen von Kindesmissbrauch durch verschiedene katholische Priester, die zur gleichen Zeit ans Licht kamen, erschütterten die Berichte über die Verhältnisse in den „Magdalene Laundries“ die irische Gesellschaft und deren Vertrauen in die Institutionen der katholischen Kirche bis ins Mark. Man begann mit einer **öffentlichen Aufarbeitung** *und in den folgenden Jahren wurden diverse Bücher, Lieder und Filme zum Thema publiziert, so z. B. auch ein Band der Krimireihe „Ken Bruens“ um den Galwayer Privatdedektiv Jack Taylor, in dem es um unverarbeitete Ereignisse in einer solchen Wäscherei geht (2003, „The Magdalene Martyrs“, dt.: „Jack fährt zur Hölle“). Wie die anderen Romane der Reihe wurde auch dieser Band verfilmt und 2013 vom ZDF unter dem Titel „Gefallene Mädchen“ ausgestrahlt (Staffel 1, Episode 3). Am bekanntesten ist wohl Peter Mullans Film „The Magdalene Sisters“ (deutscher Titel: „Die unbarmherzigen Schwestern“) von 2002. Der Film, der bei den Filmfestspielen von Venedig mit dem Goldenen Löwen ausgezeichnet wurde, schockierte die Zuschauer. Augenzeuginnen aber berichteten, dass die tatsächlichen Zustände noch weitaus schlimmer gewesen seien.*

Bis heute beschäftigt das Thema die irische Öffentlichkeit und es gibt eine Vielzahl von privaten Hilfsangeboten und Diskussionsforen. Der Staat, der diese Institutionen ja zumindest gebilligt hatte, hat damit begonnen, finanzielle Wiedergutmachungen an die Betroffenen zu leisten und ihnen eine „medical card“ (s. S. 164) zur Verfügung zu stellen, mit der sie eine kostenlose Gesundheitsversorgung nutzen können. Der bittere Beigeschmack: Bevor man das Geld bekommt und die Hilfsangebote in Anspruch nehmen kann, muss man alle weiteren Ansprüche an den Staat aufgeben.

systematische Untersuchung zum Thema Frauenrechte in Auftrag, deren Ergebnis 49 Empfehlungen gegen die Diskriminierung beinhaltete. Damit kam der Stein ins Rollen und ein neues Gesetz nach dem anderen wurde erlassen: Der „Marriage Bar“ wurde aufgehoben (1973) und es folgten Regelungen zur Gleichstellung von Männern und Frauen im Beruf in Bezug auf Bezahlung (1974) und Einstellungschancen (1977), die beide erst durch eine Anweisung der EU endgültig auf den Weg gebracht wurden. Der „Family Home Protection Act“ („Gesetz zum Schutz der Wohnung der Familie“, 1976) stellte sicher, dass kein Ehepartner ohne die Zustimmung des anderen das gemeinsame Haus und dessen Inhalt verkaufen durfte. 1981 wurde erstmals ein Mutterschaftsurlaub eingeführt.

Das Thema **Frauenrechte** hatte zu dieser Zeit eine enorm hohe Medienpräsenz, was vor allem damit zusammenhing, dass viele in der Emanzipationsbewegung engagierte Frauen in dieser Branche arbeiteten. Ein Sprachrohr war also garantiert und man diskutierte die Frage öffentlich in den populären Radio- und Fernsehsendungen.

In den 1980er-Jahren wurde der Wind wieder rauer. Die Wirtschaft stagnierte, die Arbeitslosigkeit stieg und den erwerbstätigen, verheirateten Frauen wurde häufig vorgeworfen, sie würden Familienvätern den Arbeitsplatz wegnehmen. Eines der Hauptthemen der Frauenbewegung in dieser Zeit war der Kampf für das **Recht auf Abtreibung** und Selbstbestimmung über den eigenen Körper. Zur gleichen Zeit galten im Vereinigten Königreich bereits relativ liberale Abtreibungsgesetze, in der Republik Irland war ein Schwangerschaftsabbruch jedoch generell illegal. Die Kampagnen für eine Liberalisierung dieser Bestimmungen stießen auf massiven Widerstand der katholisch-konservativen Teile der Gesellschaft. Die Reaktion der Abtreibungsgegner folgte in Form einer Gegenkampagne, die auf ein Referendum zur Änderung der Verfassung abzielte. Man wollte eine Klausel zum gleichwertigen Recht auf Leben des Ungeborenen und der Mutter einfügen. Dies bedeutete den Ausschluss einer Abtreibung auch im Falle einer Gefahr für die körperliche oder geistige Gesundheit der Mutter. Im September 1983 ging dieses Referendum mit einer großen Mehrheit (66,9 %) zugunsten der Verfassungsänderung aus. Zwei Jahre später wurde sogar die Verbreitung von Informationen über Abtreibung verboten, woraufhin Bücher über Frauengesundheit aus den Bibliotheken entfernt wurden und Frauenmagazine, die Anzeigen für britische Abtreibungskliniken enthielten, in Irland mit leeren Seiten erschienen.

1990 sorgte die Wahl von *Mary Robinson* zur ersten Präsidentin des Landes für großes Aufsehen. Sie verfügte in diesem Amt zwar nur über begrenzte Macht, aber der Symbolwert war hoch. Vor allem unter den jüngeren Iren wuchs der Widerstand gegen das allgemein konservative

Klima. Das Fass zum Überlaufen brachte aber 1992 der sogenannte **Fall „X".** Eine Vierzehnjährige, die nach einer Vergewaltigung schwanger geworden und stark selbstmordgefährdet war, wurde per Gerichtsbeschluss davon abgehalten, das Land für einen Schwangerschaftsabbruch zu verlassen. Dies verursachte eine Welle der Empörung, auch bei vielen, die im Referendum gegen Abtreibung gestimmt hatten. Tausende vorwiegend junger Menschen demonstrierten täglich in Dublin, Cork und anderen Städten. In Waterford stiegen die Schülerinnen einer Konventschule sogar aus den Fenstern, weil die Nonnen sie eingeschlossen hatten, damit sie nicht an den Demonstrationen teilnehmen konnten. Schließlich gaben die Richter nach und ließen das Mädchen und ihre Familie ausreisen. Der Oberste Gerichtshof entschied auch, dass eine Abtreibung dann legal ist, wenn das Leben der Mutter gefährdet ist. Allerdings mangelte es an klaren Richtlinien und an Rechtssicherheit für Ärzte, weshalb 2012 der aus Indien stammenden Galwayer Zahnärztin *Savita Halappanava* eine Abtreibung verweigert wurde, obwohl die Schwangerschaft für sie lebensbedrohlich und der Fötus nicht lebensfähig war. *Halappanava* starb nach der Geburt eines toten Babys an Organversagen, was Proteste in Irland und Indien auslöste. Das irische Parlament beschloss 2013 unter dem Eindruck dieser Ereignisse ein Gesetz, nach dem eine Abtreibung erlaubt ist, um das Leben der Mutter zu schützen.

176ir Foto: Fennell Photography, Tourism Ireland

Nicht zuletzt durch den **wirtschaftlichen Aufschwung** *(Celtic Tiger)* Mitte der 1990er-Jahre und die Umsetzung mehrerer EU-Richtlinien in nationales Recht hat sich die irische Gesellschaft weiter liberalisiert. Die Themen der Frauenbewegung im modernen Irland sind ähnlich wie die in Deutschland, Österreich oder der Schweiz: die Frage von bezahlbarer Kin-

^ Irische Frauen nehmen heute selbstbewusst ihren Platz in der Gesellschaft ein, hier während des jährlichen Treffens der Tourismusbranche in Dublin

derbetreuung, das Rentenproblem für Mütter mit langen Erziehungszeiten oder Gewalt gegen Frauen. Mittlerweile schließen sich die Frauenrechtsorganisationen zunehmend mit anderen Organisationen wie solchen zum Schutz von Minderheiten, Behindertenverbänden oder Initiativen zur Unterstützung der Immigranten zusammen. Heute findet man in Irland **Frauen in allen Berufssparten.** So sind im *Dáil,* dem irischen Abgeordnetenhaus, mehr weibliche Mitglieder als im britischen Parlament vertreten. Mittlerweile wird ein Viertel aller irischen Kinder außerhalb der Ehe geboren und ledige Mütter müssen sich nicht mehr verstecken.

Das Leben von irischen Frauen unterscheidet sich also nicht mehr wesentlich von dem in anderen europäischen Ländern.

Frauen im Pub? – Rollenverhalten von Männern und Frauen

Auf dem Land und bei der älteren Generation sind die Geschlechterrollen oft noch klar verteilt: Der Mann bringt das Geld nach Hause und die Frau kümmert sich um die Kinder und das Haus. In den Städten und bei der jüngeren Generation weicht diese Aufgabenteilung jedoch zunehmend auf. Noch in der zweiten Hälfte des 20. Jahrhunderts wäre es kaum einem Mann in den Sinn gekommen, sich mit einem Kinderwagen auf der Straße zu zeigen. Heute dagegen haben die **neuen Männer** auch in Irland Einzug gehalten. Allerdings zeigen aktuelle Studien, dass der Weg zur gerechten Verteilung auch der unbezahlten Arbeit – wie in vielen europäischen Ländern – noch weit ist: Über 80 % der Männer gaben in einer Studie des *Government's Economic and Social Research Institute* von 2005 an, sich während der Woche gar nicht am Putzen oder Wäschewaschen zu beteiligen. 71 % sagten, dass sie auch das Kochen und die Essenszubereitung komplett den Frauen überließen. Fast 70 % der Frauen waren hingegen täglich mit diesen Hausarbeiten beschäftigt.

Rechtlich gesehen existiert die Rolle des Mannes als Haushaltsvorstand zwar nicht mehr, aber es kann einem heute durchaus noch passieren, dass ein Handwerker der Frau, die ihm die Tür öffnet, mit der Frage begegnet: „Is the boss in?" („Ist der Boss zu Hause?")

Sind die Lebensbereiche von Männern und Frauen im heutigen Irland mehr oder weniger angeglichen, lassen sich doch noch Überreste der alten Rollenmuster im Alltag wiederfinden. Eine **traditionelle Männerdomäne** sind zum Beispiel die irischen **Pubs:** Das Trinken des ersten Biers in einer Kneipe gehörte früher zum Erwachsenwerden eines jeden irischen

Jungen. Frauen, die auf ihren Ruf achteten, ließen sich nicht in Pubs sehen, höchstens mal am Wochenende mit den Kindern. Bis in die 1980er-Jahre hinein wäre es für eine Frau sogar schwierig gewesen, in der Kneipe überhaupt ein Bier serviert zu bekommen. Diese Zeiten sind inzwischen definitiv vorbei und **heute gehen Frauen genauso selbstverständlich ins Pub wie Männer** – solange sie sich in einer Gruppe mit Männern oder vielleicht auch anderen Frauen befinden. Eine Frau allein im Pub bei einem Glas Bier am Tresen sitzend – dieses Bild wird man auch heute nirgendwo sehen können. Hinter dem Tresen herrscht mittlerweile Gleichberechtigung und es ist genauso wahrscheinlich, dass eine Frau das Bier zapft wie ein Mann.

Wer an einem Sonntag im ländlichen Irland unterwegs ist, wird vielleicht noch auf ein anderes Phänomen stoßen, nämlich wenn er an einer Kirche vorbeifährt. **Männer stehen während der Messe in kleinen Gruppen draußen vor der Tür.** Wenn Frau und Kinder brav in der Kirche sitzen und ein gottesfürchtiges Leben führen, reicht das eigentlich für die ganze Familie. Die Männer können also die Zeit gut für ein Schwätzchen nutzen.

Auch wenn die junge Generation viele dieser Verhaltensmuster abgelegt hat, gibt es gewisse Unterschiede, die auch nicht unbedingt aus der Tradition zu erklären sind. Wenn Paare oder gemischte Gruppen abends ausgehen, wird das besonders deutlich: Die Frauen geben sich auch für einen einfachen Pub- oder Restaurantbesuch besondere Mühe, sich **schick anzuziehen** – oft mit Kleid oder Rock. Das geht oft sogar so weit, dass sie im Winter ohne Strümpfe oder Jacke ausgehen, um den Gesamteindruck nicht zu zerstören. Ihre Partner oder die anderen Männer einer Freundesgruppe finden sich hingegen mit Jeans und T-Shirt oder einem Alltagspullover gut genug angezogen.

Stationen in einem irischen Leben

Kindheit und Jugend

Die Republik Irland ist ein sehr junges Land. Es hat die **höchste Geburtenrate in der EU** und eine vergleichsweise junge Bevölkerung. Das Land wirbt bei Investoren mit seiner **gut ausgebildeten, jugendlichen Bevölkerung.** Aber wie lebt es sich dort als junger Mensch?

Für die meisten irischen Kinder ist es normal, mit Geschwistern aufzuwachsen. Früher gab es viele Familien mit bis zu zehn oder mehr Kindern. Das kommt heute kaum noch vor, aber Einzelkinder sind weiterhin recht selten.

Bis zum Schulbeginn im Alter von vier oder fünf Jahren bleiben die meisten Kinder zu Hause oder werden von Omas oder Tanten betreut, während die Eltern bei der Arbeit sind. Kinderkrippen oder andere Betreuungseinrichtungen sind in Irland nicht ausreichend vorhanden und außerdem für viele Familien viel zu teuer. Meist gibt es aber innerhalb der Familie oder in der Nachbarschaft genug Spielkameraden. Auch die **erweiterte Familie ist sehr wichtig.** Die meisten Kinder haben eine Vielzahl von Onkeln und Tanten, Cousinen und Cousins ersten, zweiten oder dritten Grades. Auch wenn nicht alle am gleichen Ort wohnen, trifft man sich immer wieder bei diversen Familienfeiern.

Ein wichtiges Ereignis für viele Kinder ist die **katholische Erstkommunion** mit sieben oder acht Jahren. Schon fast ein ganzes Jahr vorher werden sie in der Schule vom Gemeindepfarrer oder von Lehrern auf den großen Tag vorbereitet. Sie lernen den religiösen Hintergrund kennen und üben, wie man beichtet und was man in der Kirche zu tun und zu lassen hat. Außerdem werden zu Hause umfangreiche Vorkehrungen für das Fest getroffen: Einladungen müssen geschrieben, ein Ort für die Feier muss gebucht und das Essen organisiert werden. Wenn es dann endlich soweit ist, werden die Kinder festlich angezogen – die Jungen tragen einen Anzug und die Mädchen ein langes, weißes Kleid mit Schleier. Für die Ausstattung legen die Eltern schon mal ein paar Hundert Euro oder mehr hin. Am Morgen gehen die Kinder zuerst zur Beichte und dann in die Messe zur Ersten Kommunion.

Hinterher gibt es normalerweise eine Feier mit einem festlichen Essen für Verwandte und Freunde. Früher machten die Kinder noch bei Verwandten und in der Nachbarschaft die sogenannte „Runde", bei der die Besuchten den Kindern Geld gaben. Heute kommen meistens alle zur Feier und stecken den Kindern das Geld dort zu. Kritiker sagen, dass das Ganze überhand genommen habe und das Geld, die Kleider und die Party den religiösen Aspekt in den Hintergrund drängen würden. Ein großer Tag für die Kinder ist die Erstkommunion aber in jedem Fall.

Aus den Kindern werden **Jugendliche** und wie diese ihre Zeit verbringen, hängt stark davon ab, wo sie aufwachsen. In Städten wie Dublin und auch in manchen kleineren Ortschaften gibt es Jugendzentren. Oft existieren aber wenige Angebote für die Teenager, und so treffen sie sich mit ihren Freunden auf der Straße. Außerdem kann man natürlich Sport- oder Musikangeboten der jeweiligen Schule nachgehen. Auf dem Land kann die Freizeitgestaltung für Jugendliche allerdings schwierig werden. In irischen Dörfern liegen die Häuser oft weit verstreut, nur durch Landstraßen (ohne Bürgersteig) zu erreichen. Wer sich hier mit Freunden treffen will, ist auf Chauffeurdienste der Eltern angewiesen.

Jugendliche werden in Irland zwar mit 18 Jahren offiziell volljährig, aber der wirkliche Abschluss der Kindheit und Jugend ist **der 21. Geburtstag.** Dieses Ereignis wird mit einer (oft wilden) Party groß gefeiert und ist für viele wichtiger als das Erreichen der Volljährigkeit.

Das irische Schulsystem

Die Iren sind stolz auf ihr Bildungssystem. Viele halten es für eines der besten der Welt und bei potenziellen ausländischen Investoren wird mit der großen Anzahl von jungen, gut ausgebildeten und arbeitsbereiten Iren geworben.

In der Tat hat Irland im Vergleich zu anderen europäischen Ländern einen **hohen Bildungsstand:** Etwa 40 % der Bevölkerung haben einen Abschluss im tertiären Bildungsbereich (Universität, Fachhochschule).

Folgen wir nun einem Mädchen, nennen wir es *Orla,* auf seinem Weg durch das irische Schulsystem.

Primarstufe – National School/Primary School

Orla kommt mit vier Jahren in die „Untere Kleinkinderklasse" **(Lower infants)** der Grundschule *(National School).* Dieses und das folgende Jahr in der „Oberen Kleinkinderklasse" **(Higher Infants)** sind nicht verpflichtend. Die meisten Kinder gehen aber spätestens im Alter von fünf Jahren in die Schule. Das bedeutet, dass *Orla* nun mit ihren Eltern die neue **Schuluniform** einkauft. Obligatorisch ist das Tragen einer Schuluniform erst in der weiterführenden Schule. Die meisten Elternbeiräte entscheiden sich aber schon in der Grundschule dafür, weil soziale Unterschiede so nicht sofort erkennbar sind und weil praktischerweise die morgendliche Kleiderfrage wegfällt.

Für die Kleinen beginnt der Tag gegen 9.00 Uhr und endet nachmittags um 14.00 Uhr. *Orla* lernt lesen und schreiben auf Englisch, rechnen, Sachkunde und von Anfang an auch die **irische Sprache,** allerdings noch sehr spielerisch. In den irischsprachigen Gebieten *(Gaeltacht)* und den irischsprachigen Schulen *(Gaelscoil)* außerhalb dieser Gegenden findet der gesamte Unterricht auf Irisch statt. Englisch gibt es dann nur als Schulfach. Außerdem wird *Orla* malen, basteln, Sport treiben und Musik machen, etwas über Religion lernen und erste Versuche am Computer unternehmen. Sie hat zudem die Fächer *S.P.H.E.* (*Social, Personal and Health Education,* „Sozial-, Persönlichkeits- und Gesundheitserziehung") und *C.S.P.E. (Civic, Social and Political Education),* eine Art Sozialkunde. Einmal im Jahr bringt sie ein Zeugnis mit nach Hause, das noch hauptsächlich aus ausformulierten Kommentaren besteht.

Mit **sechs Jahren** beginnt die **allgemeine Schulpflicht.** *Orla* kommt in die erste Klasse *(Grade 1)* und muss jetzt bis 15.00 Uhr in der Schule bleiben. Ab jetzt gibt es Hausaufgaben und Klassenarbeiten. Schüler der ersten und vierten Klassen müssen zusätzlich in Mathematik und Englisch eine Jahresprüfung ablegen. Die Ergebnisse werden den Eltern auf dem Zeugnis mitgeteilt. Außerdem erfährt man, wie das Kind im Vergleich zu den anderen Prüfungsteilnehmern abgeschnitten hat.

Früher war für viele Kinder nach der *National School* die schulische Ausbildung vorbei. Die **Schulpflicht** galt zwar bis zum Alter von 15 Jahren (heute 16 Jahre), aber gerade bei Kindern, die auf dem Hof der Eltern oder in großen Familien bei der Versorgung kleinerer Geschwister mithelfen mussten, wurde die vorzeitige Beendigung der Schullaufbahn stillschweigend hingenommen. Nach der **Abschaffung der Sekundarschulgebühren 1969** besuchten mehr Kinder eine weiterführende Schule, aber erst in den letzten Jahrzehnten stieg der Prozentsatz derer, die das *Leaving Certificate* (entspricht dem Abitur) ablegten, deutlich an: 2004 hatten laut staatlicher Statistikbehörde 62 % der 60- bis 64-jährigen Frauen und sogar 66 % der Männer in dieser Altersgruppe keinen höheren Schulabschluss. Im selben Jahr lag dieser Anteil bei den 20- bis 24-Jährigen nur noch bei 11 % (Frauen) bzw. 18 % (Männer).

Sekundarstufe – Secondary School, Vocational School und Comprehensive School

Nach acht Schuljahren, *Orla* ist nun zwölf, wechselt sie auf eine weiterführende Schule. Dafür hat sie verschiedene Schultypen zur Auswahl. Die meisten Kinder gehen auf eine der vielen **Secondary Schools** (Sekundarschulen). Diese werden zwar zum Großteil vom Staat finanziert, stehen aber meist unter kirchlicher Trägerschaft. Das ist normalerweise die katholische Kirche, manchmal aber auch die anglikanische *Church of Ireland.* Der Lehrplan wird vom Erziehungsministerium vorgeschrieben und die Lehrer werden vom Staat bezahlt. Die Kirche prägt aber das Ethos der Schule. Oft sind *Secondary Schools* auch nach Geschlechtern getrennt. Hier erreicht man nach drei Jahren das *Junior Certificate,* das etwa unserem Realschulabschluss entspricht, und nach zwei oder drei weiteren Jahren das *Leaving Certificate,* das auf den Universitätsbesuch vorbereitet.

Will man später nicht auf die Universität gehen, kann man auch eine **Vocational School** (Berufsschule) besuchen, die auf eine Art Fachabitur in eher praktischen Fächern vorbereitet. Außerdem gibt es noch **Comprehensive** oder **Community Schools.** Das sind nicht-kirchliche Schulen, die meist sowohl ein akademisches als auch ein eher praktisches Fächerspektrum anbieten und zudem oft noch Abendkurse für die Allgemeinheit

153ir Foto: fk

abhalten. Die beiden letzteren Schultypen stehen meist unter öffentlicher Trägerschaft und normalerweise werden dort **Mädchen und Jungen gemeinsam** unterrichtet.

Orla und ihre Eltern können die Schule frei wählen. Allerdings bestimmen die Schulen, welche Kinder sie aufnehmen und es gibt oft lange **Wartelisten.** In diesem Zusammenhang kam es in den letzten Jahren zu einigen Skandalen, da in Städten mit zu geringem Sekundarschulangebot Kinder bei der Platzvergabe leer ausgingen. Ein Aufschrei ging durch die Öffentlichkeit, dass es überhaupt möglich war, so durch das Netz zu fallen, aber auch, weil einige der abgelehnten Kinder aus sozial schwachen Familien kamen und man Diskriminierung vermutete. Zurzeit wird überlegt, ob man den Schulen vorschreiben soll, ihre Plätze gleichmäßig an Kinder mit unterschiedlichem sozialem Hintergrund und unterschiedlicher intellektueller Veranlagung zu vergeben.

Für *Orla* wird es nun etwas anstrengender. Sie muss sich an häufigere Klassenarbeiten und Notenvergabe gewöhnen und wird auf die erste große Prüfung, das *Junior Certificate* vorbereitet. Die Noten reichen auf einer Skala von A (beste Note) bis F (schlechteste Note), die auf Prozentwertungen der Prüfungen basieren. *Orla* lernt jetzt auch eine **Fremdsprache.** Das

In den Schulferien

ist zwar vom Staat nicht vorgeschrieben, aber die meisten Schulen bieten Französisch, Deutsch oder Spanisch an. An Grundschulen werden Fremdsprachen bisher nur in Pilotprojekten unterrichtet und selten lernen irische Schüler noch eine zweite Fremdsprache.

Unsere Schülerin muss jetzt mehr Hausaufgaben machen und hat nun, da sie montags bis freitags von 9.00 bis 16.00 Uhr in der Schule ist, **während der Woche nicht mehr viel Zeit** für andere Dinge. Allerdings gibt es in Irland **sehr lange Schulferien:** drei Wochen an Weihnachten, zwei zu Ostern und jeweils eine Woche im Oktober und im Februar oder März. Die Sommerferien beginnen Anfang Juni und dauern bis Ende August. Nur im dritten Jahr der Sekundarschule, wenn *Orla* das *Junior Certificate* macht, und im letzten Jahr für das *Leaving Certificate* folgen bis Ende Juni noch drei Prüfungswochen.

Nach den anstrengenden Junior-Certificate-Prüfungen kann *Orla* sich im folgenden Jahr etwas entspannen. Wie an vielen anderen Schulen auch kann sie ein freiwilliges Übergangsjahr **(Transition Year)** einschieben, bevor der Prüfungsstress in der Oberstufe weitergeht. Dieses Jahr soll vor allem dazu dienen, den eigenen Horizont zu erweitern, die Persönlichkeitsbildung zu fördern und den normalen Schulalltag etwas zu durchbrechen. Die Schulen sind recht frei in dem, was sie während dieser Zeit anbieten. Oft werden die Hauptfächer weiter unterrichtet und es gibt viel Projektarbeit. Die Kinder sind meist auch ehrenamtlich für einen guten Zweck tätig und es werden Praktika in verschiedenen Berufsbereichen organisiert.

Mittlerweile ist *Orla* sechzehn Jahre alt und muss darüber nachdenken, was sie später beruflich machen möchte, denn mit der Wahl ihrer Abiturfächer legt sie bereits eine deutliche Richtung fest. Irische Hochschulen verlangen als Voraussetzung für die Zulassung zu ihren Studiengängen den Schulabschluss in bestimmten Fächern. *Orla* muss sich also gut überlegen, welche sie für ihren späteren Berufswunsch braucht.

Die Schüler haben die Auswahl zwischen drei Prüfungsprogrammen. Für das traditionelle **Established Leaving Certificate** werden zwischen sechs und neun Fächern belegt. **Irisch ist verpflichtend.** Wegen der Anforderungen der Universitäten werden Mathematik und Englisch normalerweise auch belegt. Außerdem sind, je nach Schule, verschiedene weitere Fächer im Angebot. Von allen wählt man mindestens zwei auf Leistungskursniveau und den Rest als Grundkurse. Die Universitäten bestimmen durch ihre Aufnahmekriterien indirekt die Wahl der Schüler

⌃ Das University College in Cork gehört zu den Gründungsuniversitäten der National University of Ireland

und Schülerinnen. Um an einer der Universitäten, die zur *National University of Ireland* gehören (Dublin, Galway, Cork), aufgenommen zu werden, muss man z.B. einen Abschluss in Irisch, Englisch, Mathe und einer Fremdsprache nachweisen, egal welches Fach man studieren möchte. Außerdem existiert ein Punktesystem, ähnlich einem Numerus Clausus, das die Aufnahme in besonders beliebte Fächer regelt.

154ir Foto: Tourism Ireland

Die Zielgruppe für das **Leaving Certificate Vocational** sind Schüler und Schülerinnen, die sich eher für technische Berufe und Betriebswirtschaft interessieren. Das Programm soll auf eine berufliche Laufbahn in diesem Bereich vorbereiten. Man hat fünf traditionelle Fächer, einschließlich Irisch. Außerdem lernt man eine weitere Fremdsprache und belegt andere, berufspraktische Module.

Jugendlichen, die eigentlich die Schule nach dem *Junior Certificate* verlassen wollen, soll mit dem 1995 eingeführten **Leaving Certificate Applied** (angewandter Abschluss) ein Anreiz zur Weiterführung ihrer Schulbildung geboten werden, da man das Bildungsniveau der Bevölkerung erhöhen möchte. Das Programm ist nicht an akademischen Fächern ausgerichtet, sondern hat einen praktischen und allgemeinbildenden Fokus.

Alle Abschlüsse werden, wie auch das *Junior Certificate,* als nationale Prüfungen abgelegt. Die Examen sind im ganzen Land dieselben und finden zur gleichen Zeit statt.

Orla hat sich für den traditionellen Abschluss entschieden. Nachdem sie ihre Prüfungen abgelegt hat, folgt ein Sommer in Ungewissheit, Bangen und Hoffen: Habe ich genug Punkte, um an der Universität meiner Wahl zugelassen zu werden? Welche Optionen habe ich noch, wenn die Ergebnisse nicht ausreichen?

Mitte August ist es dann soweit. Die Schüler können die Ergebnisse abholen oder auch im Internet einsehen. Das Ganze ist ein **landesweites Ereignis** und macht jedes Jahr große Schlagzeilen in den Medien. Diejenigen mit besonders guten Noten werden sogar namentlich aufgelistet und in den Zeitungen kann man seitenweise die Resultate der Besten im Land nachlesen. Den Iren ist die Bildung ihrer jungen Generation wichtig.

Mittlerweile gehört ein Universitätsabschluss auf Bachelor-Niveau schon fast zur Grundausstattung und daher nimmt die ganze Nation Anteil. Die Ergebnisse werden in den Medien mit den jeweils zuständigen Ministern und Bildungsbeauftragten diskutiert. Es gibt auch immer zahlreiche Leserbriefe und Sendungen im Radio mit Hörerbeteiligung, in denen das Thema von allen Seiten beleuchtet wird. Für die Schüler und Schülerinnen geht es jetzt allerdings erst einmal in die Partysaison, bevor der Ernst des Lebens richtig beginnt.

Hochzeit

Das Heiraten ist in Irland nicht aus der Mode gekommen und man tut es mit viel Aufwand und Pomp. Doch vor der Hochzeit wird erst einmal der **Abschied vom Junggesellenleben** gefeiert. Das tun die Iren, wie übrigens auch die Briten, auf eine besondere Weise – und zwar getrennt nach Männern und Frauen. Erstere treffen sich in den Wochen vor der Hochzeit zur *stag night* („Hirschnacht") und die Frauen zur *hen party* („Hennenfest"). Die Namen lassen schon ahnen, dass es dabei **nicht immer gesittet** zugeht. Beliebte Programmpunkte sind für beide Geschlechter, sich besinnungslos zu trinken und einen Stripper oder eine Stripperin zu buchen. Man zieht sich alberne Klamotten an (Hasenohren, verrückte Hüte etc.), zieht durch die Kneipen der Stadt, tanzt auf den Tischen und verfolgt das Hauptziel, den Bräutigam oder die Braut in peinliche Situationen zu bringen. Das kann im Extremfall schon mal so weit gehen, dass sich ein bedauernswerter Bräutigam nachts allein und splitterfasernackt an einem kalten Strand oder festgekettet an ein Straßenschild wiederfindet. In den letzten Jahren sind diese Partys immer ausufernder geworden, dauern oft ein ganzes Wochenende und finden mittlerweile, ermöglicht durch Billigflüge, auch immer häufiger **im europäischen Ausland** statt. Der Reiz dabei sind auch die oftmals niedrigeren Alkoholpreise als in Irland. Man kann sich vorstellen, dass solche Veranstaltungen weder bei irischen Kneipenwirten noch bei denen in Prag oder Tallinn besonders beliebt sind und man findet immer häufiger Schilder, die den Einlass für *hen partys* oder *stag nights* ausdrücklich untersagen.

Zu einer Hochzeit gehören für die meisten Iren der **Kirchgang und die Braut in Weiß** selbstverständlich dazu. Für die Hochzeitsgesellschaft werden oft Räume in Hotels oder Gemeindehallen angemietet, denn mehrere Hundert Gäste sind die Regel. Traditionell wird die Feier von den Brauteltern ausgerichtet und die **Kosten erreichen nicht selten den Preis eines Luxuswagens.** Heute ist es aber zunehmend üblich, dass die Brautleute zumindest einen Teil davon selbst zahlen.

Die kirchliche Trauung findet normalerweise am Nachmittag statt und es kann jeder daran teilnehmen. Häufig entsteht danach, wenn die Brautleute zum Fotografen gehen, eine Pause, die von den Gästen gern für einen Pubbesuch genutzt wird. Anschließend beginnt dann der **Hochzeitsempfang,** zu dem nur geladene Gäste kommen. Man zieht sich festlich an und es gibt meist erst einmal die Hochzeitstorte mit Kaffee oder Tee und am Abend ein mehrgängiges Festmahl, während dessen die Familienmitglieder und anderen Gäste reihum Reden halten. Die in deutschsprachigen Ländern üblichen Spielchen, die das Hochzeitspaar in Verlegenheit bringen sollen, sind in Irland relativ unbekannt. Nach dem Essen wird getanzt – oft spielt eine Band oder ein DJ legt Platten auf. Obwohl moderne Musik mittlerweile sehr beliebt ist, werden auch noch traditionelle irische Tänze auf Hochzeiten getanzt. Das Trinken nimmt, wie bei den meisten irischen Festen, einen hohen Stellenwert ein. Meistens gibt es in den Hotels eine Bar, an der die Gäste für ihre Getränke selbst bezahlen. Das ist vielleicht auch ganz gut so, da normalerweise heftig gebechert wird. Zu fortgeschrittener Stunde werden dann die sogenannten *party pieces* zum Besten gegeben: Einer der Gäste fängt an, etwas zu singen oder ein Tänzchen aufzuführen, und das Ganze geht dann reihum. Kneifen wird nicht gern akzeptiert, wenigstens ein Stück muss jeder auf Lager haben!

Ist der Hauptteil vorbei, verlässt das Brautpaar meist das Fest und die Gäste feiern munter bis in die frühen Morgenstunden weiter.

Familienleben

Die Familie ist immer noch eine **zentrale** Institution in der irischen Gesellschaft. Dazu gehören typischerweise (verheiratete) Eltern, Kinder und Großeltern. Die Tanten, Onkel, Cousinen und Cousins sind normalerweise auch nicht weit. Obwohl auch in Irland die Kinderzahl in jungen Familien abnimmt, sind solche mit drei, vier oder mehr Sprösslingen noch nicht so selten wie in anderen europäischen Ländern. In der mittleren und älteren Generation sind durchaus zwischen fünf und zehn Geschwister an der Tagesordnung. Die Familienbande sind oft noch sehr stark: Man hilft und sorgt füreinander. In großen Familien kümmern sich die älteren Kinder um die kleinen Geschwister und es ist meistens auch heute noch selbstverständlich, dass die Großmutter auf die Enkel aufpasst, während die Tochter oder Schwiegertochter arbeiten geht. Hausmänner sind in Irland noch recht selten und Kindergärten- oder Tagesstättenplätze sind vor allem außerhalb der Städte nur sehr schwer zu bekommen.

In Irland definiert man sich recht stark darüber, wo man herkommt und wer zur Familie gehört. Da ist es nicht verwunderlich, dass viele Menschen

155ir Foto: Tourism Ireland

gern in der Nähe ihrer Verwandten wohnen. Selbst wenn es junge Leute nach der Schule erst einmal in die Ferne zieht, kommen doch viele, wenn sie erst einmal selbst Familie und Kinder haben, in die Gegend ihrer Geburt zurück. Auf dem Land ist das dann oft mit einem Hausbau verbunden: Die Eltern zwacken ein Stück von ihrem Grund und Boden ab, damit die Kinder darauf ein Häuschen errichten können.

Irland hat im Vergleich zu anderen europäischen Ländern eine **relativ niedrige Scheidungsrate.** Die Ehescheidung wurde überhaupt erst im Jahr 1996 legalisiert. Allerdings heißt das nicht unbedingt, dass sich irische Paare besonders gut verstehen. Vielmehr wird ein Muster aus den Zeiten vor der legalen Scheidung fortgesetzt, indem sich Ehepaare, die sich nicht mehr viel zu sagen haben, oft nur trennen, sich aber erst einmal nicht scheiden lassen. Letzteres wird häufig erst dann in Angriff genommen, wenn eine neue Partnerschaft legalisiert werden soll.

Auch **neuere Familienformen** wie Alleinerziehende und die sogenannten Patchworkfamilien sind in Irland keine Seltenheit mehr. Unehelich geborene Kinder – früher eine Schande für die ganze Familie – werden nun allgemein akzeptiert oder zumindest toleriert.

⌃ Eine irische Familie auf Wanderung im Glendalough Valley

› Vor der Abstimmung über die Ehe gleichgeschlechtlicher Partner

Homosexuelle Paare können in der Republik Irland seit 2015 heiraten, nachdem in einer Volksabstimmung 60 % der Iren einer Verfassungsänderung zustimmten. Bedenkt man, dass Homosexualität erst 1993 entkriminalisiert wurde, zeigt dies den enormen Wertewandel in der Gesellschaft. In Nordirland gibt es wie im gesamten Vereinigten Königreich seit 2005 die **eingetragene Partnerschaft** für gleichgeschlechtliche Paare. Allerdings blockiert das nordirische Regionalparlament die Einführung der Ehe zwischen zwei Männern oder zwei Frauen, die in Großbritannien seit 2014 existiert.

175ir Foto: mw

Alter

Das **Rentenalter** beginnt in Irland **normalerweise mit 65 Jahren.** Ab dann profitiert man von den Ermäßigungen für Senioren in vielen Einrichtungen und bekommt eine kostenlose Fahrkarte für das öffentliche Transportsystem. Der Haken hierbei ist allerdings, dass dieses an vielen Orten nicht besonders gut ausgebaut ist. Wohnt man nicht zufällig an einer Busstrecke, kann **Mobilität für ältere Menschen sehr schwierig** werden. Gerade auf dem Land gibt es wenig Busse oder Taxis und ohne eigenes Auto kommt man kaum irgendwohin.

Je nach Art der vorherigen Beschäftigung erhalten viele Iren nur eine geringe Rente. Vor allem Frauen, die ihr ganzes Leben der Familie gewidmet haben und keiner Erwerbstätigkeit nachgegangen sind, bekommen nur eine geringe staatliche Rente. Die Gefahr der **Altersarmut** ist daher relativ hoch.

Generell besteht noch ein recht **enges Verhältnis zwischen den Generationen.** Es wird meist für selbstverständlich genommen, dass man sich bei Bedarf gegenseitig hilft. Da die öffentliche Versorgung mit Dienstleistungen häufig zu wünschen übrig lässt, ist das auch notwendig. Viele Großeltern, vor allem die Frauen, hüten wie selbstverständlich die Enkelkinder, damit beide Eltern arbeiten gehen können. Manche geben dafür, wenn sie noch nicht im Rentenalter sind, sogar ihren Job auf oder reduzie-

American Wake – eine amerikanische Totenfeier

Zur Zeit der großen Auswanderungswellen im 19. Jahrhundert fanden für die Emigranten, die meist nach Amerika gingen, sogenannte „American Wakes" statt. In den Zeiten vor Telefon und Flugverkehr wusste man, dass die Gehenden ihre Familie und irischen Freunde wohl zu Lebzeiten nicht mehr wiedersehen würden. Die Reise mit dem Schiff war teuer und dauerte Wochen, die Auswanderer waren arm und oft konnten sie weder schreiben noch lesen. Auch ein regelmäßiger Briefverkehr war daher kaum möglich. Mit der gleichen Mischung aus Fröhlichkeit und Trauer, die bei einer traditionellen Totenfeier vorherrschte, wurden also auch die Emigranten verabschiedet.

ren auf Teilzeit. Andererseits sind es normalerweise die Töchter, Schwiegertöchter oder Nichten, die sich um pflegebedürftige ältere Verwandte kümmern und dann auch oft ihre Arbeit dafür kündigen.

Ein Phänomen in der irischen Gesellschaft ist die vergleichsweise hohe Zahl an alten Menschen, vor allem Männern, die **unverheiratet geblieben** sind. Manchmal wohnen sie allein, zum Teil auch mit ebenfalls unverheirateten Geschwistern zusammen. Ein Grund dafür ist, dass durch die hohe Auswanderungsrate in manchen Gegenden einfach nicht genug potenzielle Heiratskandidaten im passenden Alter vorhanden waren. Man war insbesondere in der ersten Hälfte des 20. Jahrhunderts noch nicht so mobil, dass man in ganz Irland einen Ehepartner hätte suchen können. Außerdem wurde vor allem von den Männern erwartet, dass sie vor der Heirat finanziell abgesichert waren, damit sie eine Familie ernähren konnten. Das war oft problematisch angesichts der hohen Arbeitslosigkeit. Auf dem Land war es besonders für die nachgeborenen Söhne schwierig, die keinen Hof erbten. Sie hatten oft nichts anderes als Landwirtschaft gelernt und mussten als Landarbeiter auf dem Hof der Familie oder eines Nachbarn helfen, ohne Aussicht, jemals die finanziellen Mittel für eine Familiengründung erwirtschaften zu können. Viele junge Frauen hingegen gingen zum Arbeiten in die Stadt und gründeten dort eine Familie. Die Männer auf dem Land, auch die mit etwas Grundbesitz, hatten oft das Nachsehen, da sie finanziell meist schlecht gestellt und für die jungen Frauen nicht besonders attraktiv waren. Sie heirateten oft spät oder gar nicht – ein manchmal sehr einsames Leben. Mit zunehmender Mobilität und Modernisierung der irischen Gesellschaft werden die *old bachelors* (alte Junggesellen) – und manchmal auch *old maids* (alte Jungfern) – wohl in den nächsten Generationen nicht mehr so zahlreich sein.

Lebensende

Traditionell wurde in Irland bei einem Todesfall ein *wake,* eine **Totenwache,** abgehalten. Dieser Brauch ist in seiner ursprünglichen Form vor allem noch in Donegal und in einigen anderen ländlichen Gegenden zu finden. Heute werden die meisten Verstorbenen stattdessen von einem Bestattungsunternehmen hergerichtet und dort aufgebahrt. In diesen sogenannten *funeral homes* kommen dann Familie, Freunde, Bekannte und Nachbarn am Abend zum sogenannten *removal* zusammen: um Abschied zu nehmen und den nahesten Angehörigen ihr Beileid auszudrücken. Bei einem *wake* wird der Leichnam hingegen im Wohnzimmer der Familie aufgebahrt und die Leute versammeln sich dort. Man erinnert sich an gemeinsame Erlebnisse und das Leben des oder der Verstorbenen wird bei Essen und Trinken gefeiert.

Traditionell wurde der Leichnam von den Frauen gewaschen, evtl. rasiert, dann in ein Leichenhemd gekleidet und bekam einen Rosenkranz in die Hände gelegt. Die Spiegel im Haus wurden verhängt, die Uhren angehalten und bis zur Verlegung in die Kirche hielt stets jemand Wache am Sarg. Wenn der Verstorbene aufgebahrt war, begannen die Frauen mit dem *keening* (von Irisch: *caoineadh,* „Weinen“), dem hoch ritualisierten Wehklagen. Die Melodien und Worte, die dabei verwendet wurden, stellen eine eigene Kategorie von Liedern in der irischen Musiktradition dar und sind teilweise noch überliefert. Ein Beispiel ist *Caoineadh Airt Uí Laoghaire* („Die Lamentation für *Art Ó Laoghaire“*), die von seiner Frau 1773 komponiert wurde und von seinem Leben und tragischen Tod erzählt. Der poetische Text gehört heute zu einem der bekanntesten und hoch geschätzten Stücke seiner Art. Ein traditioneller *wake* in seinem ganzen Umfang wird heute nur noch selten begangen, aber Elemente daraus kommen durchaus noch bei Trauerfeiern vor. Zu diesem Teil der Totenfeier kommen normalerweise auch Nachbarn oder Bekannte, die kein engeres Verhältnis zu dem oder der Verstorbenen hatten. Man zeigt damit seinen Respekt und sein Beileid. Damit auch jeder weiß, wann und wo der *wake* oder *removal* stattfindet, gibt es in Irland nicht nur Todesanzeigen in der Zeitung, sondern **Todesnachrichten** mit den genauen Informationen. Diese werden von den lokalen Radiosendern bekannt gegeben. Am kirchlichen Teil der Beerdigung nehmen normalerweise nur Verwandte und nahe Freunde teil. Nach der Messe wird der Sarg zum Friedhof gefahren und zu Grabe getragen. Anschließend gibt es oft in einem Pub noch etwas zu essen und zu trinken.

GUINNESS
MURPHY
BOTTLED
GUINNESS
THE DUKE OF YORK
MORTON'S
RED
HEART
BOTTLED
GUINNESS
HARP
LAGER
GUINNESS
BAR

Alltag in Irland

< In der Belfaster Innenstadt (110ir Foto: Tony Pleavin, Tourism Ireland)

Sport

Die Iren sind verrückt nach Sport: Nur Pubs haben eine größere Verbreitung als Wettbüros, die allgegenwärtigen *bookmakers*. Hier wird auf den Ausgang von 70 und mehr Sportarten gewettet. Die beliebtesten Zuschauersportarten sind exklusiv irisch: Die sogenannten „Gälischen Spiele“ *(Gaelic Games)* gibt es nur in Irland – sieht man einmal von den irischen Auswanderergemeinden in aller Welt ab. Während traditionelle irische Musik mittlerweile weltweit Anhänger gefunden hat und entsprechende Bands zum Beispiel auch aus dem Ruhrgebiet kommen, sind wichtige gälische Spiele Ereignisse, über die fast nur Iren fachsimpeln können.

Gälische Sportarten

Die gälischen Sportarten werden von der **Gaelic Athletic Association** *(GAA)* organisiert und kontrolliert. Dieser inselweite Verband wird mit seinen 800.000 Mitgliedern (bei einer Bevölkerung von knapp sechs Millionen) von manchen Kommentatoren als die nach der Kirche zweitmächtigste Institution Irlands bezeichnet. Gälische Sportarten werden **nur auf Amateurbasis** betrieben. Professionelle Spieler gibt es also nicht, aber manche der Sportler sind in Irland dennoch so berühmt wie anderswo hoch bezahlte Fußballer. Mittlerweile dürfen sie aber etwas Geld durch Werbung verdienen. Am populärsten sind die **Gaelic Games** auf dem Land, wo in der Regel jedes Dorf und jede Schule eigene Mannschaften unterhält. Die Spiele zwischen den Grafschaften ziehen die Aufmerksamkeit der ganzen Insel auf sich. Finden sie im Dubliner *Croke Park Stadium* statt, locken sie bis zu 60.000 Zuschauer an, die dann oft bunte Hüte tragen und Fahne schwenken. Ausschreitungen und Randale, wie man sie vom Fußball kennt, gibt es kaum.

Gaelic Football ist der wohl populärste Zuschauersport in beiden Teilen Irlands und wirkt wie eine Mischung aus Fußball und Rugby. Zwei Mannschaften mit je 15 Spielern treten dabei gegeneinander an. Man kann den Ball mit der Hand werfen und abspielen, vom Boden aufgenommen werden darf er aber nur mit dem Fuß. Einen Punkt erlangt eine Mannschaft, wenn der Ball die Pfosten des H-förmigen gegnerischen Tores überfliegt – ein Tor, das drei Punkten entspricht, wird gegeben, wenn der Ball im Netz landet. **Ladies' Football** heißt die von Frauen gespielte Variante. Allerdings werden die *GAA* und die gälischen Sportarten von Männern dominiert.

☒ Hurling ist im Südwesten der Insel am populärsten, besonders in der Grafschaft Tipperary

Extrainfo 18 (s. S. 8): „The Rules of Gaelic Football – EXPLAINED!“ (Englisch)

109ir Foto: Piaras Ó Mídheach, Tourism Ireland

Hurling ist neben *Gaelic Football* das beliebteste *Gaelic Game*. Vorläufer der heutigen Form dieser Sportart werden in altirischen Sagen um *Cú Chulainn* (s. S. 121) und in einer frühmittelalterlichen irischen Gesetzessammlung *(Brehon Laws)* erwähnt. *Hurling* wird wie *Gaelic Football* von zwei Mannschaften mit je 15 Spielern gespielt. Das Spielfeld sowie die H-förmigen Tore sind mit denen des *Gaelic Football* identisch, ebenso die Art Punkte zu erzielen. Die Spieler haben einen Stock, den sogenannten *hurley,* bei dem das Ende breiter ist als der Griff. Mit diesem müssen sie den etwa handgroßen Lederball weiterbefördern und ins Tor schlagen. Der Ball kann auch mit der Hand gefangen und bis zu vier Schritte weit getragen werden. Die leicht veränderte Variante des *Hurling* für Frauen heißt **Camogie.**

Weniger bekannte und verbreitete gälische Sportarten sind **Rounders,** ein Schlagballspiel, das es mit leicht unterschiedlichen Regeln auch in Großbritannien gibt, und **Gaelic Handball,** das mit zwei, drei oder vier Sportlern gespielt wird und dem Squash ähnelt.

Gaelic Games und irischer Nationalismus

Die GAA (Gaelic Athletic Association) entstand 1884, also zu einer Zeit, als organisierte Sportarten wie Kricket oder Rugby der Oberschicht vorbehalten waren. Die Vereinsgründer nahmen sich Ballspiele vor, die mit nicht eindeutig festgelegten oder stark variierenden Regeln in manchen ländlichen Regionen gespielt wurden, und machten daraus nationale irische Sportarten. Anders als die „Conradh na Gaeilge" („Gälische Liga"), die sich den Erhalt der irischen Sprache auf die Fahnen geschrieben hatte, aber nur die städtische Mittelschicht der Ostküste erreichte, entwickelte sich die GAA zu einem ***Massenverband.*** *Sie brachte beispielsweise durch Wettkämpfe zwischen Grafschaften und Provinzen ab dem späten 19. Jh. vielen Menschen die Geografie Irlands näher und vermittelte ihnen das Gefühl, Teil einer irischen Nation zu sein. Damit verbunden war aber auch, dass „fremdländische", sprich* ***englische Sportarten verpönt*** *waren: In den ersten Jahrzehnten war es den Mitgliedern der GAA nicht nur verboten, Sportarten wie Fußball zu spielen, selbst das Zuschauen war nicht erlaubt. Das musste Douglas Hyde, der erste Präsident der Republik und Gründer von „Conradh na Gaeilge" feststellen, als er sich 1938 ein Fußballspiel ansah – er wurde prompt aus der GAA ausgeschlossen.*

Unerwünscht waren in den GAA-Vereinen Angehörige der britischen Streitkräfte und der unter britischer Verwaltung stehenden Polizei. Im Lauf der Zeit ist die „Association" etwas offener geworden. Seit 1971 dürfen die Mitglieder ungestraft und guten Gewissens Fußball spielen oder sich ein Rugby-Spiel ansehen. Als 2001 eine neue nordirische Polizei ins Leben gerufen wurde, erklärte der Verband ein ***Ende des Bannes für nordirische Polizisten und britische Soldaten.*** *Darauf entstand die erste Gaelic-Football-Mannschaft der nordirischen Polizei. Deren Spieler sind sowohl Katholiken als auch Protestanten. Der erste Vorsitzende des neuen GAA-Vereins wurde Oberwachtmeister Brian McCargo, ein Katholik, der bis 1970 Mitglied im Verein des Belfaster Stadtteils Ardoyne war, dann aber Polizist wurde und austreten musste. Das erste Spiel der Polizistenmannschaft fand übrigens im Oktober 2002 in Dublin gegen Kollegen der südirischen Polizei statt. 2015 trat erstmals eine Gaelic-Football-Mannschaft der britischen Armee in Erscheinung: Die in Großbritannien vertriebene Immigrantenzeitung „The Irish Post" berichtete, dass das mit Iren und Irischstämmigen besetzte Regiment der Irish Guards an den Londoner GAA-Meisterschaften teilnahm.*

Nach wie vor ist es laut Satzung der GAA grundsätzlich verboten, die eigenen ***Sportstätten*** *für „fremdländische" Spiele zur Verfügung zu stellen. Als in den 1990er-Jahren im Dubliner „Croke Park Stadium" zwei American-*

156ir Foto: fk

Football-Spiele ausgetragen wurden, zeigte sich, dass „fremdländisch" wohl in erster Linie „britisch" heißt. Das Verbot bezog sich eigentlich auf Fußball und Rugby, potenzielle Konkurrenten um die Gunst der Zuschauer. Als 2005 das Dubliner „Landsdowne Road Stadium" renoviert wurde, die Spielstädte für Rugby- und teilweise auch Fußballspiele, benötigte man dringend eine Alternative, zumal internationale Begegnungen anstanden. Das „Croke Park Stadium" bot sich eigentlich an, zumal die GAA es für Konzerte etwa der irischen Popgruppe U2 vermietete. Aber gerade dieses Stadion für internationale Begegnungen zur Verfügung zu stellen, bei denen nicht nur „fremdländische" Sportarten durchgeführt werden, sondern auch die britische Hymne gespielt werden könnte, war äußerst heikel: 1920 richteten hier die „Black and Tans", eine Hilfstruppe der britischen Armee, als Vergeltung für eine Reihe von IRA-Anschlägen ein Massaker an. Dreizehn Zuschauer und ein Spieler starben: **Michael Hogan,** der Kapitän des Gaelic-Football-Teams aus Tipperary. Eine Tribüne im Stadion wurde 1924 nach ihm benannt (Hogan Stand). Am 16. April 2005 stimmte der GAA-Kongress schließlich für die Lockerung des Verbotes und erlaubte Rugby-Spiele für die Zeit der Renovierung des „Landsdowne Road Stadium" in „Croke Park". Im Februar und März 2007 fanden zum ersten Mal internationale Rugby-Spiele dort statt.

Ein historisches Ereignis war dann das Zusammentreffen der Mannschaften Englands und Irlands am 24. März 2007, bei dem **„God Save the Queen"** (die Hymne Englands beim Rugby, auch bei Spielen gegen Schottland und Wales) gespielt werden sollte. Alles verlief glimpflich und die irischen Zuschauer applaudierten sogar nach der Hymne. In Großbritannien fand diese Geste ein sehr positives Echo und in der liberalen irischen Presse wurde sie als ein Zeichen des Erwachsenwerdens der Republik Irland gedeutet.

Wandmalerei in Belfast: „Gälische Spiele, Teil unseres Erbes"

Derry City Football Club – ein nordirischer Verein in der Fußballliga der Republik Irland

Nachdem der nordirische Fußballverband das Heimatstadion des nordirischen Vereins „Derry City F.C." beim Europapokal der Landesmeister 1966 für „nicht dem Standard entsprechend" erklärt und in die laufende Saison eingegriffen hatte, erreichten die Beziehungen zwischen dem eher katholischen Verein und dem vorwiegend protestantischen nordirischen Fußballverband IFA einen Tiefstand.

Ende der 1960er-Jahre brachen dann ***bürgerkriegsähnliche Zustände*** *in Nordirland aus, die sich besonders stark in Derry, vor allem in der Umgebung des Vereinsstadions „Brandywell" niederschlugen. Als dort im Januar 1969 ein Spiel gegen den „Linfield F.C." stattfand, mussten die Fans des als protestantisch geltenden Belfaster Vereins nach der ersten Halbzeit von der Polizei evakuiert werden. Ein Sprecher des „Linfield F.C." erklärte daraufhin, aus Sicherheitsgründen nicht mehr an Spielen in „Brandywell"*

Rugby

Rugby (bzw. die Variante *Rugby Union)* hat seine Wurzeln im England des frühen 19. Jahrhunderts und soll in der *Rugby School* im Orte Rugby, einer der ältesten und noch heute bestehenden englischen Privatschulen, entstanden sein. Entsprechend haftet dem Rugby in Irland nach wie vor der Ruf einer **elitären Sportart** an. Populär und verbreitet ist Rugby heute in nordirischen Gymnasien *(grammar schools),* bei der Oberschicht im Süden der Grafschaft Dublin sowie in der Provinz Munster, dort allerdings in allen sozialen Schichten. Wer sich in Irland ein Rugby-Spiel ansehen möchte, sollte dies in einem Pub in **Limerick** tun. Dort ist fast jeder Einwohner ein glühender Rugby-Fan. Und so funktioniert es: Zwei Mannschaften mit jeweils 15 Spielern treten gegeneinander an. Ziel des Spieles ist es, den ovalen Ball an der gegnerischen Mannschaft vorbei in deren Feld zu tragen oder ihn in das H-förmige Tor zu schießen.

Beide Teile Irlands haben eine **gemeinsame internationale Mannschaft** – die Teilung der Insel ist am Rugby vorbeigegangen. Dies führte zu einigen Besonderheiten: So wird als Ersatz für eine Nationalhymne das 1995 von dem nordirischen Liedermacher und Musikproduzenten *Phil Coulter* geschriebene Lied „Ireland's Call" gesungen. Bei Spielen in der Republik Irland singen die Spieler danach noch die irische Nationalhymne, nicht jedoch in Nordirland oder außerhalb Irlands.

teilzunehmen. Als dann auch noch Jugendliche vor einem anderen Heimspiel den Bus der Mannschaft „Ballymena United“ stahlen und in Brand steckten, schlossen sich die meisten Vereine der Entscheidung des „Linfield F.C.“ an. Hinzu kam, dass die nordirische Polizei das ***Brandywell-Stadion als nicht sicher*** *erklärte. Die Heimspiele des „Derry City F.C.“ mussten nun im benachbarten, vor allem von Protestanten bewohnten Ort Coleraine ausgetragen werden.*

1972 trat der Verein aus der IFA aus und verabschiedete sich damit vom Profifußball. In den folgenden Jahren war er in der ***lokalen Liga*** *aktiv und spielte samstags vormittags. Mehrere Anträge des Vereins bei der IFA, wieder mit dem traditionellen Heimstadion „Brandywell“ in der nordirischen Liga zu spielen, blieben erfolglos. Darauf bewarb sich „Derry City“ um die* ***Aufnahme im Ligasystem der Republik Irland.*** *Nach anfänglicher Zurückhaltung gab die südirische Football Association of Ireland dem Verein aus Derry grünes Licht. Nachdem auch der Weltfußballverband FIFA zustimmte, spielt der „Derry City F.C.“ seit 1985 mit großem Erfolg in der zweiten Liga der Republik Irland.*

Fußball

In Irland als *soccer, association football* oder einfach *football* bezeichnet, ist Fußball hier mittlerweile eine der populärsten Zuschauersportarten. Das war nicht immer so, auch wenn 1880 in Belfast die Irish Football Association als der viertälteste nationale Fußballverband der Welt gegründet wurde, nach den englischen, schottischen und walisischen Verbänden. Fußball wurde damals vor allem im Norden Irlands gespielt. Mit der Teilung des Landes entstand 1921 in Dublin die Football Association of Ireland. Beide Verbände betrachteten sich bis in die 1950er-Jahre als für die ganze Insel zuständig und stellten bei internationalen Begegnungen Mannschaften mit dem Anspruch auf, ganz Irland zu vertreten. Es interessierte sich aber nur eine Minderheit der Bevölkerung für Fußball. Während die Mittel- und Oberschicht Rugby spielte, waren bei der Mehrheit der Iren Gaelic Games populär. Da es Mitgliedern der GAA verboten war, Fußball zu spielen, und auch deren Anwesenheit bei Fußballspielen nicht gern gesehen wurde, hielt sich die Popularität dieser Sportart in Grenzen. Erst mit dem Einzug des britischen und irischen Fernsehens in den 1960er-Jahren und den regelmäßigen Übertragungen von Fußballspielen, begannen sich die Bewohner der Republik Irland allmählich für das Spiel zu interessieren, vor allem, als 1966 die Fußballweltmeisterschaft im irischen Fernsehen gezeigt wurde. Nicht zuletzt dieses Interesse dürfte ein Grund

Extrainfo 19 (s. S. 8): „Derry Football Club“: Ausschnitt aus einer Channel-4-Dokumentation von 1990 (Englisch)

157ir Foto: Matteo Tuniz, Fáilte Ireland

gewesen sein, warum 1971 das Verbot für GAA-Mitglieder aufgehoben wurde, „fremdländische" Sportarten zu betreiben.

Ein Durchbruch gelang dem Fußball auf der grünen Insel, als sich die Republik im Jahre 1988 für die **Europameisterschaft** in Deutschland qualifizierte und 1990 für die Weltmeisterschaft in Italien, wo man das Viertelfinale erreichte. 1994 war Irland die einzige Mannschaft der britischen Inseln, die zur Fußballweltmeisterschaft in die USA fuhr – sie kam sogar bis in das Achtelfinale. Auch 2002 nahm Irland an der WM in Südkorea und Japan teil und scheiterte erst im Achtelfinale beim Elfmeterschießen gegen Spanien.

Nordirland hat wie die anderen *home nations* („Heimatnationen") des Vereinigten Königreichs eine **eigene Fußballnationalmannschaft,** die 1958, 1982 und 1986 an der Weltmeisterschaft teilnahm. Bei Länderspielen zwischen der Republik Irland und Nordirland unterstützen Protestanten meist die nordirische Mannschaft, Katholiken hingegen oft die der Republik. Viele Iren haben lange Zeit eher englische und schottische Vereine unterstützt, als lokale irische Vereine der Ligen Nordirlands und der Republik. Die Spiele der **schottischen** und der **englischen Fußballliga** stoßen in beiden Teilen Irlands nach wie vor auf großes Interesse und viele irische Fußballer spielen in britischen Vereinen. Vor allem die Clubs *Manchester United, Liverpool FC, Celtic Glasgow* (unter nordirischen Katholiken) und *Glasgow Rangers* (unter nordirischen Protestanten) haben viele irische Fans. In den 1990er-Jahren wurde der irische Fußball professioneller und gewann neue Anhänger.

Weitere beliebte Sportarten

Pferderennen und **Windhunderennen** sind in Irland weit verbreitet und viele wetten auf deren Ausgang. Windhunde, auf Englisch *greyhounds,* sind eine spezielle Jagdhundrasse, die etwa im vierten vorchristlichen Jahrhundert auf die Insel gebracht wurde. Bei den Windhunderennen laufen die Hunde einem künstlichen Hasen hinterher. Das Zentrum der Hunderennen liegt in Clonmel in der Grafschaft Tipperary. Es gibt sogar eine halbstaatliche Aufsichtsbehörde *(Irish Greyhound Board),* die 1958 gegründet wurde und laut eigener Website „verantwortlich ist für die Kontrolle und Entwicklung der Windhundeindustrie in Irland". *Horse Racing Ireland* wacht über die Ausrichtung und Durchführung von Pferderennen in beiden Teilen Irlands, wobei das Zentrum des Pferdesports in der Grafschaft Kildare liegt. Das wichtigste Ereignis ist die „Dublin Horse Show", die jedes Jahr im August veranstaltet wird. Anders als in Großbritannien sind die Rennen bei Angehörigen verschiedener sozialer Schichten populär. Der Snobismus, der den Briten in Bezug auf diese Sportart vorgeworfen wird, scheint hier zu fehlen. Das größte Pferderennen ist das „Irish Grand National", das immer am Ostermontag in Fairyhouse in der Grafschaft Dublin durchgeführt wird.

Boxen ist seit den Erfolgen des Südiren *Michael Carruth* und des Nordiren *Wayne McCullagh* bei der Olympiade 1992 populär geworden, vor allem unter Männern aus unteren Sozialschichten. Der Sport wird inselweit von der *Irish Amateur Boxing Association* organisiert. Oft ist das Boxen ein Mittel, Jugendliche aus sozial schwachen städtischen Siedlungen von der Straße zu holen, was das Image des Sports stark prägt. Nur wenige steigen in das professionelle Boxen ein, das in Irland in kleinem Rahmen an Universitäten und in der Armee gepflegt wird.

Golf ist in Irland sehr populär und es gibt mehrere Hundert Klubs im ganzen Land. Internationale Golfturniere werden regelmäßig im irischen Fernsehen ausgestrahlt und der Golftourismus hat sich mittlerweile zu einem beständig wachsenden Wirtschaftszweig entwickelt. Vor allem durch die steile Karriere des nordirischen Golfers *Rory McIlroy,* der auf internationalen Tournieren sowohl Irland als auch das Vereinigte Königreich und Europa repräsentiert, hat der Sport noch größere Popularität erlangt.

☐ Hunderennen im Shelbourne Park, Dublin

Urlaub und Freizeit

Urlaub

Alle Iren in einem Angestelltenverhältnis haben einen gesetzlichen Anspruch auf **20 Urlaubstage** im Jahr. Dazu kommen neun **gesetzliche Feiertage:** der Neujahrstag (1. Januar), *St. Patrick's Day* (Nationalfeiertag am 17. März), Ostermontag, der erste und zweite Weihnachtsfeiertag und der jeweils erste Montag im Mai, Juni und August sowie der letzte Montag im Oktober – die sogenannten **Bank Holidays.** Diese werden so genannt, weil traditionell an Tagen, an denen die Banken geschlossen hatten, auch die meisten anderen Betriebe nicht arbeiten konnten und deshalb ihre Tore schlossen. Das ist zwar vergleichsweise wenig, hält die Iren aber nicht vom Reisen ab. Verbrachte man früher die Ferien meist im eigenen Land, sind Auslandsreisen heute mindestens genauso häufig. Besonders im Sommer gibt es eine regelrechte Reisewelle. Alle irischen Schulkinder haben **drei Monate Sommerferien,** die zur gleichen Zeit stattfinden. Mittlerweile fahren 73 % der Iren im Urlaub ins Ausland. In Deutschland sind es im Vergleich dazu nur 64 %. Nach Großbritannien sind die beliebtesten Reiseziele Spanien, Frankreich und Nordamerika. Beliebt sind aber auch Kurzurlaube im eigenen Land – die sogenannten *weekend breaks* („Wochenendpausen"). Viele Hotels bieten an Feiertagswochenenden Sonderpreise und werben kräftig damit im Radio oder in Zeitschriften. Allerdings lässt sich sowohl bei den Reisen ins Ausland als auch im Inland ein neuer Trend beobachten: Die Iren fahren nicht nur **immer häufiger in Urlaub,** viele besitzen auch ein eigenes Ferienhaus oder einen der beliebten großen Wohnwagen *(mobile homes)*. Das führte in den letzten Jahren zu einem dramatischen Rückgang der Übernachtungszahlen in den traditionellen Bed-and-Breakfast-Unterkünften. Im irischen Fernsehen gibt es mittlerweile sogar Sendungen mit Tipps und Informationen für Leute, die ein Ferienhaus in Frankreich oder Spanien kaufen möchten und manch ein irischer Makler hat sich auf diesen Bereich spezialisiert.

Die irische **Reiselust** hat zur Folge, dass 2006 zum ersten Mal mehr Geld von Iren im Ausland ausgegeben wurde, als die traditionell so starke Tourismusindustrie in Irland einnehmen konnte. Laut nationaler Statistikbehörde *(Central Statistics Office)* nimmt die Zahl der Auslandsreisen von Iren nach einem kleinen Einbruch 2011 wieder stetig zu, wobei Großbritannien und Spanien die beliebtesten Reiseziele darstellen. Allerdings ist der Ruf irischer Touristen im Ausland nicht immer der beste. Bemängelt wurden vor allem Trunkenheit, Lautstärke und das sorglose Wegwerfen von Abfall auf der Straße oder an Stränden, aber auch mangelnde

Sprachkenntnisse und gastronomische Engstirnigkeit. Dies trifft natürlich keineswegs auf alle irischen Touristen zu, prägt aber oft das Bild von Iren in den Ferienzentren Südeuropas.

160ir Foto: Lorna Lee, Tourism Ireland

Freizeit

Was machen die Iren nach der Arbeit? Eine der liebsten Freizeitbeschäftigungen ist nach wie vor der Pubbesuch. Man geht abends mit Freunden etwas trinken, unterhält sich und oft gibt es dort Livemusik. Allerdings bilden die **Pubs** auch so etwas wie ein **verlängertes Wohnzimmer** für die ganze Familie. Vor allem an Sonntagen besucht man mit Kind und Kegel sein *local* („Örtliches", die Kneipe um die Ecke). Häufig wird dort ein traditionelles Sonntagsessen mit Kartoffeln, Gemüse und Braten serviert. Aber auch wenn man zu Hause isst, treffen viele am Nachmittag Freunde und Verwandte im Pub. Für Gäste mit Kindern gibt es in größeren Pubs eine Familienecke, aber kleine, ländliche Pubs haben oft nur einen Raum für alle. Kinder dürfen von Mai bis September bis 22.00 Uhr und im Winter nur bis 21.00 Uhr bleiben. Der Abend ist für die Erwachsenen reserviert.

Um Freunde zu treffen, geht man meist zusammen aus. **Einladungen nach Hause sind relativ selten.** Am späteren Abend, wenn die Pubs geschlossen haben, ist das sogenannte *clubbing* – der Disco- bzw. Barbesuch – vor allem bei Teenagern eine beliebte Freizeitbeschäftigung, aber durchaus auch bei Leuten in den Zwanzigern und Dreißigern.

Sehr populär sind auch **sportliche Betätigungen** aller Art. Viele Iren sind Mitglied beim GAA, manchmal auch in einem lokalen Fußball- oder Rugby-Verein (siehe das Kapitel „Sport" ab Seite 208). In manchen Gegenden sind Pferde- oder Hunderennen sehr beliebt und seit einiger Zeit findet auch Golf immer mehr Anhänger. Für die weniger Aktiven bleibt

△ Am Bank Holiday im Juni startet in Dublin der Flora Women's Mini Marathon

immer noch die Zuschauerrolle bei den vielen Sportveranstaltungen, die an den Wochenenden stattfinden oder im Fernsehen und Radio übertragen werden.

Natürlich gibt es auch noch andere Freizeitbeschäftigungen. Traditioneller irischer Tanz beispielsweise ist sehr populär, aber die Hobbys der Iren reichen – wie in anderen europäischen Ländern auch – vom Angeln über afrikanisches Trommeln oder Chorsingen bis zu Abendkursen für Französisch oder Yoga.

Körperlichkeit und Schamgefühl

Im Allgemeinen sind die Iren hinsichtlich dieses Themas den Menschen aus anderen mitteleuropäischen Ländern sehr ähnlich. Allerdings gibt es in Bezug auf **Nacktheit** ein paar Unterschiede. Für Iren wäre es zum Beispiel unvorstellbar, nackt in eine Sauna zu gehen. Dabei ist es egal, ob diese gemischt oder getrenntgeschlechtlich ist. Saunen und Wellnessoasen haben zwar vor allem in den größeren Hotels Einzug gehalten, aber ohne Badebekleidung gibt es keinen Zugang.

Vor allem die **Frauen** sind beim Thema Nacktheit **sehr schamhaft.** Dies kann man sehr gut in den Damenumkleideräumen der Schwimmbäder oder Sportzentren beobachten: Wenn es keine Einzelkabinen gibt, wird im Badeanzug geduscht. Beim Umkleiden kommen dann äußerst ausgefeilte Handtuch-Wickeltechniken zur Anwendung, um aus der nassen Badekleidung in die Straßenkleidung zu wechseln, ohne dass die anderen etwas Intimes sehen können. Das ist für Ungeübte nicht ganz einfach ... Bei Männern scheint dieses Schamgefühl nicht ganz so stark ausgeprägt zu sein, trotzdem sollte man das Nacktduschen und allzu „freizügiges" Umziehen eher vermeiden, um nicht entsetzte Blicke oder gar Unmut auf sich zu ziehen. **„Oben ohne"** am Strand oder gar „ganz ohne" ist gesetzlich verboten.

In Irland ist es üblich, dass sich Frauen Beine und Achseln rasieren. **Körperbehaarung** an diesen Stellen wird als unhygienisch empfunden und man fällt unangenehm auf, wenn man nicht mit dem Strom schwimmt. Es kursiert auch immer wieder das Gerücht, deutsche Frauen würden sich nicht enthaaren und man kann durchaus einmal darauf angesprochen werden: „Stimmt es, dass...?"

▷ Ein Wandbild im Norden Irlands: „Haltet Raphoe sauber, keinen Abfall bitte"

Die grüne Insel? – Umweltschutzdenken

Die Grüne Insel - bei diesem, von den Tourismusverbänden kräftig geschürten Bild stellt man sich erst mal saftige Wiesen, einsame Strände, schroffe Klippen und unverfälschte, raue Natur vor. Dies ist jedoch nur die eine Seite des Landes. Irland ist, wie andere europäische Nationen auch, im 21. Jahrhundert angekommen: moderne Städte, Hightechfirmen, Konsum. Wie sieht es da mit dem Umweltbewusstsein aus und wie geht man mit den Herausforderungen eines modernen Lebensstils um?

Auch in dieser Hinsicht hat sich Irland seit Mitte der 1990er-Jahre stark verändert. Durch den Wirtschaftsboom des *Celtic Tiger* sind neue, drängende Probleme hinzugekommen und vielerorts hat sich auch das **Bewusstsein für die Umwelt** und die Natur geändert.

Noch vor einigen Jahren war es in einigen ländlichen Gebieten üblich, seinen **Hausmüll** im Garten oder auf einem Feld zu verbrennen - eine regelmäßige Müllabfuhr existierte dort nicht. **Abwässer** wurden früher oft ungeklärt ins Meer geleitet, sehr zum Ärger der Küstenbewohner, die an den angrenzenden Stränden nicht mehr baden mochten und - manchmal wortwörtlich - den Dreck vor der Haustür hatten. So klebten nach einem starken Unwetter im Januar 1995 an den Fassaden der Häuser im meernahen Galwayer Stadtteil Salthill Unrat und Fäkalien, die das an Land geschwemmte Buchtwasser zurückgelassen hatte. Andererseits gab es in Irland vor dem Wirtschaftsboom ein relativ geringes Müllaufkommen und große Teile des Landes waren von Umweltverschmutzung nicht betroffen.

159ir Foto: rk

128ir Foto: kw

Seit dem wirtschaftlichen Aufschwung Mitte der 1990er-Jahre hat sich vieles geändert – positiv wie negativ.

Aufgrund ihres höheren Einkommens besitzen die Iren heute zum Beispiel deutlich mehr Autos als früher, fahren öfter ins Ausland in Urlaub und kaufen mehr Konsumgüter ein. Dies führt unweigerlich zu einer größeren Umweltbelastung und zu einer Zunahme des Müllaufkommens. Allein in den Jahren 1995 bis 1998 **vergrößerte sich das Abfallvolumen** im Land um 89 % und auch in den letzten Jahren ist ein stetiger Anstieg zu verzeichnen. Durch den zunehmenden Verkehr sind die Straßen in den Ballungsräumen überbeansprucht und die **Abgas- und Lärmbelastung** nimmt zu.

Andererseits ist das **Umweltbewusstsein** in Irland merklich gestiegen, und zwar bei der Regierung und den lokalen und regionalen Verwaltungen genauso wie bei Privatpersonen. Man ist sich mittlerweile bewusst, welches Kapital eine intakte Umwelt für die allgemeine Lebensqualität, aber auch für den Tourismus darstellt, der ja eine der Haupteinnahmequellen des Landes ist. In den letzten Jahren sind daher einige Erfolge zu verzeichnen: Der Bau von Kläranlagen wurde vorangetrieben und viele der irischen Strände werden nun mit der blauen Flagge für besondere Badequalität ausgezeichnet. Bei dem Hauptabfallverursacher Landwirtschaft findet langsam ein Umdenken statt und Biolandbau wird immer beliebter. Ein deutlich geringerer Anteil des Hausmüllaufkommens landet auf der

Deponie (2013 waren es 42%), da die Recyclingquote stark gestiegen ist und Müll auch für die Energiegewinnung genutzt wird. Das Bewusstsein der Bevölkerung und die Diskussionen in den Medien in Bezug auf Abfallvermeidung, aber auch auf Energiesparen und den Einsatz von erneuerbaren Energien nehmen zu und das Thema Umweltschutz gehört zum Lehrplan irischer Schulen. In den meisten Orten gibt es Mülltrennung und Recycling und man geht verstärkt gegen illegale Müllkippen vor.

Eine **Vorreiterrolle** spielte Irland, als es 2004 als erstes westliches Land eine **Ökosteuer auf Plastiktüten** im Einzelhandel erhob. Bis dahin wurden Plastiktüten in den Läden umsonst und in Massen ausgegeben. Deutsche Touristen fielen schon mal (unangenehm) auf, wenn sie eigene Textilbeutel benutzen wollten. Nun aber hat sich das radikal geändert.

Irland steht in Bezug auf Umweltschutz und Klimawandel vor dem gleichen großen Problem wie viele westliche Länder: Man produziert mehr Abfall und umweltschädliche Stoffe, als man beseitigen kann, und muss sich dringend mit den Folgen des steigenden Konsums auseinandersetzen. Das Thema wird aber, anders als vor zehn oder fünfzehn Jahren, ernst genommen und die Dringlichkeit von Umweltfragen wird erkannt.

Das Wetter!

Das Wetter in Irland ist sozusagen **berühmt-berüchtigt.** Die Einheimischen sprechen stolz von der Möglichkeit „four seasons in one day" („vier Jahreszeiten an einem Tag") zu erleben. Es kann also durchaus passieren, dass ein Augusttag mit Nebel und eher herbstlichem Wetter beginnt, gegen Mittag richtig heiß wird, sodass der unbedarfte Besucher im T-Shirt spazieren geht, nur um dann tückisch von einem Gewitter- und Hagelschauer überrascht zu werden. Aber kein Problem – kurz darauf scheint wieder die Sonne und man kann sich vom lauen Wind trocknen lassen.

Die Iren gehen mit den Wettergegebenheiten recht stoisch um und wenn es regnet, wird das meist ignoriert. Man wird eben nass und das stört nicht weiter. Das mag allerdings auch daran liegen, dass kein Regenschirm in Irland eine lange Lebensdauer hat. Kaum hat man ihn aufgespannt, da wird er schon vom Wind umgeknickt.

Auch wenn Regen und Sonne von vielen so akzeptiert werden, wie sie kommen, ist das Wetter **immer ein Gesprächsthema.** Vor allem auf dem

☐ Saftig grüne Wiesen, hügelige Landschaft, Wasserfall ... das Klischee existiert!

Land kommt es vor, dass man mit einem, zugegeben recht optimistischen, Kommentar über das Wetter gegrüßt wird – auch wenn es gerade einen heftigen Schauer gegeben hat: „Nice day today." – „It is, thanks be to God." („Schöner Tag heute." – „Ja, Gott sei Dank."). Ein Tag mit dem typischen irischen Nieselregen wird als *soft day* („weicher Tag") bezeichnet. Auch für **Smalltalk** eignet sich das Wetter hervorragend, und das bei weitem nicht nur in ländlichen Gebieten. Es kann als Aufhänger für ein Gespräch im Pub oder mit Leuten im Bus dienen und wird zur Kontaktpflege benutzt – es ist unverfänglich und jeder kann dazu etwas sagen.

Trotz der Wechselhaftigkeit ist das Klima in Irland eher gemäßigt. Große Hitze oder Temperaturen weit unter Null sind selten. Dementsprechend zeigt sich auch der irische **Umgang mit den wenigen extremeren Wetterlagen,** die während des Jahres auftreten. Fallen im Winter nur ein paar Zentimeter Schnee, bringt das das Leben fast zum Stillstand. Winterreifen sind in Irland weitgehend unbekannt und für größere Schneeräumaktionen sind die Stadtverwaltungen nicht ausgestattet. Das führt dann dazu, dass der Verkehr mehr oder weniger zum Erliegen kommt. Auch mit großer Hitze und Sonnenschein gehen die meisten Iren recht unbedarft um. Wenn die Sonne endlich einmal hervorkommt, möchte man auch etwas davon haben. Sonnenschirme sind in den mittlerweile populären Straßencafés kaum zu finden und der Zweck eines Strandbesuchs ist schließlich das Sonnenbaden. Nach ein paar schönen Tagen kann man dann auch „wandelnde Sonnenbrände" in großer Zahl bemerken, bei deren Anblick einem schon alles weh tut. In den letzten Jahren hat sich allerdings, nicht zuletzt durch die Erfahrung mit dem immer beliebteren Urlaub in mediterranen Regionen, auch ein höheres Bewusstsein für die Gesundheitsgefahren der Sonnenstrahlung entwickelt und ein vernünftigerer Umgang damit setzt sich mehr und mehr durch.

Wohnen – meist im eigenen Haus

Einer der wichtigsten Unterschiede zwischen Irland und dem deutschsprachigen Raum ist die Bedeutung, die hier dem **Besitz von Haus und Grund** beigemessen wird. Wohnraum zu mieten ist relativ unüblich – in manchen ländlichen Gegenden sogar nahezu unmöglich. Das soll aber nicht heißen, dass wirklich alle Iren ein Haus oder eine Wohnung besitzen. Zur Miete zu wohnen wird jedoch mit Argwohn betrachtet, wenn man nicht gerade studiert oder noch relativ jung ist, da normalerweise nur Leute aus ärmeren Schichten, die sich kein eigenes Haus leisten können, in sogenannten *council houses* („Sozialhäuser") der Stadt oder der Ge-

163ir Foto: fk

meinde untergebracht werden. Die seit Mitte der 1990er-Jahre **sprunghaft angestiegenen Hauspreise** bringen allerdings dieses etablierte Muster gehörig durcheinander: Junge Familien haben heutzutage oft Schwierigkeiten, auf die sogenannte *property ladder* („Hausbesitzleiter") aufzuspringen. Viele Iren kaufen bereits mit Mitte bis Ende zwanzig ihr erstes Haus und Hypotheken weit über 90 Prozent des Kaufpreises sind nicht unüblich. Zur Finanzierung vermieten viele junge Iren, die noch keine Familie gegründet haben, ein bis zwei Zimmer. Oft teilt man sich während des Studiums oder der frühen Berufsjahre ein Haus mit anderen. Allerdings ist es nicht selten, dass auch einige junge Leute in diesem Alter noch bei ihren Eltern wohnen. Die Hauspreise stiegen auf astronomische Höhen, bis die Immobilienblase 2008 platzte und viele Iren der Bank mehr schuldeten, als ihr Haus wert war. Seit etwa 2014 steigen die Hauspreise wieder und die Gefahr einer neuen Immobilienblase ist nicht ausgeschlossen.

Generell lebt man in Irland **eher in Häusern als in Wohnungen.** Das muss allerdings nicht heißen, dass auch mehr Platz vorhanden ist. Im Allgemeinen sind die Zimmer in irischen Häusern recht klein und in mancher deutschen Etagenwohnung findet sich mehr Raum. Die Größe der Häuser

Typische Wohnsituation auf dem Land

wird normalerweise nicht in Quadratmetern angegeben. Stattdessen zählt man in Schlafzimmern. Ein typisches Zweischlafzimmerhaus besteht also aus Wohn- bzw. Wohn-Esszimmer und Küche (meistens im Erdgeschoss) und Schlaf- sowie Badezimmern im ersten Stock. Von den Schlafzimmern wird eines normalerweise als *master bedroom* (Elternschlafzimmer) bezeichnet und muss groß genug für ein Doppelbett sein. In moderneren Häusern grenzt an diesen Raum häufig auch noch ein kleines Duschbad *(en suite)*. Einen Keller gibt es nur sehr selten, was wohl vor allem im Westen Irlands an dem felsigen Boden liegt.

Auf dem Land

Die meisten irischen Dörfer sind für ausländische Besucher nicht gleich als solche zu erkennen. Häufig gibt es keinen deutlich wahrnehmbaren Ortskern – vielleicht ein Pub, einen kleinen Laden und eine Handvoll Häuser. Der Rest der Siedlungen, einschließlich der Kirche, liegt normalerweise lose **in der Landschaft verstreut.** Es kann also ein Dorf ins andere übergehen, ohne dass man das Gefühl hat, überhaupt in einem Ort angekommen zu sein.

Abgesehen davon, dass das bebaute Land häufig direkt an das Wohnhaus angrenzt, leben viele Iren auch gerne außer Sichtweite direkter Nachbarn. Das heißt nicht, dass man zu diesen keinen Kontakt hat oder haben möchte. Im Gegenteil: In irischen Dörfern gibt es häufig recht eng gestrickte soziale Netzwerke. Man hat aber trotzdem gern seinen Freiraum. Solch eine Siedlungsstruktur verlangt den Briefzustellern einiges ab. Die meisten Häuser haben Namen statt Hausnummern, z. B. „Lake View" oder „The Old Cottage". Verbreitet sind auch irischsprachige Bezeichnungen. Sieht man einmal von ein bis zwei Straßen im Ortskern ab, gibt es oft keine Straßennamen. In der Adresse wird stattdessen nach dem Hausnamen der Name der Gegend *(townland)* angegeben. Dem *townland* folgt in der Adresse dann der Dorfname, gefolgt von dem der nächstgrößeren Stadt und der Grafschaft. Als Briefzusteller muss man die Gegend also ziemlich gut kennen, um die Post richtig ausliefern zu können. Nach Einbruch der Dunkelheit ist es außerdem recht schwierig, eine bestimmte Adresse zu finden, da es in irischen Dörfern meist nur sehr wenig oder gar keine Straßenbeleuchtung gibt. 2015 wurde ein neues Postleitzahlensystem *(Eircode)* eingeführt, das wie das britische aus Buchstaben und Zah-

> Eine der zahlreichen Hausruinen, die man auf dem Lande noch findet

len besteht, sich aber bei jeder einzelnen Adresse unterscheidet und seit 2016 auch mit Google Maps funktioniert.

Im ländlichen Irland sieht man häufig noch die charakteristischen **cottages.** Diese dickwandigen, normalerweise einstöckigen Steinhäuser bestanden typischerweise aus zwei Räumen, an deren Ende sich jeweils ein Kamin befand. Heute haben die meisten noch Anbauten für Küche und Bad. *Cottages* mit mehr als einem Stockwerk gehörten wohlhabenderen Bauern und Geschäftsleuten oder dem Lehrer bzw. dem Pfarrer. Heute sind diese alten Häuser wieder sehr gefragt. Lange Zeit galten sie aber als unmodern und unpraktisch. Deshalb ist die irische Landschaft stark geprägt von teilweise abenteuerlich dekorierten Bungalows, die hauptsächlich in den 1970er- und 1980er-Jahren gebaut wurden. Sie waren und sind beliebt, da sie allen modernen Komfort wie Badezimmer und Einbauküche bieten und die Räume bereits den modernen Bedürfnissen angepasst sind. Mit dem steigenden Wohlstand werden nun auch die Häuser größer: In den letzten Jahren kann man beobachten, dass die Neubauten immer häufiger beinah schon ausufernde Dimensionen annehmen.

Auf dem Land sind nur wenige Häuser an eine Kanalisation angeschlossen, es ist stattdessen üblich, das Abwasser in einer **Sickergrube** *(septic tank)* zu entsorgen.

162ir Foto: kw

Viele Iren versuchen, möglichst in ihrem Heimatort wohnen zu bleiben. Daher treten Eltern mit Landbesitz häufig ihren Kindern jeweils ein Stück davon ab, damit sie ein eigenes Haus darauf bauen können. Da das Mieten auf dem Land sehr schwierig ist, leben viele „Häuslebauer" in einem Wohnwagen auf dem Grundstück, bis das neue Heim fertig ist.

Typisch für das ländliche Irland sind auch die vielen **Ruinen,** die über das ganze Land verstreut sind. Diese stammen oft noch aus dem 19. Jahrhundert, als viele Iren auswanderten und ihre Häuser dann langsam verfielen. So gibt es an manchen Orten in Westirland ganze „Geisterdörfer". Allerdings war es auch nicht üblich, bei einem Neubau sein altes Haus abzureißen (wohl auch wegen der damit verbundenen Kosten) und häufig findet sich ein moderner Bungalow neben der Ruine eines älteren Hauses. Zumindest in der Vergangenheit – gelegentlich aber auch noch heute, – herrschte auch der Glaube, dass sich Feen (*fairies,* Irisch: *sidhe,* siehe auch „Der Glaube an Feen heute" ab Seite 125) gern in den verfallenen Häusern niederlassen und man sie deshalb nicht abreißen dürfe, um den Zorn der Fabelwesen nicht auf sich zu ziehen.

In der Stadt

Auch in den irischen Städten lebt die Mehrzahl der Bevölkerung in Eigenheimen und nicht in Wohnungen. Hier dominieren die sogenannten **estates:** Das sind Wohngebiete, die von einem Bauträger errichtet werden, der dann die einzelnen Häuser an Privatpersonen verkauft. Hier finden sich sowohl ganz einfache, kleine Häuser als auch Gebiete mit frei stehenden großen Familiendomizilen. Oft führt nur eine Straße in diese Wohngebiete und sie sind relativ abgeschlossen. Die neugebauten Häuser, die noch nicht von ihren Bewohnern verändert wurden, gleichen sich meist wie ein Ei dem anderen.

Allerdings gibt es in den Städten, vor allem in Dublin, auch immer mehr Wohnungen. In den letzten Jahrzehnten wurden zunehmend alte Warenhäuser, Hafen- oder Industrieanlagen in **trendige Apartments** umgebaut, die besonders bei der gut verdienenden jüngeren Bevölkerungsschicht beliebt sind. Daneben existieren auch (meist zwei- oder dreistöckige) Apartmentblocks mit nummerierten Wohnungen. Begehrt sind auch die zu Wohnungen umgebauten alten Backsteinhäuser von Anfang des 20. Jahrhunderts mit ihren großen Fenstern und hohen Decken. Leider sind viele davon der Modernisierungswut der 1970er- und 1980er-Jahre zum Opfer gefallen. Obwohl es durchaus vorkommt, dass Wohnungen vermietet werden, ist es auch hier eher üblich, eine Eigentumswohnung zu kaufen.

Das „Innenleben"

Beim Betreten eines irischen Wohnzimmers, fällt einem oft gleich der offene Kamin auf, der in moderneren Häusern allerdings auch aus einem Gasofen mit offener Flamme oder gar aus einer elektrischen Kamin-Attrappe bestehen kann. Der Kamin bildet den **Mittelpunkt der Raumes,** um den normalerweise auch die Couchgarnitur angeordnet wird. In vielen irischen Wohnzimmern sind die Möbel eher entlang der Wände verteilt und auffällig ist, dass oft kein Couchtisch den Mittelpunkt des Raumes bildet. Dieser fehlt entweder ganz oder wird durch einen Beistelltisch neben dem Sofa ersetzt. Bei Iren der mittleren und älteren Generation findet sich als Wandschmuck auch oft ein Kreuz, ein Marienbild oder ein Bild von Jesus mit sichtbarem Herzen, vor dem eine Glühbirne flackert: das sogenannte *sacred heart*.

Häufig sind irische Häuser komplett mit Teppichboden ausgelegt, oft sogar im Badezimmer. Obwohl auch tapeziert wird, ist es eher üblich, die Wände direkt zu streichen. Wie in vielen Ländern sind auch in Irland Einbauküchen die Norm. Gekocht wird häufig mit Gas, manchmal auch mit Strom. Allerdings bestehen elektrische Kochplatten meist aus einer Heizspirale, auf die die Töpfe direkt gestellt werden. In alten irischen Häusern gab es oft einen großen, mit Torf oder Kohle beheizten Herd, der den Mittelpunkt der Wohnküche bildete, den ganzen Tag befeuert wurde und das komplette Haus warm hielt. Moderne Versionen dieser *range ovens* sind mittlerweile wieder sehr beliebt.

Für Zugezogene ist es oft ungewohnt, wie in irischen Häusern geheizt wird. Generell scheint es einen **Unterschied im Temperaturempfinden** zu geben: In irischen Häusern ist es meist relativ kühl. Ein Grund dafür ist die Einfachverglasung und schlechte Isolierung vieler, auch gar nicht so alter Häuser. Manche der älteren Häuser werden noch vollständig mit Torf beheizt, mittlerweile sind jedoch Ölheizungen weit verbreitet. Da die meisten Häuser keinen Keller haben, steht der Öltank als großes, grünes Plastikungetüm im Garten oder Hinterhof. Viele der älteren Heizanlagen haben noch keinen getrennten Kreislauf für Heißwasser und Heizungssystem. Um also morgens warm duschen zu können, muss vorher der Heizkessel eine Weile gelaufen sein. Es ist üblich, dafür morgens und abends per Zeitschaltuhr die Heizungsanlage ein paar Stunden anzustellen. Die Heizkörper selbst sind oft nicht einzeln regulierbar. Da bleibt häufig nur die Wahl, entweder das komplette Haus oder gar nicht zu heizen und wenn es in einem Raum zu warm wird, die Temperatur über das offene Fenster zu regulieren. Bei neuen Häusern sind jedoch Doppelverglasung, Isolierung und eine moderne Heizanlage mittlerweile Standard.

Hazelbrook
House
Accommodation
Easy to find – Hard to leave
ABRAHAM
HOUSE
GLEN
GUEST
HOUSE
ALL ROOMS EN-SUITE
ALL ROOMS TV
TEA AND COFFEE FACILITIES
SECURE CAR PARK
ALL ROOMS FROM €50
Hazelbrook
House
Accommodation
Tel: 01 8365003

Unterwegs in Irland

< Dublin: An Touristenunterkünften herrscht kein Mangel
(111ir Foto: kw)

Geschichten von Hans und Dieter – was die Iren von den Deutschen denken

Killinascully ist eine beliebte Comedy-Serie im irischen Fernsehen. Die Geschichten spielen in einer fiktiven, ländlichen Gemeinde gleichen Namens in Westirland. Die Einwohner werden mit all ihren kleinen Schrulligkeiten stark überzeichnet dargestellt und man nimmt sich selbst und das „prototypische", irische Dorf gehörig auf die Schippe. Interessant ist, dass zum Gemeindeleben ganz selbstverständlich „der deutsche Einwanderer" gehört. *Dieter* kommt mit seinem Kameramann *Hans* nach Killinascully, um einen Dokumentarfilm zu drehen, verliebt sich in die Lehrerin der Dorfschule und bleibt da. Sein Auskommen findet er schließlich, indem er aus einem kleinen Lieferwagen heraus Käse, Wurst und Kichererbsenmus verkauft.

Dieter ist ein sympathischer, junger Mann und sticht seinen tollpatschigen Konkurrenten (den Dorflehrer) um die Gunst der hübschen, jungen Lehrerin mit Leichtigkeit aus. Allerdings ist er sehr naiv und versteht die Angewohnheit der Einheimischen nicht, um bestimmte Dinge herum zu reden. Deshalb kann er auch vielen Gesprächsrunden im Pub nicht so recht folgen. Die Dorfbewohner nutzen das auch gehörig aus und *Dieter* findet sich immer wieder in Situationen, in denen er – ohne es rechtzeitig zu bemerken – kleinere oder größere Arbeiten übernehmen oder plötzlich im Pub das Bier für alle bezahlen muss. In der Serie werden immer wieder komische Effekte dadurch erzielt, dass *Dieter* Dinge wörtlich nimmt oder zu direkt zur Sache kommt. Außerdem will er manche Angelegenheiten ganz gründlich regeln und stößt dabei an die irische Art, es in vielen Dingen nicht so genau zu nehmen. *Dieter* ist ein **Paradebeispiel** für alle in Irland über die Deutschen existierenden Stereotype.

Das **Deutschenbild der Iren** wird zu einem Großteil durch die ins Land kommenden Touristen geprägt. Diese sind meist kulturell interessiert, gebildet und haben gute Englischkenntnisse. Massentourismus wie an den Mittelmeerküsten ist in Irland unüblich. Eher trifft man Bildungs- und Individualreisende. Viele Deutsche sind in ihren bunten Wetterjacken mit dem Rad oder dem Rucksack unterwegs, sie kommen hauptsächlich der Landschaft wegen. In den Hostels (Jugendherbergen) des Landes haben diese Reisenden einen **guten Ruf:** Sie sind freundlich, machen alles wieder sauber, was sie benutzt haben, und sind meist früh morgens schon wieder unterwegs.

Irische Kultur, insbesondere traditionelle Musik und Tanz, sind mittlerweile weltweit bekannt und populär. Viele ausländische Irlandbesucher

Extrainfo 20 (s. S. 8): „Killinascully" – RTÉ-Comedy-Serie (Englisch). In der ersten Folge („The German Fillum") wird erklärt, was den Deutschen Dieter nach Killinaskully verschlagen hat.

interessieren sich sehr dafür. Einige zeichnen sich durch große Kenntnis in diesen Bereichen aus und es kann durchaus vorkommen, dass ein Tourist seine irische *fiddle* auspackt und ohne Probleme bei einer *session* im Pub mithält. Viele Deutsche gehören zu dieser Gruppe. Die meisten Iren freuen sich über das Interesse und die Begeisterung für ihre Kultur. Allerdings wird ihnen das Ganze manchmal schon fast unheimlich: Bei Amerikanern oder Briten mit irischem Hintergrund kann man den **Enthusiasmus** ja noch verstehen. Aber warum will ein Deutscher, der keine irischen Vorfahren hat, Irisch lernen oder irische traditionelle Musik spielen?

In den späten 1970er- und 1980er-Jahren kamen viele Menschen aus Deutschland, aber auch aus Dänemark, den Niederlanden, Frankreich oder anderen Ländern nach Irland, um **dem hektischen Alltag zu entfliehen** und ein einfaches, naturverbundenes Leben auf dem Land zu führen. Heute locken allerdings auch der Wirtschaftsboom und die dadurch entstandenen Arbeitsplätze.

Deutsche in Irland, seien es Touristen oder Immigranten, versuchen normalerweise, sich **an irische Gewohnheiten und Verhaltensweisen anzupassen** und nicht allzu sehr aufzufallen. Sie sind durchaus stolz darauf, nicht sofort als Ausländer erkannt zu werden. Gerade wenn sie dann auch noch „typisch" irische Hobbys wie traditionelle Musik oder Tanzen betreiben, sagt man, sie seien „irischer als die Iren selbst". Die Deutschen haben zudem den Ruf, **gewissenhaft, fleißig, umweltbewusst, effizient und pünktlich** zu sein, aber auch ein bisschen **langweilig und humorlos.**

Übrigens wird an irischen Schulen oft – nach Französisch – auch Deutsch gelehrt. Von guten Deutschkenntnissen der Iren sollte man aber nicht unbedingt ausgehen. Manche beherrschen die Sprache zwar perfekt, aber bei der großen Mehrheit sind die eventuell vorhandenen Kenntnisse begrenzt. Was sie aber nicht daran hindert, ihr Können auszuprobieren, wenn sie auf Deutsche treffen.

Begegnungen mit Iren

Wer in Irland mit Einheimischen zusammentrifft, wird feststellen, dass der allgemeine Umgang miteinander freundlich, ja oft herzlich ist. Die Iren sind **kontaktfreudig** und man kommt leicht miteinander ins Gespräch. Es ist durchaus üblich, mit dem Sitznachbarn im Zug oder mit den anderen Wartenden an einer Bushaltestelle ein kurzes Schwätzchen zu halten.

Höflichkeiten und bestimmte Rituale bei der Gesprächsführung sind wichtig. Man fällt keinesfalls mit der Tür ins Haus, wenn man ein Anliegen hat – das wäre unhöflich. Zuerst werden ein paar **einleitende Freundlich-**

keiten ausgetauscht. Ein normales Gespräch beginnt dann auch – wenn man es nicht mit einer Bemerkung über das Wetter einleitet – mit der Frage „How are you?“ oder „How is it going?“, beides in etwa mit „Wie gehts?“ zu übersetzen. Man sollte dies aber nicht als wirkliche Frage nach dem Befinden verstehen und seine aktuelle Gesundheitslage vor dem Gesprächspartner ausbreiten. Es handelt sich lediglich um eine Begrüßungsformel und man kann mit einem „Not too bad. How are you?“ („Nicht zu schlecht. Wie geht's selbst?“) antworten oder einfach nur die gleiche Frage nochmal stellen. Das genügt. Es gibt auch eine **nonverbale Variante der Begrüßung,** die vor allem im Vorübergehen auf der Straße Anwendung findet, aber auch für das voll besetzte Pub geeignet ist, wenn man nur Blickkontakt aufnehmen kann: Man **knickt kurz den Kopf zur Seite ab,** erwartet von seinem Gegenüber das Gleiche und geht dann weiter bzw. setzt sein Gespräch fort.

Verabschieden kann man sich mit „Bye“ („Tschüss“) oder „Bye now“ (etwa: „Tschüss dann“) oder informell mit „See you“ (etwa: „Man sieht sich“). Man hört aber auch gute Wünsche zum Abschied, wie zum Beispiel „Good luck“ („Viel Glück“) oder „All the best“ (etwa: „alles Gute“).

Wichtig ist in Irland auch, seine **Gesprächspartner mit Namen anzureden.** Das wird in den allermeisten Fällen der Vorname sein und es ist daher üblich, wenn man zum Beispiel eine Bekannte auf der Straße trifft, etwaige Begleiter mit Namen vorzustellen (z. B. „This is Anna.“ – „Das ist Anna.“). Daraufhin begrüßt man die vorgestellten Personen am besten unter der Verwendung ihres Namens mit „Nice to meet you“ („Schön, dich kennenzulernen.“). Also zum Beispiel „Nice to meet you, Anna.“ Man sollte sich die neuen Namen gut merken und während eines folgenden Gespräches immer wieder einstreuen. Unterhaltungen mit Iren wirken auf Besucher aus dem deutschsprachigen Raum zuerst einmal recht locker und die Gesprächspartner werden als sehr freundlich wahrgenommen. Manche Deutsche bezeichnen die Iren aber auch als oberflächlich. Dieser Eindruck beruht auf einem **kommunikativen Missverständnis:** In Irland ist die Kontaktpflege sehr wichtig. Es ist keine Seltenheit, dass einem sein gerade vorgestelltes Gegenüber vorschlägt, man müsse sich unbedingt mal treffen. Für einen Iren ist aber absolut klar, dass es sich dabei, sollte nicht gleich ein Termin genannt worden sein, um reine Höflichkeit handelt: Man möchte nett und freundlich sein. Wer diese Art nicht gewohnt ist, bekommt schnell den Eindruck, viele neue Freunde gefunden zu haben, und wundert sich dann, dass aus den Verabredungen nie etwas wird. Man

⊡ Iren sind Ausländern gegenüber aufgeschlossen und gute Gastgeber

sollte die Aussagen also so nehmen, wie sie gemeint sind – als Freundlichkeit – und nicht zu sehr „klammern“. Selbstverständlich kann man auch unter Iren gute Freunde finden, aber das dauert normalerweise seine Zeit – genau wie in anderen Ländern auch.

171ir Foto: fk

Diese eher **unverbindliche Art, Gespräche zu führen,** lässt sich auch auf anderen Ebenen beobachten. Die meisten Iren sind wenig direkt und versuchen, Konflikten möglichst auszuweichen. Man kommt beispielsweise bei einer Beschwerde oder einem heiklen Anliegen nicht gleich zum Punkt, sondern es wird erst einmal um den heißen Brei herum geredet. Aus Höflichkeit gibt man manchmal auch Auskunft, obwohl man gar nicht so genau Bescheid weiß, weil man ungern Nein sagt und einen befriedigenden Ausgang des Gesprächs erreichen möchte. Es kann also durchaus vorkommen, dass man auf der Straße nach dem Weg fragt und der Gefragte einem lieber eine ungenaue Erklärung mitgibt, als zuzugeben, dass er den Weg so genau auch nicht kennt. Antworten auf Fragen nach der Entfernung zum Beispiel des Bahnhofs, stellen sich oft als leicht untertrieben heraus und die vorhergesagten fünf Minuten Fußmarsch entpuppen sich als eine gute Viertelstunde. Diese „indirekte“ Art wird selbst den Iren manchmal zu viel. So wollte eine Bekannte der Autoren möglichst schnell ein beschädigtes Bett von einem Handwerker reparieren lassen und bekam von ihm einen Termin zugesagt. An besagtem Tag tauchte der Handwerker jedoch nicht auf. Bei Nachfrage stellte sich heraus, dass er viel zu viele Aufträge für die gleiche Zeit angenommen hatte, nur um keinem Kunden absagen zu müssen. Dies wiederholte sich an mehreren verabredeten Terminen, was sogar eine Irin auf die Palme bringen kann ...

Die gleiche **Unverbindlichkeit** lässt sich in vielen Lebensbereichen feststellen. Man geht in Irland mit manchen Regeln und vorgeschriebenen Abläufen recht locker um. Das hat aber häufig auch eine positive Seite, zum Beispiel wenn großzügig darüber hinweggesehen wird, dass man ein Buch nicht termingerecht in der Bücherei abgibt oder mit dem Mietwagen eine halbe Stunde über der Zeit ist.

Eine irische Besonderheit im Gesprächsverhalten und für Ausländer oft schwer verständlich ist das sogenannte **slagging**, eine Art Necken und Aufziehen, bei der man oft das Gegenteil von dem sagt, was man meint, oder sein Gegenüber scheinbar beleidigt – was aber nett und freundschaftlich gemeint ist. Meist kommt *slagging* unter Freunden oder in informellen Situationen vor, wie zum Beispiel auf einer Party oder in einer fröhlichen Runde im Pub. Die angemessene Reaktion auf solche Frotzeleien ist, Gleiches mit Gleichem zu beantworten, was natürlich außer guten Englischkenntnissen eine gewisse Schlagfertigkeit voraussetzt, aber auch ein Gefühl dafür, wie weit man gehen kann (Also am Anfang sparsam einsetzen!) Ungeübte laufen da leicht in die Falle, sind vielleicht gekränkt und wundern sich dann, wenn alle anderen lachen und sagen „Just slagging." („Habe nur Spaß gemacht.") So zum Beispiel die ausländische Freundin eines jungen Iren, die sich für den Abend besonders schick gemacht hatte und wenig Verständnis für seine Bemerkung über ihr Aussehen aufbrachte: „Jeez, you look terrible!" („Mensch, du siehst furchtbar aus!")

Namen und Anrede

In Irland werden viel häufiger die Vornamen benutzt, als wir das im deutschen Sprachraum gewohnt sind. Wenn man zum Beispiel ein Bankkonto eröffnet, sollte man sich nicht wundern, wenn man **gleich mit dem Vornamen angesprochen** wird. Auch bei einem Politikerinterview im Radio oder Fernsehen nennen sich ganz selbstverständlich sowohl Moderator als auch Interviewpartner bei ebendiesem. Nachnamen werden sehr selten benutzt: am ehesten noch für ältere Leute, vor allem solche mit einem gewissen Status – das kann in einem Dorf z. B. die Frau des größten (oft protestantischen) Landbesitzers sein. Einem Ausländer wird ein Fehler bei der Anrede normalerweise nicht übel genommen, doch bei älteren Iren, die sich nicht selbst mit dem Vornamen vorstellen oder im eigenen Beisein von anderen so vorgestellt werden, sollte man es erst einmal mit dem Nachnamen versuchen. Daneben spricht man Leute auch mit den Bezeichnungen ihrer **Funktionen** an, zum Beispiel den Busfahrer als *driver* („Fahrer") oder den katholischen Pfarrer als *Father* („Vater"). Männer kann man zudem in formellen Situationen als *Sir* („mein Herr") betiteln und – seltener – Frauen als *Miss* („Fräulein") oder *Madam* („gnädige Frau").

[>] Auf der Fähre nach Cape Clear Island: In öffentlichen Transportmitteln kommt man leicht ins Gespräch

165ir Foto: fk

Die bei uns bekanntesten irischen **Nachnamen** sind die mit *O'* oder *Mac,* also zum Beispiel *O'Donnell* oder *MacMahon.* Sie gehen auf das **Clan-System der mittelalterlichen Gesellschaft** zurück: Das *O'* vor dem Namen bedeutet „Nachfahre" oder „Enkel", *Mac* ist Irisch für „Sohn". Das nachfolgende Element ist meist der Vorname des entsprechenden Vorfahren. Häufig sind außerdem Namen, die auf normannische Siedler zurückgehen wie zum Beispiel *Fitzgerald* oder *de Burgh.*

Alle Iren dürfen **eine irischsprachige und eine englischsprachige Variante** ihres Vor- und Nachnamens führen. Diese Übersetzungen haben gesetzliche Gültigkeit, d. h., man darf beide Versionen offiziell verwenden und damit unterschreiben. Allerdings müssen nicht beide im Pass stehen, was im Ausland schon einmal zu Problemen führen kann. Am leichtesten ist die Übersetzung der Clan-Namen. *O'* heißt auf Irisch *Ó* und *Mac* bleibt gleich. Außerdem wird der zweite Teil in seine irische Form übertragen: *O'Donnell* wird also zu *Ó Dónaill* oder *MacMahon* zu *Mac Mathúna.* Während in der englischen Form die Nachnamen für Männer und Frauen gleich sind, ändern sich letztere, wenn man sie ins Irische übersetzt. Die Ehefrau von *Brian Ó Dónaill* wird auf Irisch zu *Máire Uí Dhónaill* (*Uí* = „Frau des Nachfahren") und seine Tochter zu *Áine Ní Dhónaill* (*Ní* = „Tochter des Nachfahren"). Eine unverheiratete Frau, die auf Englisch *Tara MacMahon* heißt, würde ihren Nachnamen als *Nic Mhathúna* (*Nic* = „Tochter des Sohnes") ins Irische übersetzen. Wäre sie aber verheiratet, hieße sie *Mhic Mhathúna* (*Mhic* = „Frau des Sohnes"). Bei normannischen Namen mit *Fitz-*, welches von Französisch *fils* („Sohn") kommt, funktioniert das ebenso. *Fitzgerald* wird also zu *Mac Gerailt.* Bei den anderen überträgt man eher lautlich, zum Beispiel *de Burgh* zu *de Búrca.*

Gastfreundschaft

Die irische Gastfreundschaft ist sprichwörtlich und die Fremdenverkehrsindustrie wirbt kräftig damit: Das staatliche Tourismusamt heißt *Bord Fáilte* („Willkommensbehörde") und überall in Broschüren oder auf Postkarten finden sich Aufschriften wie *Céad míle fáilte* („Hunderttausend Willkommen"). Generationen von Besuchern haben immer wieder davon berichtet, wie freundlich die Iren gegenüber Reisenden sind – immer Zeit für ein kleines Schwätzchen, hilfreich bei Problemen und stets interessiert und aufgeschlossen Fremden gegenüber.

Die Iren selbst machen sich allerdings seit einigen Jahren ernsthaft Gedanken darüber, was ein „irisches Willkommen" und **irische Gastfreundschaft** heute überhaupt bedeuten. Das Thema wird häufig in der Presse diskutiert: Was ist denn eigentlich noch „irische" Gastfreundschaft, angesichts der vielen Einwanderer aus Osteuropa, Afrika oder Asien, die in der Tourismusbranche arbeiten? Sind die Touristen nicht irritiert, wenn sie nicht mehr, wie erwartet, von Iren bedient werden? Das größte Problem ist allerdings ein anderes: In verschiedenen Umfragen unter ausländischen Besuchern trat zutage, dass viele nicht besonders glücklich mit dem irischen Empfang waren. Schon 1999 schrieb die Journalistin *Kathy Sheridan* in der „Irish Times" einen Artikel mit dem Titel *Frosty Fáilte* („Frostiges Willkommen"). Besonders die Deutschen, eine der wichtigsten Besuchergruppen im Land, waren **unzufrieden.** Der generelle Tenor lautete: Irland ist überteuert, schmutzig, nicht kinderfreundlich, es gibt nicht genug gut ausgebildetes Personal, die Verkehrsverbindungen sind katastrophal und der Empfang ist oft extrem unfreundlich und desinteressiert.

Das war ein Schock! Was tun? Nach verschiedenen Initiativen der irischen Fremdenverkehrsbehörde hat sich aber seitdem viel getan und laut Umfragen sind Touristen in Irland so zufrieden, dass zwei Drittel von ihnen planen, die Insel bald wieder zu besuchen.

Aber wie sind denn **die Iren im Alltag,** wenn sie nicht gerade in der Tourismusbranche arbeiten? **Freundlichkeit und Aufgeschlossenheit** sind trotz des hektisch gewordenen, modernen Lebensstils immer noch wichtig. Zum Beispiel achten Iren normalerweise darauf, dass man als Neuling in einer Gesprächsrunde oder auf einer Party nicht allein stehen bleibt. Im Gegenteil – man bemüht sich bewusst, den Fremden in die Gespräche mit einzubeziehen. Kommt man in ein irisches Haus, und sei es nur auf eine kurze Stippvisite, wird man **immer Tee angeboten** bekommen. Damit beginnt eine Art gesellschaftliches Spiel, denn das Getränk einfach anzunehmen, ist eigentlich nur unter guten Freunden angebracht. Generell lehnt man angebotene Speisen oder Getränke zunächst einmal ab, meist mit der Begründung, es mache doch bestimmt zu viele Umstände. Bei einem sehr kurzen Anliegen kann man sich dann auch gleich wieder verabschieden. Hat man doch Grund zu bleiben oder ist man auf einen kleinen Schwatz gekommen und der Tee wird ein zweites Mal angeboten, sollte man nachfragen, ob der Gastgeber oder die Gastgeberin denn auch wirklich sicher sei, dass es nicht zu viel Aufwand bedeute. Wird immer noch insistiert, kann man getrost annehmen. Es ist eigentlich sogar ziemlich **unhöflich, wenn man ganz ablehnt.** Wenigstens um ein Glas Wasser sollte man bitten, wenn man keinen Tee trinken möchte. Das Spielchen vorher spielt man aber trotzdem mit.

Bei Essenseinladungen ist schon etwas mehr Vorsicht angebracht. So kann es durchaus vorkommen, dass einem bei einem Kurzbesuch am späteren Nachmittag vorgeschlagen wird, doch zum Essen zu bleiben. Auf dieses Angebot sollte man eher nicht eingehen, außer die Einladung wurde schon im Vorfeld ausgesprochen und man ist sich absolut sicher, dass man von der Menge her eingeplant wurde. **Es gehört zum irischen Selbstverständnis, dass man einem Besucher etwas anbietet.** Tee haben die meisten Leute im Haus, aber viele irische Kinder kennen die Situation, dass sie bei der Ankunft eines unerwarteten Besuchers heimlich, ohne dass der Gast etwas merkt, in den Laden nebenan oder zur Nachbarin geschickt werden, weil gerade die Milch oder die Kekse aus sind. Denn Kekse oder manchmal auch kleine Kuchen werden fast immer zum Tee gereicht. Wenn man eine Weile in Irland wohnt, ist es auch nicht verkehrt, immer eine Packung Kekse vorrätig zu haben. Früher war es üblich, öfter unangemeldet bei Freunden oder Nachbarn vorbeizugehen. Telefonanschlüsse waren sehr teuer und längst nicht überall vorhanden, sodass man sich also nicht vorher verabreden konnte. In den heutigen Zeiten von Smartphones und Internet kommt diese Art von Spontanbesuch eher selten vor. Besucht man aber jemanden zum Tee, bringt man meist auch ein paar Kekse mit.

In Irland gibt es **kaum formelle Einladungen nach Hause.** Wenn man sich treffen möchte, geht man normalerweise zusammen ins Pub. Dass man seine Freunde zum Beispiel bekocht, kommt relativ selten vor. Sollte man dennoch eingeladen werden, braucht man sich normalerweise nicht besonders festlich anzuziehen – die verbeultesten Jeans sollten es aber vielleicht auch nicht gerade sein. Man kommt möglichst **nicht genau auf die Minute,** sondern ungefähr eine Viertelstunde später und es ist angebracht, eine Flasche Wein, vielleicht auch einen Strauß Blumen oder eine Schachtel Pralinen mitzubringen. Vorsicht aber bei Alkoholika: Obwohl sie das gängigste Mitbringsel sind, sollten Sie vorher sicherstellen, dass die Gastgeber nicht abstinent leben.

Die irische Gastfreundschaft erstreckt sich allerdings nicht nur auf die eigenen vier Wände. Das **Spielchen mit dem Anbieten** wird auch in der Öffentlichkeit praktiziert. Wenn man zum Beispiel mit ein paar Freunden unterwegs ist und einen Schokoriegel oder eine kleine Tüte Chips kauft, wäre es höchst unhöflich, den anderen nichts davon anzubieten. Das heißt jedoch nicht, dass alle Iren sämtliche Verpflegung miteinander teilen. Genauso wie in dieser Situation erwartet wird, dass man den anderen etwas anbietet, geht man selbst davon aus, dass die Offerte abgelehnt wird. Wenn man nicht gerade eine große Tüte Bonbons wirklich teilen möchte, ist es auch völlig in Ordnung, nach der ersten Ablehnung nicht weiter nachzufragen oder sich höchstens mit einem „Are you sure you don't want anything?" („Bist du sicher, dass du nichts möchtest?") zu versichern. Ausländer, die dieses Spiel mit der Höflichkeit nicht gewöhnt sind, treten da leicht ins **Fettnäpfchen.** Ein irischer Freund der Autoren, der einmal in Deutschland zu Gast war, bestellte in einer Kneipe eine Portion Pommes Frites. In der ihm gewohnten Art bot er der nicht gerade kleinen Runde an, doch auch zuzugreifen. Sehenswert war sein entsetzter Gesichtsausdruck, als die Deutschen, mit der Sitte nicht vertraut, freudig überrascht zugriffen!

Irish Time – Zeitverständnis und Pünktlichkeit

Generell fängt das **tägliche Leben in Irland später** an als im deutschsprachigen Raum. Wenn man morgens um sechs oder sieben durch einen normalen irischen Ort geht, wird er einem im Vergleich zu einer deutschen Stadt noch recht verlassen vorkommen. Die Geschäfte öffnen selten vor halb zehn oder zehn Uhr, Schulen beginnen normalerweise um neun Uhr und auch die meisten Arbeitnehmer packen ihr Tagwerk um diese Zeit an. Dublin bildet hier vielleicht eine Ausnahme, da mittlerweile viele Menschen über weite Strecken pendeln müssen. Außerdem verschiebt sich der Arbeitstag auch in anderen Städten langsam in frühere Stunden – man muss in der heutigen, globalisierten Welt wettbewerbsfähig bleiben und gleicht sich mehr und mehr an.

Trotz der modernen Veränderungen haben die Iren ein recht **entspanntes Zeitverständnis.** Verabredungen werden oft locker und ohne bestimmten Termin getroffen, also zum Beispiel „Ich komme irgendwann am Nachmittag vorbei." Auch wenn man eine feste Zeit ausmacht, gibt es Spielraum: Bei einer privaten Verabredung außer Haus, also vielleicht an einem Ort in der Stadt oder in einem Café, sind 15 Minuten Verspätung durchaus akzeptabel. Bei einer Einladung zu jemandem nach Hause auch durchaus mehr. Im Gegenteil: Genau auf die Minute zu erscheinen wird zumindest mit Erstaunen registriert, wenn nicht als unhöflich empfunden. Es kann passieren, dass der Gastgeber mit den Vorbereitungen noch nicht fertig ist und man für eine Weile der einzige Gast bleibt.

166ir Foto: kw

Dieses lockere Zeitverständnis beschränkt sich keinesfalls auf den privaten Bereich. Auch in der Geschäftswelt gibt es **mehr zeitliche Puffer.** So erscheinen Handwerker durchaus etwas später als angekündigt oder Bestellungen in Läden sind am angekündigten Tag noch nicht eingetroffen. Öffentliche Verkehrsmittel kommen auch recht selten zur angegebenen Zeit. Die Iren gehen damit stoisch um: Man wartet eben auf den nächsten Bus. Allerdings hört man in dieser Beziehung zunehmend Kritik, weil es in den Ballungsräumen immer häufiger zu Verkehrsstaus und -chaos kommt und die Menschen gern ein zuverlässigeres öffentliches Nahverkehrsnetz hätten.

Auch öffentliche Veranstaltungen beginnen **oft nicht pünktlich** zu der auf Plakaten angegebenen Zeit. Einen Extremfall erlebten die Autoren vor einigen Jahren bei einer Kulturveranstaltung in Belfast: Als sie pünktlich vor dem Veranstaltungsort ankamen, war noch alles verrammelt und verriegelt. Schließlich tauchte einer der Organisatoren auf, erstaunt, dass schon jemand da war, schloss die Tür auf und ließ die pünktlichen Gäste ein. Die Veranstaltung begann schließlich mit fast einer Stunde Verspätung – was die anderen Gäste aber nicht weiter verwunderte.

Die Iren kokettieren mit ihrem lockeren Umgang mit der Zeit und Außenstehenden gegenüber wird das gern einmal als *Irish time* („irische Zeit") bezeichnet. Auch für die Touristen wird der irische Umgang mit der Zeit und die langsamere Gangart als liebenswürdige Schrulligkeit vermarktet. So findet man Postkarten, die eine Schaf- oder Kuhherde auf der Straße zeigen mit der Unterschrift „Traffic jam in Ireland" („Verkehrsstau in Irland").

Straßenszene in Westport: Ticken die Uhren in Irland anders?

Pub, Coffee Shop und Sunday Dinner – die Ess- und Trinkkultur

Die irische Küche

1957 schrieb *Heinrich Böll* in seinem „Irischen Tagebuch": „... wahrscheinlich wird man nicht ungestraft in Rom Tee trinken, sowenig wie man ungestraft – es sei denn bei einem Italiener – in Irland Kaffee trinkt." Bis vor etwa 20 Jahren traf diese Warnung durchaus noch zu. Kaffee war meistens eine dünne Brühe aus löslichem Kaffeepulver und heißem Wasser. Heutzutage ist den Iren jedoch jedwede Kaffeespezialität geläufig und Liebhaber haben eine Fülle an trendigen Cafés zur Auswahl.

Zu irischem Essen fallen den meisten Menschen erst einmal Kartoffeln ein – und die Kartoffel ist tatsächlich noch immer eines der beliebtesten Nahrungsmittel. Hier hat sich jedoch einiges geändert und für Besucher gibt es kulinarisch viel zu entdecken.

Die Kartoffel – Irlands Nationalgericht!?

Die Assoziation „irisches Essen = Kartoffel" geht auf das 19. Jahrhundert zurück. Bestand die Ernährung auch ärmerer Bevölkerungsschichten in Irland im 18. Jahrhundert noch hauptsächlich aus Milchprodukten, unterstützt durch etwas Getreide und Gemüse, so wurde sie allmählich immer einseitiger. **Anfang des 19. Jahrhunderts waren Kartoffeln das Hauptnahrungsmittel** der armen Landbevölkerung. Durchschnittlich aß jeder Bauer und Landarbeiter etwa fünf bis sieben Kilo Kartoffeln mit Milch oder Buttermilch pro Tag – mehr oder weniger das einzige Nahrungsmittel. Diese Ernährung enthielt alle wichtigen Vitamine und Nährstoffe – allerdings war sie natürlich sehr einseitig und machte die Bevölkerung extrem abhängig von der Kartoffelernte. In den Sommermonaten, wenn die Kartoffeln vom Vorjahr aufgebraucht und die neue Ernte noch nicht reif war, nahm man Hafermehl und Heringe zu sich. Getreide und Fleisch wurden zwar auch produziert, waren aber fast ausschließlich wohlhabenden Bevölkerungsgruppen vorbehalten oder für den Export bestimmt.

Als die Kartoffelernte zwischen 1845 und 1849 mehrere Jahre hintereinander wegen einer Kartoffelfäule ausfiel, hatte das katastrophale Auswirkungen auf die Landbevölkerung und löste die **große Hungersnot** aus (siehe auch den Exkurs ab Seite 46). Ende des 19. Jahrhunderts stieg langsam der Lebensstandard auch der ärmeren Iren. Man kaufte viele Lebensmittel im Laden, statt sie selbst zu produzieren, und konnte sich importierte Nahrungsmittel wie Tee oder Zucker leisten.

Trotz aller Veränderungen sind Kartoffeln in Irland **auch heute noch ein wichtiger Bestandteil** der täglichen Nahrung. Allerdings werden die Iren der Kartoffel zunehmend „untreu“. Ein veränderter Lebensstil, bei dem Wert auf Abwechslung gelegt und immer weniger Zeit fürs Kochen verwendet wird, macht **Nudeln und Reis** populärer. 2005 wurden nur noch halb so viele Kartoffeln angebaut wie 1980. Allerdings gehören die Knollen für viele zu einem „richtigen“ Sonntagsessen und Gerichte mit Kartoffeln verkaufen sich in Restaurants immer noch am besten. Am beliebtesten sind Kartoffeln in Irland in Form von Pommes Frites, die – wie überall auf den britischen Inseln – *chips* genannt werden. Sie sind normalerweise dicker und weniger knusprig als die kontinentaleuropäische Variante und werden mit Salz und Malzessig gewürzt. Manchmal gibt es auch eine zusätzliche Auswahl an Currysoße, Krautsalat *(coleslaw),* geriebenem Käse oder brauner Bratensoße *(gravy).* Der wahrscheinlich beste Ort, um *chips* oder das traditionelle Gericht *fish and chips* (mit paniertem Kabeljau, Weißfisch oder anderen Fischsorten) zu erstehen, ist der spezielle *fish 'n' chips shop,* in Irland auch kurz *chipper* genannt. Die Iren lieben ihre *chips,* die nicht nur zum Fisch, sondern manchmal sogar zu Nudeln, Sandwiches oder Pizza serviert werden.

Mahlzeiten

Das „traditionelle“ irische **Frühstück** (*fry,* „Gebratenes“) besteht normalerweise aus Spiegelei, kleinen Schweinefleischwürstchen, *rashers* (gebratene Speckstreifen) und gebratenen Pilzen und Tomaten. Oft gibt es auch *black pudding* und *white pudding* (gebratene Blutwurst bzw. Grützwurst – keine Süßspeise!) oder gebratene Kartoffelküchlein. Dazu werden Toastscheiben mit Butter und Marmelade und im Norden Irlands, zum sogenannten *Ulster fry,* weiße Sodabrotfladen und gebratenes Kartoffelbrot gereicht. Oft gibt es auch frisches, braunes Sodabrot zum Frühstück. Diese reichhaltige Mahlzeit erhält man im Hotel oder *Bed-and-Breakfast* oder wenn man in einem Café oder Restaurant frühstücken geht. Wie den meisten Touristen ist auch den Iren solch ein Frühstück für jeden Tag zu viel, aber am Wochenende braten sich viele wenigstens ein Ei und Würstchen mit Speck. An einem normalen Wochentag besteht das Frühstück meist aus Toast mit Butter und Marmelade oder aus Cornflakes, Müsli etc. Dazu trinkt man starken, schwarzen Tee mit Milch oder auch Kaffee. Käse oder Wurstaufschnitt zum Frühstück sind in Irland weitgehend unbekannt und stoßen eher auf Ablehnung oder zumindest auf ungläubiges Staunen.

Das **Mittagessen** *(lunch)* besteht oft aus *sandwiches* (belegte Brote mit z. B. Käse, Schinken, Eiersalat oder Tunfisch) oder kleineren warmen Mahlzeiten wie Suppe mit Brot, manchmal aber auch Pommes Frites oder

Irische Köstlichkeiten

Colcannon: *Dieses Gericht ist eine Art Kartoffelbrei, der mit gedünstetem Kohl (meist Wirsing oder Grünkohl) und in Milch und Sahne gegartem Lauch oder Frühlingszwiebeln gemischt wird. Das Ganze wird mit Salz, Pfeffer und eventuell Muskat abgeschmeckt.*

Champ: *Sehr populär im Norden Irlands. Ähnlich wie „Colcannon", aber ohne Kohl und Lauch, sondern mit Schnittlauch oder Frühlingszwiebeln.*

Soda Bread (Sodabrot): *Hier kann es zu Missverständnissen kommen, weil Sodabrot nicht in allen Regionen Irlands das Gleiche bedeutet. Im Norden versteht man darunter meistens ein flaches Weißbrot (auch „soda farls" genannt), das mit Soda gebacken und zum Frühstück gegessen wird. In großen Teilen Irlands meint man mit „soda bread" oder „brown bread" das traditionelle runde Brot aus Weizenvollkornmehl bzw. Mehl und Weizenkleie. Im Norden wird dies hingegen oft als „wheaten bread" („Weizenbrot") bezeichnet. Im Internet findet man Rezepte mit Rosinen, Zucker oder anderen Trockenfrüchten. Dies ist in Irland allerdings unüblich, solche Zutaten finden sich eher im „tea bread" („Brot zum Tee").*

Hier ist ein ***einfaches Rezept für braunes Sodabrot:*** *In einer Schüssel 500 g Weizenvollkornmehl und 125 g helles Weizenmehl mit 1 TL Backsoda und 1 TL Salz mischen. In die Mitte eine Kuhle drücken und nach und nach 200–300 ml Buttermilch unterkneten bis ein weicher Teig entsteht. Diesen aus der Schüssel auf eine bemehlte Unterlage geben und kurz (!) durchkneten. Der Teig muss relativ klebrig bleiben. Auf einem mit Backpapier ausgelegten Backblech zu einem runden Laib formen und ein großes Kreuz in die Oberfläche schneiden. Bei 190 bis 200 °C etwa 45 Minuten backen. Das Brot ist fertig, wenn der Laib hohl klingt, wenn man auf die Unterseite klopft.*

Potato Bread (Kartoffelbrot): *Flache Brotfladen, in der Pfanne gebraten; werden im Norden Irlands mit Speck, Ei usw. zum Frühstück serviert.*

Barmbrack: *Ein süßes Hefe-Rosinenbrot, das traditionell zu Halloween gebacken wird, aber auch das ganze Jahr über erhältlich ist. Der Name kommt aus dem Irischen, wahrscheinlich von „bairín breac" („kleiner, gefleckter Kuchen"). Der erste Teil des Wortes könnte aber auch von dem alten Wort für Hefe („barm") kommen.*

Irish Stew: *Wintereintopf mit Lamm oder Rind und Steckrüben. Eines der bekanntesten irischen Gerichte, das sich in Restaurants aber eher selten auf der Speisekarte findet.*

Bacon and Cabbage: *Noch ein Klassiker. Unter „bacon" versteht man hier eine Art gepökeltes Schweinefleisch, das eher an Kasseler oder „Schäufele" erinnert. Das Fleisch wird mit gedünstetem Kohl („cabbage"), meist Wirsing, und natürlich Kartoffeln serviert.*

Lasagne. Viele Iren sind um die Mittagszeit noch in der Schule oder bei der Arbeit und essen außer Haus. Zahlreiche vor allem städtische Pubs und Cafés bieten verhältnismäßig preiswerte Lunchmenüs mit einfachen Gerichten an. In ländlichen Gebieten war das Mittagessen traditionell die Hauptmahlzeit, heute ist das kaum noch der Fall. Sonntags nehmen allerdings viele Iren ihre Hauptmahlzeit mittags *(Sunday lunch* oder *Sunday dinner)* mit der Familie zu sich: gekochte oder geröstete Kartoffeln oder Kartoffelbrei mit Gemüse – meistens Erbsen, Möhren oder Steckrüben – und Fleisch mit Soße. Man isst auch oft einen Nachtisch, der z. B. mit Kuchen und Vanillesoße sehr reichhaltig sein kann. Vorspeisen sind eher unüblich.

Ihre Hauptmahlzeit nehmen die meisten Iren **abends** zu sich. Die Namen dafür sind unterschiedlich: Viele nennen sie **dinner,** so wie die Hauptmahlzeit am Sonntag. Manchmal hört man aber auch *tea* („Tee"), womit verwirrenderweise auch eine Zwischenmahlzeit mit Tee und Toast, kleinen, süßen Brötchen oder Keksen gemeint sein kann. Bei einer Einladung zum *tea* empfiehlt es sich also vorher vorsichtig nachzufragen, um was genau es sich handelt.

„The Food Island" – eine zweigeteilte Nation

Noch Mitte der 1990er-Jahre wurde die Autorin von ihren irischen Mitbewohnerinnen beim Anblick eines Camemberts mit leicht angeekeltem Gesicht gefragt, was denn das sei und ob sie das aus Deutschland mitgebracht habe. Nach der Eröffnung, dass das Stück Käse aus einem irischen Supermarkt stamme, folgte ungläubiges Staunen. Auch andere „exotische" Lebensmittel wie Couscous oder Schokoladencroissants waren in Irland zu dieser Zeit zwar – manchmal mit Mühe – erhältlich, aber in der Bevölkerung weitgehend unbekannt. Seit den Boomjahren des *Celtic Tiger* hat sich das **Lebensmittelangebot, aber auch die irische Küche selbst, weitgehend globalisiert.** Dazu beigetragen hat nicht zuletzt die neue Reiselust der Iren, die in den Feriengebieten des Mittelmeers neue Gerichte und Nahrungsmittel kennen- und lieben gelernt haben.

Mit einer größeren Auswahl an Lebensmitteln, der Globalisierung der Märkte einerseits und einem veränderten, modernen Lebensstil andererseits nahm – wie auch in anderen europäischen Ländern – der Bedarf an vorgefertigten, oft tiefgekühlten **Fertiggerichten** zu, die nur wenig Zeit für die Zubereitung in Anspruch nehmen. Außerdem stieg die Zahl der **Fast-Food-Restaurants** drastisch an, erleichtert durch eine in Irland bereits vorhandene, ausgeprägte Schnellimbiss-Kultur *(fish 'n' chips)*. Mittlerweile gibt es auch auf der grünen Insel ein Problem mit **Übergewicht** (vor allem bei Kindern) und mit einem ungesunden, bewegungsarmen Lebensstil vie-

167ir Foto: fk

ler Bürger. Knapp zwei Drittel der Iren werden heute entweder als übergewichtig oder fettleibig eingestuft. Das Problem ist so schwerwiegend, dass die Regierung 2016 ein Maßnahmenpaket und eine öffentliche Initiative gestartet hat, um der Bevölkerung gesunde Ernährung nahe zu bringen.

Im Gegensatz dazu steht die Werbekampagne der Nahrungsmittelkommission der irischen Regierung *(An Bord Bia/The Irish Food Board)*, die Irland bei Touristen und Investoren als „Ireland – The Food Island" („Irland – Die Lebensmittelinsel") anpreist. Das hat auch durchaus Hand und Fuß: Irland ist, was das Essen angeht, eine zweigeteilte Insel. Neben Fertiggerichten und Fast-Food-Kultur hat sich ein lebendiger Markt für **regionale, hochqualitative Spezialprodukte** entwickelt, die mittlerweile in die ganze Welt exportiert werden. Da gibt es alles, was das Feinschmeckerherz begehrt: regionale Ziegen-, Blauschimmel- oder Hartkäsesorten und andere Milchprodukte, Meeresfrüchte und Fisch (aus einem der saubersten Gewässer Europas), Lamm und Rind, das auf frischen, saftigen Weiden aufgezogen wurde, oder auch exquisite Pralinen. Diese Gegensätze sind durchaus Thema in den Medien: Darf man Touristen in den Unterkünften überhaupt Essen aus deutschen Discountermärkten anbieten – die auch hier bereits Einzug gehalten haben – oder wird man so dem irischen Image

☐ Ein typischer „chipper"

untreu? Kann man mit dem Bild von der sauberen, unverfälschten grünen Insel der Feinschmecker werben, wenn sich viele Iren nur von Fast Food und Tiefkühlgerichten ernähren? Außerdem beklagen sich nicht nur die Touristen, dass Nahrungsmittel und Restaurantbesuche in Irland teilweise unverhältnismäßig teuer sind – so liegen die **Lebensmittelpreise mittlerweile 20 % über dem EU-Durchschnitt.** Die Nahrungsmittelindustrie ist jedenfalls mit ihren Milliardenexporten inzwischen eine der wichtigsten und am schnellsten wachsenden Branchen in Irland. Auch hier spiegelt sich die zweigeteilte Situation wieder: Die erfolgreichsten Firmen sind einerseits die, die auf Größe, Masse und Fertigprodukte setzen – und andererseits solche, die mit Feinschmeckerprodukten von hoher Qualität punkten.

Im Restaurant

Während früher üblicherweise zu Hause gegessen wurde, so gehen mittlerweile viele Iren, besonders die jüngere Generation, gern ins Restaurant. Inzwischen hat sich eine **Kochelite** entwickelt, die es ohne weiteres mit Starköchen in anderen europäischen Ländern aufnehmen kann. Verbreitet ist eine „neue irische Küche", auch als **fusion kitchen** bezeichnet, die sich stark an hochqualitativen einheimischen Produkten orientiert und zugleich mit Einflüssen aus aller Welt spielt. Da findet sich plötzlich ein Hauch von Ingwer im Möhrenpüree oder irisches Lamm wird mit mediterranen Kräutern und Gemüsen serviert. Für diese innovative, spannende und ausgezeichnete Küche muss man allerdings auch tief in den Geldbeutel greifen. **Oft reflektiert der Preis deutlich die Qualität der Küche eines Restaurants.** Leider garantiert aber ein hohes Preisniveau nicht immer auch ein gutes Preis-Leistungs-Verhältnis ...

In mittelklassigen oder eher einfachen Lokalen findet sich oft ein Einheitsbrei an asiatisch angehauchten Gerichten, gepaart mit der inzwischen überall beliebten Lasagne oder Pizza.

Die **Restaurantetikette** ist in Irland ähnlich wie bei uns, es gibt aber ein paar wichtige Unterschiede: Auf keinen Fall sollte man gleich in den Hauptraum des Restaurants eintreten und sich womöglich selbst an einen freien Tisch setzen! Abgesehen davon, dass man für viele gute Restaurants am besten vorbestellt, um keine Enttäuschung zu erleben, gilt es als sehr ungehobelt, nicht am Eingang zu warten. Man wird von einem Mitarbeiter oder einer Mitarbeiterin begrüßt, nach der Anzahl der Personen gefragt und dann stilvoll an einen Platz geleitet. Manchmal muss man auch eine Weile warten, bis ein Tisch frei wird oder frisch hergerichtet wird. Dafür stehen manchmal im Eingangsbereich ein Sofa oder ein paar Stühle bereit. Sollte einem ein angebotener Tisch nicht gefallen und es sind noch andere frei, kann man durchaus darum bitten, an einem bestimmten Platz sitzen zu dürfen. Vor der Mahlzeit, oft schon bevor man gewählt hat, wird Brot mit Butter serviert, für das die kleinen Teller mit den zierlichen Messern an der Seite des Gedecks gedacht sind. Wenn Iren außer Haus essen gehen, dann meistens richtig. Es ist üblich, eine Vorspeise und nach dem Essen ein Dessert oder wenigstens Kaffee oder Tee zu bestellen. Dazu oder mit der Rechnung gibt es oft noch ein Minzbonbon oder ein Stückchen Minzschokolade. Während des Essens räumen die Kellner alles ab, was nicht mehr gebraucht wird, auch wenn noch nicht alle mit dem Gang fertig sind. Es wird eher als schlechter Service angesehen, wenn gebrauchtes Geschirr zu lange auf dem Tisch stehen bleibt. Bei der Benutzung des Bestecks sind viele Iren ein bisschen unsicher. Es gilt als gutes Benehmen, die Gabel mit den Zinken nach unten zu halten. Dabei ruht der Zeigefinger leicht vorgestreckt auf dem Gabelstiel. Das ist sehr praktisch, um Fleisch zu schneiden, wenn man aber Erbsen auf diese Art essen will, wird es kompliziert. Es hält sich auch längst nicht jeder an diese Gebrauchsweise, scheinbar eher Frauen als Männer. Wenn man erzählt, dass es „auf dem Kontinent" üblich ist, die Gabel auch anders herum zu halten, kann man damit ungläubige Erleichterung und auch schon mal eine Diskussion über den Unsinn mancher Tischsitten auslösen.

Geht man mit mehreren Personen essen, sollte man sich beim Bestellen sehr gut merken, wie viel die eigenen Gerichte kosten, da es völlig unüblich ist, getrennt zu zahlen. Kommt dann die Rechnung, legt jede Person einen entsprechenden Betrag plus etwas Trinkgeld in die Mitte. Im Zweifel sollte man dabei eher großzügig verfahren, damit am Ende nicht zu wenig Geld auf dem Tisch liegt. Manchmal wird die Rechnung auch einfach durch die Anzahl der Personen geteilt. Das **Trinkgeld** – etwa zehn Prozent – wird normalerweise nicht direkt gegeben, sondern nach dem Bezahlen auf dem Tisch oder auf dem Teller mit der Rechnung liegen gelassen. Wer mit Karte zahlt, kann im Kartenlesegerät neben seiner PIN-Nummer manchmal auch ein Trinkgeld hinzufügen. In Cafés gibt man eher wenig oder gar kein Trinkgeld. Oft zahlt man auch am Tresen, wo sich dann eine kleine Schale für diesen Zweck findet. Diese Cafés oder *coffee shops,* wie sie meist genannt werden, sind ein beliebter Ort zum Mittagessen. Üblicherweise sind sie nur tagsüber geöffnet. Die Speisekarte ist normalerweise recht einfach und es gibt eine gute Gebäckauswahl.

[>] Im Guinness Storehouse in Dublin:
Richtig gezapft, trägt ein pint eine cremige, 12 mm dicke Schaumkrone

Die irische Pubkultur

Das Wort „Pub" ist eine Abkürzung für *public house* („öffentliches Haus") und wird mit Ausnahme Nordamerikas im gesamten englischsprachigen Raum verwendet. Weltweit haben die irischen Pubs besondere Bekanntheit erlangt, sodass dieses Wort schon fast in die deutsche Sprache eingegangen ist. In den meisten Pubs gibt es gepolsterte Bänke, Hocker und niedrige Tische an den Wänden der Räume. Ab und zu finden sich auch die gemütlichen *snugs* – kleine, abgetrennte Ecken, die manchmal sogar eine Tür haben und mehr Privatsphäre bieten. Wenn ein Pub gut besucht ist, sitzt man aber nicht nur, sondern steht meist in Gruppen zusammen. Praktischerweise gibt es in vielen Pubs entlang der Wände Simse zum Abstellen der Getränke.

Was kann man bestellen?

Alkoholisches: Die Auswahl an Getränken ist in irischen Pubs recht groß. Bei Bier und *cider* (ähnlich wie Apfelwein, aber stärker) kann man zwischen einem *pint* (gesprochen „peint", etwa 500 ml) und einem *half-pint* oder *glass* (etwa 250 ml) wählen. Letzteres wird eher von Frauen bevorzugt und gilt bei vielen Iren als „unmännlich". Es gibt drei Arten von **Bier,** die unter den verschiedensten Markennamen angeboten werden. Die meisten Leute denken wahrscheinlich bei irischem Bier zuerst an

168ir Foto: James Bowden, Tourism Ireland

Extrainfo 21 (s. S. 8): „Fisch mit Spitzkohl": Bericht der Deutschen Welle über das Feinschmeckerrestaurant FortyOne in Dublin

Haben die Iren ein Alkoholproblem?

Unter Irland-Touristen wird die Trinkfestigkeit der Iren oft romantisiert. In der Tat hat der ***Alkohol in Irland einen hohen Stellenwert*** *in der Freizeitgestaltung. Für viele Iren, vor allem die jungen, gehören ein Pubbesuch und das Trinken von Alkohol zu einem gelungenen Wochenende. Dabei bleibt es oft nicht bei ein paar Gläsern Bier: Das Ziel ist meist, sich* ***möglichst schnell und möglichst billig bis zur Besinnungslosigkeit zu betrinken.*** *Studenten und andere jüngere Leute, die wenig Geld haben – Alkohol ist relativ teuer in Irland – besorgen sich normalerweise schon vor dem Pub- oder Discobesuch ein paar Flaschen billigen „cider" oder auch Wodka, die gemeinsam zu Hause konsumiert werden, damit man später nicht so viel Geld bis zum Erreichen des entsprechenden Alkoholpegels ausgeben muss.*

Auch in anderen Ländern betrinken sich die Menschen. Allerdings beschränkt sich in Irland das übermäßige Trinken nicht auf die unter 25-Jährigen. Auch bei vielen Iren mittleren Alters und aller sozialen Schichten gehört das sogenannte „binge drinking" („Komasaufen") am Wochenende oder bei Partys einfach dazu, wenngleich es mit zunehmendem Alter nachlässt.

In einer europäischen Vergleichsstudie von 2003 wurden die Trinkgewohnheiten der Menschen in verschiedenen Ländern der EU genauer unter die Lupe genommen. Dabei traten interessante Ergebnisse zutage: Irland

stout: ein dunkles, starkes Bier mit cremiger Schaumkrone (bekannt durch die Marken *Guinness, Murphy's, Beamish* etc.). Andere in Irland bekannte Biersorten sind *lager* (wie Pils, z. B. *Harp*) oder *ale* (z. B. *Smithwicks*). Generell sind die Biere eher unter ihren Markennamen bekannt, als unter der Sortenbezeichnung. Kurioses gibt es von der Marke *Smithwicks* zu berichten: Da der Markenname für viele Nicht-Englischsprecher recht schwer auszusprechen ist (wird gesprochen wie „smiddiks"), wurde das Bier für den Export auf den Kontinent in *Kilkenny* umbenannt. Letzteres hat allerdings einen etwas höheren Alkoholgehalt als *Smithwicks* und wird mittlerweile wieder nach Irland reimportiert. Bier ist bei weitem **das beliebteste alkoholische Getränk in Irland.** 2014 kamen die Iren nach einer Untersuchung von *Euromonitor International* mit einem Pro-Kopf-Verbrauch von 93 Litern auf Platz 6 des weltweiten Bierkonsums, angeführt von der Tschechischen Republik mit 143 Litern. Irland lag damit hinter Deutschland (110 Liter, Platz 2) und Österreich (108 Liter, Platz 3), aber vor der Schweiz (54 Liter).

hatte von allen untersuchten Ländern die ***höchste Abstinenzlerrate,*** *aber auch bei weitem* ***den höchsten Pro-Kopf-Verbrauch an Alkohol.*** *Hierbei tranken die irischen Männer deutlich mehr als die Frauen und die Jüngeren mehr als die Alten. Außerdem gaben die meisten Iren an, während der Woche keinen Alkohol zu trinken ...*

Das „binge drinking" führt zu entsprechenden gesellschaftlichen Problemen. An den Wochenenden sind die Notaufnahmen der Krankenhäuser abends mit Alkoholleichen überfüllt oder mit Menschen, die sich im Rausch verletzt haben oder verletzt wurden. Unter dem Einfluss von Alkohol werden vor allem viele Männer aggressiv und es kommt zu Streit und Schlägereien. Auch auf das Arbeits- und Familienleben kann sich der exzessive Alkoholkonsum negativ auswirken.

Mittlerweile ist das Bewusstsein für die Gefahren des Alkohols in der irischen Gesellschaft gestiegen und der Alkoholkonsum hat deutlich abgenommen, auch wenn die Probleme nach wie vor bestehen. Aber zumindest hat Irland seine Spitzenreiterrolle verloren. Laut einem Bericht der Weltgesundheitsorganisation (WHO) von 2014 betrug der jährliche Pro-Kopf-Konsum reinen Alkohols in Irland zwischen 2008 und 2010 11,9 Liter (GB: 11,6, D: 11,8, A: 10,3, CH: 10,7). 39 % der Iren über 15 Jahren gaben an, mindestens einmal in den letzten 30 Tagen betrunken gewesen zu sein (GB: 28,9%, D: 12,5%, A: 40,5%, CH: 18%) und 19,1% der irischen Bevölkerung trinken überhaupt keinen Alkohol (GB: 16,1%, D: 19,7%, A: 22,6%, CH: 11,5%).

Meist ist auch die Auswahl an Whiskey (irischer) oder Whisky (schottischer) recht groß. Der Unterschied im Geschmack besteht vor allem darin, dass die schottische Variante im Gegensatz zur irischen rauchig bis torfig schmeckt, was durch die Art der Röstung zu erklären ist: In Schottland wird die Gerste über einem Torffeuer geröstet. Der Name **Whiskey** kommt übrigens aus dem Irischen *uisce beatha* (gesprochen „ischke bäha") und bedeutet „Wasser des Lebens".

Liköre wie Baileys und Mix-Getränke wie Wodka-Lemon oder Alcopops sind auch weit verbreitet. Schwieriger wird es mit Wein, obwohl manchmal auch in Pubs ganz anständige Tropfen zu bekommen sind, normalerweise in einer Miniflasche. Besondere Spezialitäten in irischen Pubs sind heißer Whiskey *(hot whiskey* oder auch *hot toddy)* oder heißer Portwein *(hot port).* Dafür wird ein normales Whiskeymaß (25 ml) des jeweiligen alkoholischen Getränks mit Zucker verrührt, mit heißem Wasser aufgefüllt und mit einer Scheibe Zitrone serviert, die mit Gewürznelken gespickt ist. Beides sind eher Wintergetränke und wenn man heißen Whiskey bestellt, wird man schon mal gefragt, ob man eine Erkältung hat – das Gebräu gilt als adäquates Gegenmittel. *Hot port* schmeckt ähnlich wie Glühwein. Den in aller Welt bekannten *Irish Coffee* kann man nur in wenigen Pubs bekommen. Viele Iren kennen das Getränk gar nicht und man outet sich sofort als Tourist, wenn man danach fragt.

Nicht-Alkoholisches: Keinen Alkohol zu trinken, ist in irischen Pubs nicht ganz einfach. Es gibt zwar vergleichsweise viele **Abstinenzler** in Irland, aber ein Pub ist schon eine sehr alkohollastige Umgebung. Man bekommt zwar problemlos Cola oder Zitronen- bzw. Orangenlimonade, bei Saft wird es aber schon schwieriger. Wer einen Orangensaft trinken möchte, sollte bei der Bestellung deutlich *pure orange* ordern, da sonst oft Orangenlimonade ins Glas gefüllt wird. Bedingt durch die Flaschengröße wird Orangensaft meistens in 125-ml-Portionen ausgeschenkt. Wenn alle anderen in der Runde Pint-Gläser vor sich stehen haben, sitzt man mit einem Orangensaft schnell auf dem Trockenen. Apfelsaftschorle ist unbekannt und man muss genau erklären, dass man Apfelsaft – falls es den überhaupt gibt – mit Mineralwasser („*sparkling*" muss man ebenfalls dazu sagen, sonst bekommt man stilles Wasser) in einem Pint-Glas gemischt haben möchte. Das stößt meistens auf Unverständnis und zu sehr hektischen Zeiten sollte man eher auf solche Sonderwünsche verzichten, da man sich sonst den Unmut des gestressten Personals einhandelt.

Findet in einem Pub eine Tanzveranstaltung statt, ist es allerdings durchaus üblich, nach einem kostenlosen Glas Leitungswasser zum Durstlöschen zu fragen.

Essen: In vielen Pubs gibt es – meistens nur tagsüber – den sogenannten *pub grub* („Kneipenfutter"). Auf einer eingeschränkten Speisekarte findet man kleine, einfache Mahlzeiten wie Sandwiches, Suppe mit Brot, Pommes Frites, Ofenkartoffeln mit Belag oder auch Lasagne – natürlich mit den obligatorischen Pommes Frites – und am Wochenende ein traditionelles Sonntagsessen. Abends kann man in vielen Kneipen nur noch kleine Knabbereien wie Kartoffelchips oder gesalzene Erdnüsse erhalten.

Das Rundensystem

In einem irischen Pub wird man normalerweise nicht am Tisch bedient, sondern muss **Essen und Getränke am Tresen bestellen** und dort gleich bezahlen. Das Essen wird dann oft an den Tisch gebracht, die Getränke nimmt man selbst mit. Geht man mit einer Gruppe von Freunden etwas trinken, ist es unüblich, nur für sich selbst etwas zu bestellen. Stattdessen gibt es das sogenannte **Rundensystem.** Eine Person fragt die anderen, die sich inzwischen einen Platz zum Sitzen oder Stehen suchen, was sie trinken wollen, und besorgt am Tresen für alle die erste Runde Getränke.

Dies ist keine Einladung an sich, sondern eher eine praktische Sache, damit nicht jeder einzeln zur Theke gehen muss. Es wird erwartet - und auch darauf geachtet -, dass jeder eine gleiche Anzahl an Runden bezahlt. Also sollte man am besten nach der ersten oder zweiten Runde die Initiative ergreifen. Gehen die Getränke zur Neige, fragt der nächste, „What are you having?“ („Was nimmst du?“) oder „Same again?“ („Das Gleiche noch mal?“) und besorgt die nächste Runde. Diese Praxis kann bei größeren Gruppen recht kostspielig werden und außerdem trinkt man vielleicht mehr als beabsichtigt. Oft passiert es auch, dass gar nicht mehr nachgefragt wird und plötzlich ein neues Glas desselben Inhalts vor einem steht. Es kann auch sein, dass man innerhalb einer größeren Gruppe kleinere Runden ausgibt, also z. B. bei acht Personen zwei Vierergruppen entstehen. Dies wird allerdings nicht explizit geplant und man sollte sich genau merken, für wen die Runde bezahlt wird und wer einem neue Getränke besorgt. Vor allem unter älteren Leuten ist es üblich, dass in gemischten Gruppen, die dann meist aus Paaren bestehen, eher die Männer die Getränke, d. h. eine Runde für alle, besorgen. Wenn ihre Frauen mit der Runde an der Reihe sind, gehen die männlichen Partner einfach nochmal. Diese Praxis nimmt jedoch immer mehr ab und vor allem unter jüngeren Leuten zahlt und besorgt jeder, Mann wie Frau, Getränke für alle, wenn er oder sie mit der Runde an der Reihe ist.

Wenn jemand in einem Pub Geburtstag feiert, werden die Gäste zu ein paar Runden eingeladen - in diesem Falle als echte Einladung.

Einkaufen

Wer in Irland Lebensmittel kaufen will, kann das (fast) immer tun. Viele große Supermärkte haben sieben Tage die Woche geöffnet, einige sogar rund um die Uhr. Typisch sind auch die kleinen **Eckläden** *(corner shops)*, die sich noch in vielen Orten auf dem Land und in den städtischen Wohnvierteln finden. Dort kann man von der Milch über Bohnen aus der Dose bis zum Spülmittel und der Tageszeitung alles Notwendige bekommen. Häufig beherbergen sie auch noch eine kleine Postfiliale und haben lange Öffnungszeiten bis acht oder zehn Uhr abends. Die meisten sind auch am Sonntag für eine Weile offen. Diese kleinen Läden sind traditionell in Familienbesitz und stellen den **Dreh- und Angelpunkt** eines Dorfes oder eines Stadtviertels dar. Hier hält man ein Schwätzchen, erfährt den neuesten Klatsch und Tratsch, die Schulkinder kaufen Süßigkeiten und wenn die alte Dame von gegenüber nicht zur gewohnten Zeit vorbeikommt, fragt man schon mal nach, ob alles in Ordnung ist.

169ir Foto: fk

Allerdings gehört der familiengeführte Eckladen in Irland mittlerweile zu den **bedrohten Spezies.** Seit vor allem britische **Supermarktketten** immer größere Märkte auf der grünen Wiese bauen – mit reichlich Parkplätzen und umfassendem Angebot auch an Kleidung oder anderen Nicht-Lebensmittelangeboten –, kaufen viele Leute vorwiegend dort ein. Einmal die Woche wird der sogenannte *one stop shop* getätigt: der Großeinkauf an einem Ort. Die kleinen Läden werden dann vielfach nur noch für die tägliche Zeitung, mal einen Liter Milch oder Zigaretten angesteuert. In den letzten Jahren musste ein Großteil der *corner shops* schließen. Ganze Dörfer stehen dann oft komplett ohne Einkaufsmöglichkeit da, was vor allem für ältere Leute oder Menschen, die sich kein Auto leisten können, ein großes Problem ist. Doch ergeben sich die kleinen Läden den großen Supermärkten nicht völlig kampflos. Seit Jahren werden die Eckläden auch erfolgreich von kleineren Supermarktketten (unter anderem seit mehr als 60 Jahren von „Spar") geführt, die auch manche Familienunternehmen übernehmen und weiter ausbauen. Die persönliche Atmosphäre der *corner shops* geht so zwar zum Teil verloren, aber der Service bleibt erhalten. Auch **deutsche Discounter** haben den irischen Markt erobert. Äußerlich und in ihrem Angebot unterscheiden sie sich kaum von den Filialen in Deutschland. Lediglich das Frischwarenangebot, wie z.B. Brot und Käse, und einige andere Lebensmittel sind dem irischen Geschmack angepasst. Anfangs wurden diese Geschäfte mit großer Skepsis betrachtet. Man war neugierig, aber angesichts der niedrigen Preise und der optisch wenig ansprechenden Präsentation der Artikel dachten viele, dass auch die Qualität der Waren minderwertig sein müsse. Nach einigen Warentests in den Medien und einer Gewöhnungsphase erfreuen sich die Geschäfte inzwischen großer Beliebtheit.

Es gibt auch noch andere Möglichkeiten, die täglichen Lebensmittel zu erwerben: An vielen Straßen stehen während der jeweiligen Erntesaison **kleine Verkaufsstände,** an denen Kartoffeln, Erdbeeren oder anderes Obst und Gemüse sozusagen direkt vom Feld verkauft werden. Die

Schilder sieht man schon von Weitem an der Straße: „Wexford potatoes“, „fresh strawberries“ oder dergleichen. Ein Einkauf kann hier eine etwas halsbrecherische Angelegenheit sein, da die Stände meist nicht an kleinen Nebenstraßen, sondern an den oft recht gut ausgebauten Schnellstraßen stehen. Um ein paar Kilo Kartoffeln zu kaufen, muss man also auf dem Seitenstreifen anhalten und aufpassen, dass man nicht unter die Räder gerät.

Auch **Wochenmärkte** werden in Irland wieder populärer. Hier findet man Marktstände von Bauern, die Dosengemüse, Strümpfe oder Unterwäsche anbieten, aber auch mehr und mehr Oliven- oder Käsestände. Vor allem letztere werden häufig von deutschen, holländischen oder dänischen Einwanderern betrieben, die sich oft schon vor Jahrzehnten in Irland niedergelassen haben, um einem alternativen Lebensstil nachzugehen. Das Käsemachen mit anschließendem Verkauf, bis dahin in Irland relativ wenig bekannt, war eine der beliebtesten Einnahmequellen. Das Klischee vom Käse herstellenden, öko-alternativ angehauchten Deutschen ist daher vielen Iren ein Begriff. Diese Geschäftsidee trug maßgeblich dazu bei, dass es heute ein hervorragendes Angebot an regionalen Käsesorten und anderen Spezialprodukten gibt – auch von Iren hergestellt.

Alkohol kauft man in Irland normalerweise in Spezialgeschäften mit besonderer Lizenz, den *off-licences*. Diese öffnen oft erst am Nachmittag und verkaufen bis in die späten Abendstunden. Die *off-licences* bekommen zwar Konkurrenz von Supermärkten oder Läden an Tankstellen, die auch eine Lizenz erworben haben, sind aber für viele Iren immer noch die erste Anlaufstelle, wenn es darum geht, das Bier oder den *cider* fürs Wochenende zu kaufen.

Auch für **Zeitungen und Zeitschriften** gibt es spezielle Läden: die *newsagents*. In Irland ist es unüblich bzw. bei vielen Publikationen unmöglich, ein Abonnement ins Haus zu bestellen. Möchte man aber dennoch sichergehen, dass man täglich seine Zeitung bekommt, kann man sie beim *newsagent* zur Abholung reservieren lassen.

Bei einem Besuch in Irland werden einem die vielen **Musikgeschäfte** auffallen. Die Iren machen zwar viel Musik, aber diese Läden sind auch stark auf Touristen ausgerichtet. Traditionelle Musik ist ein wichtiges Exportgut und man kann hier massenhaft *tin whistles* (Blechpfeifen), *bódhráns* (irische Trommeln) oder Hefte mit Text und Noten für irische Volkslieder kaufen. Will man ein Instrument ernsthaft erlernen, sollte man auf eine entsprechende Qualität achten – manche eignen sich eher zu Dekorationszwecken. Ein nettes Souvenir sind sie natürlich trotzdem.

< Besitzer eines Eckladens in Ost-Donegal

Verkehr und Transportmittel

Mit dem Auto unterwegs

Abgesehen davon, dass auf der ganzen Insel **Linksverkehr** herrscht, gibt es noch einige andere Besonderheiten, die man beachten sollte, wenn man in Irland unterwegs ist.

Lange Zeit war die **Beschilderung** auf den Straßen der Republik Irland immer etwas verwirrend, da die Entfernungen in Kilometern, die Geschwindigkeitsbegrenzungen jedoch in Meilen angegeben waren. Das hat sich seit 2005 geändert: Die Meilenangabe ist weggefallen. Allerdings werden bei den meisten Autos die Geschwindigkeit in Meilen in größeren und die Kilometer nur in kleinen Zahlen dargestellt. Bei Mietautos sollte man also genau aufpassen, dass man nicht in die falsche Anzeige rutscht. In Nordirland werden wie im gesamten Vereinigten Königreich die Entfernungen und Geschwindigkeiten ausschließlich in Meilen angegeben. Wenn man ein Auto in einem der beiden Teile Irlands mietet, darf man damit meist die Grenze überqueren.

Für EU-Bürger reicht in beiden Teilen Irlands der eigene, nationale Führerschein oder der EU-Führerschein im Kartenformat. Schweizer Staatsbürger dürfen hier ebenfalls mit ihrem Führerschein fahren. Verlegen sie allerdings ihren Hauptwohnsitz nach Irland, müssen sie im Gegensatz zu EU-Bürgern ihren Führerschein innerhalb eines Jahres umschreiben lassen.

Generell hat sich am Straßenverkehr in der Republik Irland in den letzten 20 Jahren einiges verändert. Konnte man früher entlang der Grenze zu Nordirland noch am schlechten Straßenzustand erkennen, dass man sich in der Republik befand, ist die Lage heute fast umgekehrt. Vor allem mithilfe von EU-Geldern wurde **das irische Straßennetz** ausgebaut und instand gesetzt, sodass heute nur noch kleine Nebenstraßen Schlaglöcher aufweisen. Auch gibt es seit ein paar Jahren eine irische Form des TÜV (NCT, *National Car Test*). Noch im Oktober 2007 fuhren 400.000 Iren mit einem provisorischen Führerschein, den man bekam, ohne eine praktische Prüfung bestanden zu haben. Diese Möglichkeit wurde bis heute zwar nicht gänzlich abgeschafft, aber stark eingeschränkt.

Autobahnen gibt es hauptsächlich in oder um Dublin und Belfast. An vielen Stellen sind die Hauptstraßen der Republik *(national roads)* recht gut ausgebaut: manchmal vierspurig, bisweilen auch nur zweispurig mit Seitenstreifen. Man muss darauf gefasst sein, dass Fahrer auf diesen Stra-

> Warnwesten erhöhen auf den oft engen Straßen die Sicherheit enorm

170ir Foto: kw

ßen **auch bei Gegenverkehr überholen!** Auf den ersten Blick sieht das sehr waghalsig aus. Es ist aber üblich – sowohl wenn man selbst überholt wird als auch bei Überholmanövern auf der Gegenfahrbahn – leicht auf den Seitenstreifen auszuweichen und in der Mitte eine Art Gasse zum Überholen frei zu machen. Das funktioniert meist ganz gut, kann aber doch zum kühnen Manöver werden, wenn Autofahrer aus beiden Richtungen gleichzeitig überholen wollen. Nicht umsonst gibt es in Irland eine hohe Unfallrate.

Radfahren

Das Fahrrad als Transportmittel ist im heutigen Irland ein eher ungewöhnlicher Anblick, obwohl es bis in die 1960er-Jahre das Fortbewegungsmittel schlechthin darstellte. Warum sollte man sich freiwillig dem Wetter und der Anstrengung aussetzen, wenn man doch Autofahren kann? Die Autoren mussten sich als passionierte Radfahrer schon einige spitze Bemerkungen oder mitleidige Blicke von vorbeifahrenden Autofahrern gefallen lassen ...

Radfahren als Freizeitbeschäftigung wird vor allem von **Touristen** betrieben und in den meisten Feriengebieten kann man Räder ausleihen. Aufgrund der Straßenbeschaffenheit sind das meist robuste Mountain- oder Trekkingbikes, denn Radfahrer profitieren leider nur selten von den neu hergerichteten Straßen. In Irland wird vorwiegend ein etwas gröberer

Straßenbelag verwendet. Da die meisten Landstraßen am Rand nicht eingefasst sind, löst sich neuer Teer dort schnell ab. Außerdem werden frisch geteerte Straßen nicht sonderlich gut geglättet. Das überlässt man der Wirkung der Autoreifen. So haben Radfahrer nicht nur mit abbröckelnden Straßenrändern und Schlaglöchern zu kämpfen, sondern auch mit grobem Rollsplitt, der von Straßenbauarbeiten übrig geblieben ist.

Wegen des immer weiter zunehmenden **Verkehrschaos in Irlands Ballungsräumen** werden Fahrräder nun immer beliebter: um damit zur Arbeit zu fahren und den lästigen Staus zu entgehen.

Irische Fahrräder werden oft **ohne Lichtanlage oder Gepäckträger** verkauft – diese Teile müssen in der Regel extra dazu bestellt werden. Dynamos sind wenig verbreitet, normalerweise werden batteriebetriebene Leuchten verwendet. Auch Leihrädern fehlt es oft an der nötigen Lichtausstattung.

Taxis

Taxis sind sehr beliebte Transportmittel in Irland. Es gibt zwei verschiedene Arten: die Taxis und die **Hackneys.** Taxis haben ein Schild auf dem Dach, können auch auf der Straße angehalten werden und sind mit einem Taxameter ausgestattet. Außerdem dürfen sie Busspuren auf den Straßen benutzen. *Hackneys* hingegen sind nicht durch Schilder auf dem Dach zu erkennen und können nur per Anruf, E-Mail oder direkt in der Zentrale bestellt werden. Sie dürfen keine Busspuren befahren und der Fahrpreis wird vor Antritt der Fahrt festgesetzt. In den meisten Städten gibt es viele kleine Hackney-Büros, in denen die Preise für eine Fahrt in die verschiedenen Stadtteile aushängen. Besonders abends an den Wochenenden, wenn die Besucher von Bars und Discos nach Hause wollen, muss man sich auf lange Schlangen vor den Hackney-Büros und gehörige Wartezeiten gefasst machen. Da Taxis, vor allem aber *Hackneys,* **im Vergleich zu Taxis in anderen Ländern recht günstig** sind – wenn man sich mit mehreren Personen eins teilt, kann eine Busfahrt dagegen sogar teurer sein –, sind sie ein weit verbreitetes und gar nicht exklusives Transportmittel. So werden sie beispielsweise auch für die Heimfahrt vom Wochenendgroßeinkauf genutzt. Den Fahrzeugen sieht man das allerdings auch an und elegante Innenausstattungen sucht man vergeblich. Auf dem Land kann es vor allem spät nachts oder am Wochenende manchmal schwierig werden, ein Taxi zu bestellen. Oft wird die Firma nur von ein oder zwei Personen betrieben. Wer ein Taxi für den Sonntagmorgen braucht, sollte auf jeden Fall im Voraus buchen, sonst kann es einem passieren, dass der Fahrer noch schläft, besonders wenn am Samstagabend viel los war.

In **Belfast** gibt es zusätzlich noch die aus England bekannten **schwarzen Taxis.** Eine Besonderheit sind die Taxilinien, die nach West-Belfast in die katholischen bzw. protestantischen Gebiete fahren und in ähnlicher Form auch in Derry existieren. Sie funktionieren eher wie Busse, das heißt, es gibt festgelegte Routen, an denen man an jedem Punkt ein- oder aussteigen kann und man teilt das Fahrzeug mit anderen Fahrgästen. Allerdings gibt es keine Fahrpläne: Das Taxi fährt los, wenn genügend Fahrgäste drin sitzen. Der Fahrpreis ist festgelegt und das Ziel wird vorne an der Windschutzscheibe ausgehängt. Wer ein solches Taxi unterwegs anhalten möchte, stellt sich einfach an die Straße und streckt den Arm aus. Möchte man dann später wieder aussteigen, klopft man mit einer Münze oder mit der Hand an die Trennungsscheibe zwischen Fahrerkabine und Rückbank und das Taxi hält am Straßenrand. Diese Einrichtung entstand in den 1970er-Jahren auf dem Höhepunkt der Unruhen, da die lokalen Busverbindungen oft ausgesetzt wurden und nicht mehr richtig funktionierten. Mittlerweile sind die schwarzen Taxis zur **Touristenattraktion** geworden und man kann Rundfahrten durch die Stadt mit ihnen buchen.

Zugverkehr

Im Gegensatz zu vielen mitteleuropäischen Ländern hat die Bahn in Irland eine eher geringe Bedeutung. Das liegt daran, dass es nur ein recht **beschränktes Streckennetz** gibt. Fast alle Linien gehen fächerförmig von Dublin aus und Querverbindungen zwischen diesen Strecken gibt es fast gar nicht. Um z.B. mit dem Zug von Cork nach Sligo zu kommen, müsste man einen Umweg über Dublin fahren. Auch eine Verbindung nach Donegal existiert nicht. Dementsprechend wird die Bahn hauptsächlich von und nach Dublin genutzt. In der Republik Irland betreibt die staatliche Bahnfirma *Iarnród Éireann* („Eisenbahn Irlands") den Zugverkehr. Das nordirische Gegenstück ist *Northern Irish Railways* („Nordirische Bahn").

Die Waggons sind oft relativ alt und nicht besonders komfortabel. In und um Dublin gibt es den DART *(Dublin Area Rapid Transit),* eine Art Vorortzug, mit dem viele Pendler zur Arbeit fahren. Kommt man auf einer Bahnstrecke der Republik nach Dublin und möchte nach Norden weiterreisen, muss man den Bahnhof wechseln. Die Züge nach Belfast fahren nicht wie alle anderen in *Heuston Station,* sondern in *Connolly Station* ab. Seit 2004 verkehrt in Dublin wieder eine **Straßenbahn.** Sie wird mit dem irischen Wort für Geschwindigkeit bezeichnet: **Luas.** Eine der beiden Linien verbindet nun auch *Heuston Station* mit dem Busbahnhof und mit *Connolly Station.* Das ist in der Tat ein großer Fortschritt, da man früher umständlich mit den Linienbussen durch den Stadtverkehr fahren musste.

Stadtbusse

Stadtbusse gibt es nur in den größeren Städten der Insel, also z.B. in Dublin, Belfast, Cork oder Limerick. Diese Nahverkehrssysteme sind **relativ unzuverlässig** und unkoordiniert. Fahrpläne gibt es nur an den Haupthaltestellen. An allen anderen muss man sich auf gut Glück hinstellen und hoffen, dass bald ein Bus vorbeikommt. Und selbst wenn es einen Fahrplan gibt, heißt das nicht, dass die Busse auch wirklich pünktlich zur angegebenen Zeit erscheinen. Auch gibt es oft keine abgestimmten Verbindungen zwischen den einzelnen Linien. Das Umsteigen wird dann mitunter zu einer recht zeitraubenden Angelegenheit. Ist ein Bus zu voll, kann es durchaus einmal vorkommen, dass er nicht anhält. Generell ist es üblich, bei Ankunft eines Busses den Arm herauszuhalten, um dem Fahrer zu signalisieren, dass man mitfahren möchte. Andernfalls könnte der Busfahrer die Situation so interpretieren, dass man auf einen anderen Bus wartet – und fährt vorbei. Irische Busse haben nur vorne Türen, aus denen man zuerst alle Fahrgäste aussteigen lassen muss, bevor man einsteigen kann. Viele sind auch noch nicht behinderten- und kinderfreundlich ausgestattet – die Türen sind eng und es gibt nicht immer genügend Platz für Rollstuhlfahrer. Kinderwagen müssen oft zusammengefaltet und in einem Gepäckfach am Einstieg verstaut werden. Tickets kauft man beim Busfahrer, Fahrkartenautomaten gibt es in der Regel weder an den Haltestellen noch im Bus. Wenn man aussteigt, bedankt man sich normalerweise beim Fahrer.

Irische Busfahrer sind oft sehr freundlich und etwas unkonventionell. Sie lassen Fahrgäste auch schon mal zwischen den Haltestellen aussteigen und sind sehr zuvorkommend. Ein Belfaster Busfahrer brachte z.B. einmal eine Gruppe deutscher Studierender bis an das gewünschte Ziel, obwohl er eigentlich nicht ganz bis dorthin, sondern ins Depot fahren sollte: Er habe Zeit und es sei kein Problem, noch ein paar Ecken weiter zu fahren.

Reisebusse

Reise- und Überlandbusse sind eines der **meistverbreitetsten öffentlichen Verkehrsmittel** in Irland. In der Republik Irland hauptsächlich betrieben durch *Bus Éireann* und in Nordirland durch *Ulsterbus*. Allerdings gibt es auch viele kleinere Busunternehmen, die entweder einen Teil der staatlichen Strecken auf Lizenz übernehmen oder ein eigenes, meist begrenztes Streckennetz anbieten. Überlandbusse fahren normalerweise auch kleine Ortschaften an und in den meisten Dörfern gibt es zumindest eine Bushaltestelle. Für viele kleine Orte verbessert sich außerdem der öffentliche

Nahverkehr jedes Jahr mit dem Beginn der Tourismussaison ganz wesentlich und im Herbst wird er wieder auf ein Minimalmaß heruntergefahren. Besonders im Winter ist es manchmal schwierig, am Wochenende eine Verbindung zu entlegeneren Orten zu finden. Durch die in Irland übliche lockere ländliche Siedlungsstruktur wohnen viele Menschen nicht in der Nähe einer Bushaltestelle. Man kann Überlandbusse aber auch **auf offener Strecke anhalten:** Wenn man weiß, wann und wo ein Bus vorbeikommt, kann man sich wie bei Stadtbussen durch **Handzeichen** bemerkbar machen. Das Aussteigen klappt normalerweise auch zwischen den Orten.

In den Städten fahren die Reisebusse von einem **Busbahnhof** mit mehreren Bussteigen ab. Hier sollte man die Fahrkarten schon vorab am Schalter kaufen, um den reibungslosen Einstieg nicht durcheinander zu bringen. Unterwegs bekommt man die Fahrscheine beim Fahrer. Die meisten Reisebusse sind sehr komfortabel und oft sogar mit Toilette ausgestattet. Für das Gepäck gibt es Stauraum im unteren Teil des Wagens. Normalerweise gelten keine besonderen Gepäckbeschränkungen, doch kann man mit Fahrrädern Probleme bekommen, wenn der Bus zu voll ist. Es ist nicht möglich, Plätze zu reservieren, sollte der Bus aber besetzt sein, wird oft noch kurzfristig ein zweiter organisiert, der dann hinterherfährt. Bei längeren Strecken machen die Fahrer manchmal an einem Pub, Café oder Kiosk Pause, wo man dann auf die Toilette gehen und sich etwas Verpflegung besorgen kann.

In den Reisebussen sitzen die Fahrgäste dicht an dicht und es ist durchaus üblich, mit dem Sitznachbarn ein Schwätzchen zu halten. Auch die Busfahrer sind oft sehr gesprächig, obwohl man sie offiziell natürlich nicht ansprechen und bei der Fahrt stören darf.

In der Unterkunft

Die bekannteste Übernachtungsmöglichkeit in Irland ist wahrscheinlich das **Bed and Breakfast** (B&B, „Bett und Frühstück"). Traditionell sind das kleine, familiengeführte Privatpensionen, in denen die Gastgeber im eigenen Haus ein paar Übernachtungszimmer anbieten. Hier kommt man leicht mit Iren in Kontakt und ein kleiner Plausch, in dem man etwas über die Gegend herausfinden kann, ist stets inbegriffen. Und manchmal wird man schon bei der Ankunft mit einer Tasse Tee begrüßt. Diese familiäre Form des B&B nimmt allerdings immer mehr ab zugunsten kleiner Hotels oder Pensionen mit eher geringem persönlichen Kontakt zu den Betreibern. Zumindest sind auch dort die Zimmer standardmäßig mit einem

Wasserkocher, Tassen und Teebeuteln bzw. Instantkaffee für das leibliche Wohl ausgestattet. Man hat, wie auch in einem Hotel, die Auswahl zwischen Einzelzimmer *(single room),* Doppelzimmer *(double room)* und Doppelzimmer mit zwei Einzelbetten *(twin room).* Bei den Doppelzimmern sollte man also genau klären, welche Art man haben möchte. In Zimmern mit Doppelbett handelt es sich dabei normalerweise um ein Exemplar mit durchgehender Matratze und, für viele ungewohnt, **einer Bettdecke** für beide Personen. Das mit dem Bettzeug ist so eine Sache: Viele Hotels haben zwar mittlerweile auf die kontinentale Art umgestellt, doch in den meisten *B&Bs* wie auch in manchen Hotels stößt man auf die irisch-britische Variante, die bei Ungeübten auf einen **Kampf mit dem Bettlaken** hinauslaufen kann. Das Ganze funktioniert so: Die Kopfkissen, von denen es normalerweise zwei (ziemlich dicke) pro Person gibt, sind etwa 40x80 cm groß. Die Bettdecke kann wie bei uns aus einem Federbett mit einem Überzug bestehen, manchmal gibt es aber auch nur ein bis zwei dicke Wolldecken. Normalerweise kommt man mit dieser Decke nicht in Berührung und ein eventueller Bezug kann von eher „permanenter" Natur sein. Das eigentliche Bettzeug, das pro Gast gewechselt wird, besteht dann (abgesehen vom Kopfkissen) aus einem Laken auf der Matratze und einem zweiten, das am Fußende und an den Seiten unter der Matratze festgesteckt wird. Obenauf liegt dann das Federbett bzw. die Wolldecke, die ebenfalls an den Seiten unter der Matratze befestigt wird. Das obere Laken wird am Kopfende breit über die Decke umgeschlagen. Zum Schlafen schlüpft man in die Konstruktion wie in einen Schlafsack hinein.

In Hotels und *B&Bs* bekommt man morgens in der Regel außer Cornflakes oder Müsli mit Milch ein irisches **Frühstück** (s. S. 241). Das macht satt und hält erst einmal eine Weile vor.

Hotels sind in Irland oft auch ein Treffpunkt für die Einheimischen. Vor allem kleinere Orte bieten sonst kaum Infrastruktur. Die Hotelbar übernimmt die Funktion eines Pubs und für Familienfeiern aller Art kann man hier Räume mieten. Oft sind Hotels mit dem einzigen Schwimmbad weit und breit ausgestattet, das meist von den Einwohnern gegen eine Gebühr benutzt werden kann.

Eine weitere, in Irland sehr verbreitete Unterkunftsmöglichkeit sind die **Hostels.** Das sind Jugendherbergen, von denen die weitaus größte Zahl nicht im irischen Jugendherbergswerk *An Óige* organisiert ist. Manchmal gehören sie privaten Herbergsorganisationen an oder sie sind gänzlich unabhängig. Diese Unterkünfte sind für **Menschen jeden Alters** offen, die eher Kontakte als Luxus suchen. Oft gibt es außer dem Bett im Schlafsaal, der von Männern und Frauen gemeinsam genutzt wird, auch Privatzimmer für zwei, drei oder vier Personen. Frühstück ist normalerweise nicht inbegriffen. Es gibt aber fast immer eine Küche, in der man sich alle seine Mahlzeiten selbst zubereiten kann. Jeder Gast bekommt Platz in einem Kühlschrank zugeteilt und die Möglichkeit, weitere Vorräte zu verstauen. Teebeutel und lösliches Kaffeepulver kann man meist umsonst bekommen. In den meisten Unterkünften dieser Art ist in der Küche eine Ecke deutlich markiert, in der Reisende ihre nicht verbrauchten Lebensmittel zurücklassen können. Diese dürfen dann von allen benutzt werden. Bei manchen Hostels kann man auch zu einem reduzierten Preis sein Zelt im Garten aufschlagen und Küche sowie sanitäre Anlagen mitbenutzen. Diese Herbergen sind die erste Wahl von Rucksacktouristen aus aller Welt. Manche Reisende arbeiten dort für einige Zeit gegen Kost und Logis. Besonders in den unabhängigen Herbergen werden irische Gruppen gelegentlich nicht angenommen: Es wird ihnen unterstellt, ein Besäufniswochenende zu unternehmen und dadurch eher Probleme zu verursachen.

164ir Foto: Arthur Ward, Tourism Ireland

Auch **Campingplätze** sind weit verbreitet und vor allem bei irischen Touristen beliebt. Eine große Zahl von Iren besitzt oder mietet **mobile homes,** große Wohnwagen, die fest auf einem bestimmten Platz installiert sind. Am Wochenende oder in den Sommerferien kann man dort preiswert und in oft sehr schöner Umgebung logieren.

Vor allem bei deutschsprachigen, oft nicht mehr ganz so jungen Touristen werden Hausbooturlaube auf dem Shannon immer beliebter. Man bekommt eine kurze Einweisung und dann kann es in gemütlichem Tempo losgehen.

Die B&B-Gastgeber haben auch die besten lokalen Tipps für ihre Gäste parat

Anhang

< Grün ist die alles beherrschende Farbe am St. Patrick's Day (172ir Foto: Arthur Ward, Tourism Ireland)

Glossar

Irischsprachige Begriffe und Namen

Die Aussprache findet sich in den Klammern hinter dem jeweiligen Begriff, die Wort-für-Wort-Übersetzung, wenn nötig, in Anführungszeichen nach dem Doppelpunkt.

- **An Coimisiún le Rinncí Gaelacha** („an komischuun le rinki geelacha"): „Die Organisation für irische Tänze". Legt Regeln für traditionellen Tanz fest, beaufsichtigt offiziell registrierte Tanzlehrer und organisiert Tanzwettbewerbe.
- **Bus Éireann** („bus eerenn"): „Bus Irlands". Busunternehmen der Republik Irland.
- **Céilí** („keeli"): „Besuch". Ursprünglich Ausdruck für Treffen von Nachbarn und Freunden, bei denen man sich Geschichten erzählte oder gemeinsam musizierte. Später (und heute in Irland vorwiegend) Bezeichnung für traditionelle Tanzveranstaltungen.
- **Ceoltóirí Chualann** („kjooltori chuelen"): „Musiker des Culann". Traditionelle Musikgruppe, gegründet von *Seán Ó Riada*. Später gingen daraus die *Chieftains* hervor.
- **Conradh na Gaeilge** („konra na geelige"): „Gälische Liga". Historisch auch unter dem englischen Namen *Gaelic League* bekannt. Vereinigung zur Bewahrung und Förderung der irischen Sprache.
- **Cú Chulainn** („kuu chulen"): „Hund des Culann". Irischer Sagenheld, der gegen die Armee der Königin von Connacht kämpfte.
- **Cumann na nGaedheal** („kuman na ngeel"): „Vereinigung der Gälen". Vorgängerpartei von *Fine Gael* (siehe unten).
- **Cúpla focal** („kupla fokel"): „Ein paar Worte". So sagt man, wenn man nur geringe Irisch-Sprachkenntnisse hat.
- **Dáil** („daajl"): „Versammlung". Irische Abgeordnetenkammer des Parlaments.
- **Fáilte** („faaltje"): „Willkommen".
- **Fianna** („fiana"): „Kriegerschar". Name der Kriegerschar des Helden *Fionn Mac Cumhail* aus der irischen Sagentradition.
- **Fianna Fáil** („fiana faajl"): „Krieger Irlands". Politische Partei in Irland.
- **Fine Gael** („finne geel"): „Sippe der Gälen". Politische Partei in der Republik Irland.
- **Fionn Mac Cumhail** („finn mäk kuul"): Irischer Sagenheld. Anführer der *Fianna* (siehe oben).
- **Fleadh Cheoil** („flaa chjool"): „Musikfest". Nationaler Musikwettbewerb für ganz Irland.

- **Garda Síochána/Gardaí** („garda schiichaana"/„gardi"): „Wächter des Friedens"/Mehrzahl. Bezeichnung für die Polizei in der Republik Irland.
- **Gaelscoil** („geelskoil"): „Gälenschule". Irischsprachige Schule (meist außerhalb der irischsprachigen Gebiete).
- **Gaeltacht** („geeltacht"): „Gälentum". Offiziell irischsprachiges Gebiet in Irland.
- **Iarnróid Éireann** („iarnrood eerenn"): „Eisenbahn Irlands". Bahnunternehmen der Republik Irland.
- **Leprechaun** („leprechoon"): „Zwerg", anglisierte Schreibweise des irischen Wortes *leipreachán*. Gestalt aus dem irischen Volksglauben.
- **Na Firéin** („na fireejn"): „Die Auserwählten". Irischsprachige Popgruppe.
- **Oireachtas** („irachtas"): „Zusammenkunft". Parlament der Republik Irland. Es besteht aus zwei Kammern: der (gesetzgebenden) *Dáil* und dem (beratenden) *Seanad*.
- **Oireachtas na Gaeilge** („irachtas na geelige"): „Zusammenkunft des Irischen". Halbjährlich stattfindendes Festival irischsprachiger Kultur.
- **Oisín** („oschiin"): Irischer Sagenheld. Sohn *Fionn Mac Cumhails*.
- **Raidió Fáilte** („radio faaltje"): „Radio Willkommen". Ehrenamtlich betriebener, irischsprachiger Radiosender in Belfast.
- **Raidió na Gaeltachta** („radio na geeltachta"): „Radio der Gaeltacht-Gebiete". Irischsprachiger Radiodienst von *RTÉ*.
- **Raidió na Life** („radio na liffe"): „Radio des Liffey". Ehrenamtlich betriebener, irischsprachiger Radiosender in Dublin.
- **Raidió Rí-Rá** („radio rii-raa"): „Radio Tumult". Irischsprachiger Sender, der sich auf aktuelle Popmusik aus den Charts spezialisiert hat.
- **Raidió Teilifís Éireann** („radio telefiisch eerenn"): „Radio und Fernsehen Irlands". Öffentlich-rechtliche Rundfunk- und Fernsehanstalt der Republik Irland.
- **Seanchaí** („schenachi"): Geschichtenerzähler.
- **Seanad** („schened"): „Senat". Oberhaus der Republik Irland.
- **Sean-nós** („schennoos"): „Alte Art". Bezeichnet sowohl einen traditionellen A-cappella-Gesangsstil als auch einen vor allem in der Connemara verbreiteten Tanzstil.
- **Setanta** („setanta"): Irischer Sagenheld. Änderte seinen Namen später zu *Cú Chulainn*.
- **Sidhe** („schii"): Fee aus dem irischen Volksglauben.
- **Sinn Féin** („schinn feejn"): „Wir selbst". Nationalistische Partei in Nordirland und der Republik Irland. Politischer Flügel der IRA. Die Partei geht wie *Fianna Fáil* und *Fine Gael* auf die 1905 gegründete Partei gleichen Namens zurück.

- **Táin Bó Cuailgne** („taajn boo kuulinge"): „Der Rinderraub von Cooley". Name eines altirischen Epos. Auch kurz *„Táin"*, „Raub", genannt.
- **Tánaiste** („taanischte"): „Zweiter, Stellvertreter". Irischer Vizepremierminister.
- **Taoiseach** („tiischach"): „Anführer". Titel des irischen Premierministers.
- **Tír na nÓg** („tiir na noog"): „Land der Jugend". Feenwelt, Land der ewigen Jugend in der irischen Sagentradition.

Weitere Begriffsbestimmungen

- **Apprentice Boys of Derry** („Lehrlinge von Derry"): Protestantischer Bund, der alljährlich Paraden zum Gedenken an das Verschließen der Stadttore Derrys durch Lehrlinge im 17. Jh. veranstaltet, was damals den Einzug katholischer Truppen verhinderte.
- **britisch:** Eigenschaftswort, das sich auf das Vereinigte Königreich von Großbritannien und Nordirland bezieht, nicht nur auf die Insel Großbritannien (siehe unten). So z. B. „das britische Gesundheitswesen" = „das Gesundheitswesen des Vereinigten Königreichs".
- **Derry:** Derry trägt seit 1613 auch den Namen Londonderry. In den letzten Jahrzehnten wurde es zu einem Politikum, ob man nur Derry (eher die Katholiken) oder Londonderry (eher die Protestanten) sagt. Die vorwiegend katholische Stadtverwaltung benutzt den Namen Derry. Der offizielle Name in der Republik Irland (etwa auf Hinweisschildern) ist Derry, im Vereinigten Königreich hingegen Londonderry.
- **Gaelic Games** („Gälische Spiele"): Nur in Irland und in der irischen Diaspora praktizierte Sportarten, vor allem *Gaelic Football* und *Hurling*.
- **gälisch:** Eigenschaftswort, das sich auf die traditionelle Kultur und Sprache Irlands und der schottischen Highlands bezieht.
- **Irisch:** Die traditionelle Sprache Irlands, die zwar offiziell die erste Sprache der Republik ist, aber nur noch von einer Minderheit gesprochen wird. Manchmal auch als Gälisch oder Irisch-Gälisch bezeichnet. Nicht zu verwechseln mit dem eng verwandten Schottisch-Gälisch, was normalerweise einfach als Gälisch benannt wird.
- **Irischer Freistaat:** Name des irischen Staates von 1922 bis 1937. Zur Republik erklärt wurde der Staat im Jahre 1948.
- **Keltischer Tiger** (Celtic Tiger): Bezeichnung für den Wirtschaftsboom in der Republik Irland von Mitte der 1990er bis Mitte der 2000er-Jahre.
- **Londonderry:** siehe Derry.
- **Loyalismus:** Nur vage definierte Richtung des Unionismus, die Gewalt als politisches Mittel einzusetzen bereit ist. Loyalistische Gruppen sind u. a. die UDA, UVF (siehe unten).

- **Nationalismus:** Politisches Programm, das ein unabhängiges und vereintes Irland anstrebt. In der Regel sind die Anhänger des Nationalismus Katholiken.
- **Nordirland-Versammlung** (Englisch: *Northern Ireland Assembly*): Regionalparlament Nordirlands im Belfaster Vorort Stormont.
- **Oranier-Orden** (Englisch: *Orange Order*): Protestantischer Bund, der durch Paraden an den Sieg des protestantischen Königs *Wilhelm von Oranien* über den katholischen *Jakob II.* im 17. Jh. erinnert.
- **Republikanismus:** Strömung des Nationalismus, die sich auf das irische Untergrundparlament von 1919 bis 1921 beruft und den irischen Staat zunächst nicht anerkannte. Zum einen wird *Fianna Fáil* dieser Strömung zugerechnet (Anerkennung des irischen Staates 1926), zum anderen *Sinn Féin* und die *IRA* (Anerkennung des irischen Staates 1986).
- **Ulster:** Historische Provinz im Norden Irlands. Das traditionelle Symbol der Provinz ist die rote Hand. Heute bilden sechs der neun Grafschaften von Ulster Nordirland. Unionisten verwenden den Namen oft gleichbedeutend mit dem Wort Nordirland.
- **Ulster Scots:** Eine dem Englischen verwandte Sprache, die im 17. Jh. durch schottische Siedler in den Norden Irlands kam. Es ist umstritten, ob es sich dabei um eine eigenständige Sprache oder um einen Dialekt des Englischen handelt. *Ulster Scots* wird aber von der EU als Regionalsprache anerkannt.
- **Unionismus:** Politisches Programm, das historisch den Erhalt der Union Großbritanniens mit Irland und heute mit Nordirland zu verteidigen sucht. Die Anhänger des Unionismus sind normalerweise Protestanten.
- **Vereinigtes Königreich von Großbritannien und Nordirland** (Englisch: *United Kingdom of Great Britain and Northern Ireland,* Abkürzung UK): Staat, der sich aus der Insel Großbritannien (England, Schottland, Wales) und Nordirland zusammensetzt. Häufig fälschlicherweise als Großbritannien oder England bezeichnet. Auf Englisch ist *Britain* ein Synonym für den Begriff *United Kingdom,* während *Great Britain* für die Hauptinsel steht. Britische Staatsbürger sind in Bezug auf den Namen ihres Staates meist ebenso verwirrt wie Ausländer, weshalb man oft auf abweichende, ungenaue und schlicht falsche Verwendungsweisen stößt.

Abkürzungen

- **BBC** *(British Broadcasting Corporation):* „Britische Rundfunkgesellschaft“. Betreibt auch regionales Radio und Fernsehen in Nordirland.
- **DUP** *(Democratic Unionist Party):* „Demokratische Unionistenpartei“. Partei in Nordirland, die für den Verbleib Nordirlands im Vereinigten Königreich eintritt.
- **GAA** *(Gaelic Athletic Association):* „Gälische Athletische Organisation“. Sportverband, der die *Gaelic Games* (siehe oben) organisiert und kontrolliert.
- **IRA** *(Irish Republican Army):* „Irisch Republikanische Armee“. Paramilitärische Organisation, die das Ziel verfolgt, eine vereinigte irische Republik zu gründen.
- **PSNI** *(Police Service of Northern Ireland):* „Polizeidienst von Nordirland“. 2001 gegründete Nachfolgeorganisation der RUC (siehe unten), in der genauso viele Katholiken wie Protestanten dienen sollen.
- **PUP** *(Progressive Unionist Party):* „Progressive Unionistenpartei“. Politischer Flügel der paramilitärischen UVF (siehe unten).
- **RTÉ** *(Raidió Teilifís Éireann):* „Radio und Fernsehen Irlands“.
- **RUC** *(Royal Ulster Constabulary):* „Königliche Polizei von Ulster“. 2001 aufgelöste und durch die PSNI (siehe oben) ersetzte Polizei Nordirlands.
- **SDLP** *(Social Democratic and Labour Party):* „Sozialdemokratische Arbeitspartei“. Gemäßigte nationalistische Partei in Nordirland.
- **T.D.** *(Teachta Dála):* „Vertreter der Versammlung“. Abgeordneter im irischen Unterhaus *(Dáil)*.
- **TG4** („tii dschii kehir“): Irischsprachiger Fernsehsender. Die Buchstaben kommen ursprünglich vom alten Namen *Teilifís na Gaeilge*.
- **UDA** *(Ulster Defence Association):* „Verteidigungsorganisation Ulsters“. Paramilitärische protestantische Organisation in Nordirland.
- **UUP** *(Ulster Unionist Party):* „Unionistische Partei Ulsters“. Traditionell größte, gemäßigte unionistische Partei in Nordirland.
- **UVF** *(Ulster Volunteer Force):* „Freiwilligen-Streitkräfte von Ulster“. Paramilitärische protestantische Organisation in Nordirland. Auch Name einer historischen Organisation zu Beginn des 20. Jahrhunderts.

Literatur- und Filmtipps

Lesenswertes

Wenn nicht anders verzeichnet, ist jeweils die neueste Auflage angegeben.

Geschichte

- *Maurer, Michael:* **Geschichte Irlands.** Reclam, 2013. Verschafft einen gründlichen Überblick über die Geschichte in beiden Teilen Irlands bis in die 2010er-Jahre.
- *Otto, Frank:* **Der Nordirlandkonflikt: Ursprung, Verlauf, Perspektiven.** 3. Auflage. C.H. Beck, 2014. Darstellung und Analyse der bürgerkriegsähnlichen Zustände in Irlands Nordosten.

Reiseberichte/Lebenserinnerungen

- *Böll, Heinrich:* **Irisches Tagebuch.** 1957 (verschiedene Auflagen). Der Klassiker unter den Reiseberichten über Irland.
- *Hamilton, Hugo:* **Die redselige Insel. Irisches Tagebuch** (Originaltitel: „The Island of Talking“). Luchterhand, 2007. Der irische Schriftsteller mit deutschen Wurzeln begibt sich auf den Spuren *Heinrich Bölls* durch das moderne Irland.
- *Hamilton, Hugo:* **Gescheckte Menschen** (Originaltitel: „The Speckled People“). Btb, 2006. Als Sohn einer deutschen Mutter und eines irischen Vaters geboren, erinnert sich der Autor an seine Kindheit im Dublin der 1950er- und 1960er-Jahre.
- *Johann, A. E.:* **Irland. Heimat der Regenbogen.** Bertelsmann, 1953. Umfassende und sehr gut zu lesende Beschreibung aus dem Irland der 1950er-Jahre.
- *Synge, John M.:* **Die Aran-Inseln** (Originaltitel: „The Aran Islands“). Suhrkamp, 1996. 1907 veröffentlichtes Tagebuch über die Zeit, die der Autor 1901 auf den Aran-Inseln vor der Westküste Irlands verbrachte.

Drei Autobiografien über das Leben auf der inzwischen unbewohnten **Blasket-Insel** vor der Südküste Irlands. Die deutschen Übersetzungen stammen von den englischen Versionen, nicht von den Originalen:

- *O'Crohan, Tomas:* **Die Boote fahren nicht mehr aus. Bericht eines irischen Fischers** (Originaltitel: „An tOileánach“. Englische Übersetzung: „The Islandman“). Lamuv, 2006.
- *O'Sullivan, Maurice:* **Das Meer ist voll der schönsten Dinge** (Deutsch auch herausgegeben unter dem Titel „Inselheimat“, Originaltitel: „Fiche

Blian ag Fás“. Englische Übersetzung: „Twenty Years A-Growing“). Lamuv, 2000.

- *Sayers, Peig:* **So irisch wie ich. Eine Fischersfrau erzählt ihr Leben** (Originaltitel und Titel der englischen Übersetzung: „Peig“). Lamuv, 2006.

Mittelalterliche Epen und Volkserzählungen

- *Carson, Ciaran:* **The Tain – A New Translation of the Táin Bó Cuailnge.** Penguin Classics, 2008. Neue Übersetzung des Epos ins Englische.
- *Grimm, Jakob* und *Wilhelm* (Hrsg.): **Irische Elfenmärchen.** Anaconda Verlag, 2015. Geschichten, die im 19. Jh. erzählt wurden, gesammelt von *Thomas Crofton Croker.* Von den Gebrüdern *Grimm* 1826 übersetzt und bearbeitet.
- *Gébler, Carlo:* **The Bull Raid.** Egmont Books, 2006. Moderne Romanfassung der altirischen Sage *Táin Bó Cuailgne.* Der Autor ist der Sohn der irischen Schriftstellerin *Edna O'Brien.* Nur auf Englisch erhältlich.
- *Kinsella, Thomas:* **Der Rinderraub. Altirisches Epos** (englischer Originaltitel: „The Táin“), Heimeran Verlag, 1976. Übersetzung des altirischen Epos des Rinderraubs von Cooley. *Kinsalla* hat das Werk aus dem mittelalterlichen Irisch ins Englische übersetzt, *Susanne Schaub* seine Fassung ins Deutsche. Neu erhältlich ist aber nur die englische Originalübersetzung (Oxford University Press, 2002).
- *Thurneysen, Rudolf:* **Keltische Sagen aus dem alten Irland.** VMA-Verlag, 1984. Übersetzungen aus dem mittelalterlichen Irisch.

Literatur

- *Binchy, Maeve:* **Ein Haus in Irland.** (Originaltitel: „Tara Road“). Droemer Knaur, 2000. *Rya* aus Dublin und *Marylyn* aus Neuengland tauschen einen Sommer lang ihre Häuser. Viele der meist weiblichen Hauptfiguren in den zahlreichen Romanen der Bestsellerautorin müssen sich mit den Problemen von Frauen im Irland des 20. und 21. Jh. auseinandersetzen. Das Buch wurde unter gleichem Titel verfilmt.
- *Doyle, Roddy:* **Henry der Held.** (Originaltitel: „A Star Called Henry“). Fischer, 2001. Der Roman spielt vor dem Hintergrund der Ereignisse um den Osteraufstand von 1916.
- *Heaney, Seamus:* **Ausgewählte Gedichte. Selected Poems. 1965–1975** (zweisprachige Ausgabe). Klett-Cotta, 2002.
- *Joyce, James.:* **Ulysses.** Suhrkamp, 2006. Ein Tag im Juni 1904 im Leben des Dubliner Juden Leopold Bloom.
- *McCourt, Frank:* **Die Asche meiner Mutter** (Originaltitel: „Angela's Ashes“). Luchterhand, 2000. Lebenserinnerungen an eine Kindheit im Limerick der 1930er- und 1940er-Jahre.

- *McGahern, John:* **Das Dunkle** (Originaltitel: „The Dark"). Steidl Gerhard Verlag, 1994. Roman über das Erwachsenwerden eines Jugendlichen im ländlichen Nordwesten Irlands.
- *McGahern, John:* **Unter Frauen** (Originaltitel: „Amongst Women"). Steidl Gerhard Verlag, 1994. Die Geschichte eines Veteranen der *IRA* im irischen Unabhängigkeitskrieg und seines problematischen Verhältnisses zu seiner Frau und seinen Kindern.
- *O'Brien, Edna:* **Die Fünfzehnjährigen** (Originaltitel: „The Country Girls"). Rowohlt, 1966. Der erste Band der Country-Girls-Trilogie. Geschichte über Frauen, die Probleme mit männlicher Dominanz haben.
- *O'Brien, Edna:* **Das Mädchen mit den grünen Augen** (Originaltitel: „The Lonely Girl"). Diogenes, 2003. Zweiter Band der Country-Girls-Trilogie.
- *O'Brien, Edna:* **Mädchen im Eheglück** (Originaltitel: „Girls in their Married Bliss"). Rowohlt, 1989. Der dritte Band der Country-Girls-Trilogie.
- *O'Brien, Flann:* **Das Barmen. Eine arge Geschichte vom harten Leben** (Originaltitel: „An Béal Bocht", Englisch: „The Poor Mouth"). Heyne, 2007. Satire auf die Blasket-Autobiografien von *O'Crohan, O'Sullivan* und *Sayers.*
- *Ó Cadhain, Máirtín:* **Der Schlüssel** (Irischer Originaltitel: An Eochair). Alfred Kröner Verlag, 2016. Übersetzung der kafkaesken Novelle direkt aus dem Irischen von *Gabriele Haefs.*
- *Ó Cadhain, Máirtín:* **Grabgeflüster** (Irischer Originaltitel: Cré na Cille). Alfred Kröner Verlag, 2017. Der vielleicht wichtigste Roman in irischer Sprache, ebenfalls übersetzt von *Gabriele Haefs.*
- *O'Flaherty, Liam:* **Zornige grüne Insel. Eine irische Saga.** (Deutsch auch herausgegeben unter den Titeln „Das braune Segel", „Das schwarze Tal" und „Hungersnot", Originaltitel: „Famine"). Diogenes, 2004. Historischer Roman über die Zeit der der großen Hungersnot.

Musik und Tanz

- *Brennan, Helen:* **The Story of Irish Dance.** Brandon, 2004. Umfassende Beschreibung der Geschichte des irischen Tanzes bis heute. Auf Englisch.
- *Hast, Dorothea E. & Stanley Scott:* **Music in Ireland.** Oxford University Press, 2004. Lebendig geschriebener Überblick nicht nur über den geschichtlichen Hintergrund, sondern auch über die heutige Aufführungspraxis. Enthält CD mit Musikbeispielen. Auf Englisch.
- *Klein, Axel:* **Die Musik Irlands im 20. Jahrhundert.** Olms, 1996. Musikwissenschaftliche Abhandlung zur Geschichte der irischen Kunstmusik im 20. Jh.

- *Ó hAllmhuráin, Gearóid:* **A Pocket History of Irish Traditional Music.** O'Brien, 1998. Kurzer, englischsprachiger Überblick über die Geschichte der irischen Musik, gute Diskografie.

Reiseführer

- *Fieß, Astrid; Kabel, Lars* und *Semsek, Hans-Günter.* **Irland.** Reise Know-How, 2015.
- *Fieß, Astrid; Kabel, Lars* und *Semsek, Hans-Günter:* **CityTrip Dublin.** Reise Know-How, 2016. Stadtführer zur Hauptstadt mit einigen weiterführenden Exkursen.
- *Fieß, Astrid* und *Kabel, Lars:* **CityTrip Belfast.** Reise Know-How, 2016. Stadtführer zu Belfast mit Exkursen zu kulturellen, politischen und gesellschaftlichen Themen, u. a. zur Rolle der in Belfast gebauten „Titanic" für die Identität der Stadt.

Irlands Sprachen

- *Kabel, Lars:* **Irisch-Gälisch. Wort für Wort.** Kauderwelsch Band 90. Reise Know-How, 2017. Sprachführer, der sich auch als Einstieg zum Lernen des Irischen eignet. Wie bei den folgenden beiden Kauderwelsch-Bänden gibt es zum Büchlein auch einen Aussprache-Trainer auf CD.
- *Malzahn, Manfred:* **Scots, die Sprache der Schotten.** Kauderwelsch Band 186. Reise Know-How, 2015. Nicht nur in Schottland, sondern teilweise auch im Norden Irlands wird Scots gesprochen und dort gerade „wiederentdeckt".
- *Walter, Elke:* **Irish Slang, echtes irisches Englisch.** Kauderwelsch Band 191. Reise Know-How, 2017. Eine Einführung in die Besonderheiten des Englischen in Irland.
- *Schulze-Thulin, Britta* und *Niamh Leypoldt:* **Irisch für Anfänger.** Buske, 2013. Modernes Lehrbuch. Daneben gibt es noch **Sláinte** (*Ambros* und *Illés,* Reichert, 2006) und das **Lehrbuch der irischen Sprache** (*Ó Siadhail,* Buske 1992).

Weiteres

- **GEO-Spezial Irland.** April/Mai 2007. Verschiedene Eindrücke, Reiseberichte und Informationen zu Irland. Ebenfalls interessant zu lesen ist die alte Ausgabe von 1986 (noch antiquarisch erhältlich) mit vielen Informationen zu gesellschaftlichen Themen der Zeit.
- **Irland-Journal.** Viermal jährlich erscheinende Zeitschrift, die in deutscher Sprache über Kultur, Gesellschaft und Tourismus in Irland berichtet. Weitere Informationen findet man auf den Internetseiten unter www.irland-journal.de.

Filme

Alle Filme sind, wenn nicht anders angegeben, in einer deutsch synchronisierten Fassung erschienen. Der fettgedruckte Titel ist der der deutschen Version, Originaltitel sind, sofern sie davon abweichen, in Klammern angegeben. Die Reihenfolge der Spielfilme ist thematisch.

Spielfilme

- **The Wind That Shakes the Barley,** Frankreich/Irland/UK, 2006: Die Handlung spielt vor dem Hintergrund der Ereignisse des irischen Unabhängigkeitskrieges und des nachfolgenden Bürgerkrieges. Im Mittelpunkt stehen zwei Brüder, die auf unterschiedlichen Seiten des Konflikts kämpfen.
- **Michael Collins,** Irland/UK/USA, 1996: Im Mittelpunkt stehen der Nationalistenführer *Michael Collins* und seine Rolle im irischen Unabhängigkeitskrieg. Der Film legt nahe, der spätere Premierminister *Eamon de Valera* habe eine Rolle bei dessen Ermordung gespielt.
- **Ryans Tochter** („Ryan's Daughter"), UK, 1969: Spielt auf der Dingle-Halbinsel während der Zeit des Ersten Weltkrieges. Die verheiratete Rosy Ryan Shaughnessy verliebt sich in einen jungen englischen Offizier und gerät deshalb in Verdacht, die Ankunft einer Waffenlieferung für die irischen Unabhängigkeitskämpfer verraten zu haben.
- **Bloody Sunday,** UK/Irland, 2002: Eine Verfilmung der Ereignisse um den Protestmarsch der Bürgerrechtsbewegung in Derry am 30. Januar 1972. Dokumentarischer Stil.
- **Some Mother's Son** (nur auf Englisch), Irland/USA, 1996: Basiert auf den Ereignissen um den Hungerstreik der IRA-Gefangenen im Jahr 1981. Im Mittelpunkt der Geschichte stehen die Mütter zweier Streikender und deren Kampf um das Leben ihrer Söhne.
- **Die unbarmherzigen Schwestern** („The Magdalen Sisters"), Irland/UK, 2002: Geschichte um drei junge Frauen in einer der berüchtigten Anstalten für „gefallene Mädchen".
- **A Love Divided** (nur auf Englisch), UK/Irland, 1999: Verfilmung der Ereignisse in der Gemeinde Fethard-on-Sea im Jahr 1957. Eine mit einem Katholiken verheiratete Protestantin, weigert sich, ihre Kinder wie vom Dorfgeistlichen verordnet in eine katholische Schule zu schicken. Der Konflikt weitet sich aus und führt schließlich dazu, dass die Protestanten des Dorfes boykottiert werden (siehe Exkurs „Fethard-on-Sea – ein unrühmliches Kapitel in der Geschichte der Republik").
- **Der General** („The General"), UK/Irland, 1998: Lebensgeschichte des Dubliner Gangsters *Martin Cahill.*

- **Die Journalistin** („Veronica Guerin"), USA/Irland/UK, 2002: Erzählt die Geschichte der Journalistin *Veronica Guerin,* die nach Recherchen und Veröffentlichungen über die Dubliner Drogenbosse zuerst bedroht und dann ermordet wurde.
- **Die Asche meiner Mutter** („Angela's Ashes"), UK, 2000: Der Schriftsteller *Frank McCourt* erzählt seine Kindheitsgeschichte im Limerick der 1930er- und 1940er-Jahre.
- **Die Commitments** („The Commitments"), Irland/UK/USA, 1991: Verfilmung des ersten Romans der Barrytown-Trilogie von *Roddy Doyle.* Jimmy Rabbitte versucht, im Dublin der 1980er-Jahre eine Soulband zu gründen.
- **The Snapper – Hilfe ein Baby!** („The Snapper"), Irland/UK, 1993: Zweite Geschichte der Barrytown-Trilogie. Die 20-jährige Sharon wird schwanger. Als sie sich weigert, den Vater des Kindes zu nennen, ist sie dem Klatsch und Tratsch des Viertels ausgeliefert.
- **Fish & Chips** („The Van"), Irland/UK, 1996: In der Verfilmung des dritten Romans der Barrytown-Trilogie geht es um Brendan Reeves, seinen besten Freund und ihre gemeinsamen Bemühungen, mit einem Imbisswagen in der Dubliner Fast-Food-Szene Fuß zu fassen.
- **Brooklyn – Eine Liebe zwischen zwei Welten** („Brooklyn"), Irl./UK/Kanada 2015: Die Geschichte einer Auswanderin in den 1950er-Jahren.
- **Kings** (Irisch und Englisch, teils englisch untertitelt), Irland 2007: Fünf Freunde aus der Connemara, die gemeinsam vor dreißig Jahren auswanderten, treffen sich zum Begräbnis des sechsten im Bundes. Während der Film „Brooklyn" positiv ist und die Chancen, die eine Auswanderung bietet, zum Thema hat, geht es in „Kings" um die negativen Konsequenzen der Emigration.

Dokumentationen

- **Männer von Aran** („Man of Aran"), UK, 1934: Es ist ein Klassiker des Dokumentarfilms von *Robert J. Flaherty.* Das Stück erzählt über das harte Leben auf der Insel Irishmore vor der Westküste Irlands. „Männer von Aran" wurde als zeitgenössische Darstellung präsentiert, zeigt aber in Wirklichkeit eine romantisierte Wahrnehmung des Lebens im 19. Jahrhundert und früher. Der Film wird im Sommer regelmäßig auf der Insel gezeigt.
- **Pavee Lackeen: The Traveller Girl** (nur auf Englisch), Irland, 2005: Portrait eines traveller-Mädchens im heutigen Irland. Es wurde mit Laienschauspielern aus der Gemeinschaft der Fahrenden gedreht, die hauptsächlich durch Improvisation eine locker vorgegebene Geschichte darstellen (siehe Kapitel „Irlands Fahrende – die ‚travellers'").

- **Seven Ages** (nur auf Englisch), Irland, 2002: Eine im irischen Fernsehen ausgestrahlte Geschichte des irischen Staates von 1921 bis 2000. Am besten kann man der Serie folgen, wenn man sich schon ein bisschen in den historischen Hintergründen des Landes auskennt.

Informatives im Internet

Diplomatische Vertretungen

Nicht alle Botschaften sind im Internet vertreten.

- **www.embassyofireland.de** – Irische Botschaft in Berlin
- **www.dfa.ie/home/index.aspx?id=5442** – Die irische Botschaft in Österreich unterhält keine Internet-Präsenz. Auf dieser Seite des irischen Außenministeriums finden sie alle nötigen Kontaktdaten der Botschaft in Wien.
- **www.dfa.ie/home/index.aspx?id=5523** – Auch die irische Botschaft in der Schweiz hat leider keine Internet-Präsenz. Hier finden Sie alle nötigen Kontaktdaten der Botschaft in Bern.
- **www.dublin.diplo.de** – Deutsche Botschaft in Dublin
- **www.eda.admin.ch/dublin** – Schweizerische Botschaft in Dublin
- **www.london.diplo.de/Vertretung/london/de/Startseite.html** – Deutsche Botschaft in London, enthält Kontaktdaten des deutschen Honorarkonsuls in Belfast
- **www.eda.admin.ch/eda/en/home/reps/eur/vgbr/ukemlo.html** – Schweizerische Botschaft in London, zuständig für Nordirland
- **www.bmeia.gv.at/london** – Österreichische Botschaft in London, zuständig für Nordirland

Tourismus und Praktisches

- **www.gruene-insel.de** – Umfangreiche Informationen zur Republik Irland, gute Link- und Adressensammlung
- **www.ireland.com/de-de/** – Seite der irischen Tourismusbehörde, viel Informatives für den Urlaub
- **www.irlandlaedteuchein.de** – Auf Irland spezialisiertes Reisebüro
- **www.cie.ie** – Staatliches irisches Transportunternehmen, mit Reiseplaner (auf Englisch)
- **www.met.ie** – *Met Éireann,* Internetseite des irischen Wetterdienstes (auf Englisch)

- **www.irland.net** – Forum für Irlandinteressierte, Reisende und Deutsche, die in Irland leben
- **www.boards.ie/vbulletin/** – Foren zu allen erdenklichen Themen, Iren unter sich

Gelegentlich kann es schwierig sein, bestimmte in Irland herausgegebene Bücher bei den einschlägigen Internethändlern zu bestellen. Deshalb hier eine Alternative:

- **www.litriocht.com** – Spezialisiert auf irischsprachige Bücher, kann aber jedes in Irland erschienene Buch liefern

Medien

Alle Medienseiten sind auf Englisch, Fernsehsendungen sind teilweise aus rechtlichen Gründen nur in Irland abrufbar.

- **www.irishtimes.com** – Tageszeitung „The Irish Times" mit sehr guter Archivsuche (kostenpflichtig)
- **www.irishexaminer.com** – Tageszeitung „The Irish Examiner"
- **www.independent.ie** – Tageszeitung „The Irish Independent"
- **www.irishnews.com** – Tageszeitung „The Irish News"
- **www.belfasttelegraph.co.uk** – Tageszeitung „Belfast Telegraph"
- **www.rte.ie** – Öffentlich-rechtliches Radio und Fernsehen, mit Livestream aller Radiosender und einigen Fernsehsendungen auf Abruf
- **www.bbc.co.uk/northernireland/** – Radio und Fernsehen der BBC in Nordirland, hier kann man live *BBC Radio Ulster* hören
- **www.tg4.ie** – TG4, der irischsprachige Fernsehsender, die Programme gibt es hier (oft mit engl. Untertiteln) live oder auf Abruf

Zur irischen Sprache

- **www.braesicke.de/gram.htm** – Infos zur Grammatik des Irischen
- **www.irelandman.de/index.htm?Gaeilge/cursa.htm** – Ausgearbeitete Notizen, die bei einem Dortmunder VHS-Irischkurs entstanden sind
- **www.sksk.de** – „Studienhaus für Keltische Sprachen und Kulturen", Kurse in allen keltischen Sprachen in Königswinter bei Bonn
- **www.oideas-gael.com** – Anbieter für Irischkurse in Donegal (auf Englisch)
- **www.teanglann.ie/en** – Online-Suche in verschiedenen Wörterbüchern des Irischen (Irisch-Englisch und umgekehrt)

Register

O

P

R

S

T

U

V–Z

Irland
0
50 km
© Reise Know-How 2017
ATLANTISCHER OZEAN
IRISCHE SEE
NORDIRLAND (UK)
REPUBLIK IRLAND
ULSTER
CONNACHT
DONEGAL
LONDONDERRY
ANTRIM
TYRONE
FERNANAGH
ARMAGH
DOWN
MONAGHAN
CAVAN
LEITRIM
SLIGO
MAYO
ROSCOMMON
LONGFORD
LOUTH
MEATH
Letterkenny
Derry
Coleraine
Ballymena
Antrim
Strabane
Omagh
Belfast
Potradown
Armagh
Sligo
Enniskillen
Ballina
Castlebar
Dundalk
Drogheda
Navan
Mullingar

Dublin
Bray
Naas
WICKLOW
KILDARE
CARLOW
Enniscorthy
WEXFORD
Wexford
Carlow
LAOIS (Queens)
KILKENNY
New Ross
Waterford
OFFALY (Kings)
Kilkenny
TIPPERARY
Clonmel
WATERFORD
Dungarvan
Youghal
Limerick
Tipperary
MUNSTER
Cork
Galway
Ennis
CLARE
LIMERICK
Mallow
CORK
Killarney
Tralee
KERRY

180ir Foto: fk

Die Autoren

Astrid Fieß studierte Anglistik, Keltologie und Germanistik in Freiburg und Galway, *Lars Kabel* Europäische Ethnologie, Keltologie und Germanistik in Freiburg, Galway und Belfast. Nach Tätigkeiten als wissenschaftliche Mitarbeiter an den Universitäten Limerick, Freiburg und Potsdam und als Lehrkräfte für Englisch, Deutsch und Irisch in der Erwachsenenbildung arbeiten sie jetzt als Fremdsprachenlehrer an Sekundarschulen in England.

Beide Autoren haben mehrere Jahre in Irland gelebt und zu irischen Themen geforscht und publiziert. Nach wie vor sind sie dem Land durch regelmäßige Besuche und viele dort geschlossene Freundschaften verbunden. Im Reise Know-How Verlag erschienen von den Autoren der CityTrip-Band „Belfast" sowie von *Lars Kabel* der Sprachführer „Irisch-Gälisch – Wort für Wort". Sie aktualisieren zudem einige Reiseführer des Autors *Hans-Günter Semsek,* der 2011 verstarb: den CityTrip-Band „Dublin" sowie die Reiseführer „Irland", „England – der Süden", „England – Norden und Mitte" und „Cornwall mit fünf Wanderungen".

Danksagung

Viele Menschen haben uns bei unseren Recherchen unterstützt oder uns in zahlreichen Gesprächen Anregungen für unser Buch gegeben. Ganz besonders sind das *Ian McCracken, Winnie McCracken, Mícheál Ó hAodha, Caroline Uí hAodha, Gordon McCoy, Kerstin Fieß, Nadine Bartels, Volker Kabel* und *Gavin Falconer – Go raibh míle maith agaibh!*